유아
미술교육

김은심 · 김정희 · 손미애 · 유지안 공저

Art Education
for Young Children

학지사

이 저서는 2017년도 강릉원주대학교 전임교원 연구년 지원에 의하여 출판되었음

저자 서문

　미술은 공간 및 시각의 미를 표현하는 예술로 공간예술 혹은 조형예술로 불린다. 여러 가지 재료를 이용하여 구체적인 형태나 형상을 만들고자 하는 인간의 욕구는 빌렌도르프의 비너스나 알타미라의 동굴 벽화에서부터 발현됐다. 미술은 작가로서의 개인이 자신의 생활경험에서 얻은 특정한 감정과 심상을 평면 또는 입체적으로 표현해, 자신을 포함해 다른 사람에게 전달하는 미적 표현 일체를 뜻하는 것이라 할 수 있겠다. 한편 미술교육은 미술의 표현 기술을 가르치고 조형적인 아름다움을 감상하는 마음을 기르도록 하는 것이다. 전통적으로 미술교육은 정확한 묘사력과 제작 기술의 습득에 중점을 두었으나 현대에 이르러 보통교육 수준에서 인간의 창의력이나 상상력의 발달을 자극하는 교육으로 변화하였다. 영유아를 위한 미술교육도 이와 유사하게 변화되었다. 교육현장에서 미술은 교과로 인식되며 주지교과에 다소 밀리기도 하지만 유아와 교사의 삶을 아름답게 해 준다는 측면에서 그 중요성을 간과할 수 없다. 또한 미술은 4차 산업혁명에서 요구하는 6가지 핵심 역량(자기관리 역량, 지식정보처리 역량, 창의적 사고 역량, 심리적 감성 역량, 의사소통 역량, 공동체 역량)과도 매우 밀접하다. 2016년 세계경제포럼에서 미래에는 '특정 개인'뿐만 아니라 '모든 사람의 능력 계발'이 중요하다고 하였으며 '기초기술', '역량', '인격자질' 등 3가지 범주의 능력 계발이 중요함을 제시한 바 있다. 이 중 '역량'과 '인격자질'은 '사회·감성적 학습능력'으로 4차 산업혁명이 진행되면 될수록 더욱 중요한 능력이 될 것이라고 예측하였다. 미술은 다른 어떠한 교과보다 유아들에게 친구, 자연, 재료와의 관계 속에서 적극적으로 활동行하며, 감성을 계발할 수 있는 경험을 제공할 수 있다.

이 책은 다소 낯설지만 매혹적으로 보이는 미술을 유아교육 현장에 적용하기 위해 애쓰는 사람들을 위한 것이다. 이 책을 쓰는 데 있어 무엇보다 우선해서 염두에 둔 독자는 아무래도 예비 유아교사들과 그들이 만나게 될 유아들이다. 10대의 젊은 독자를 염두에 두고 서양 미술사를 쓴 곰브리치는 '젊은이를 위한 책이 성인을 위한 책과 달라야 한다고 생각하지 않음'을 분명히 기술하였다. 이 책을 집필한 네 명의 저자는 예비 유아교사를 위한 책은 내용, 화질, 구성 등의 여러 가지 측면에서 다른 책보다 우수해야 한다는 점에 동의하였다. 그리고 이 책을 집필하는 과정에서 저자들은 다음과 같은 몇 개의 원칙을 고수하고자 하였다. 첫째, 도판을 구할 수 있는 작품을 중심으로 최대한 다양한 작품을 제시하고자 하였다. 인명이나 사조의 나열이 불가피한 측면은 있었으나, 작품을 접하지 못한 독자에게는 별다른 의미를 부여하기 힘들 것으로 생각했기 때문에 가급적 도판을 구할 수 있는 것을 중심으로 설명하였다. 둘째, 개관과 학습 목표, 주요용어, 요약, 더 생각해 보기를 통해 각 장에서 반드시 학습해야 하는 내용을 명확하게 제시하였다. 셋째, '생각해 보세요', '활동해 보세요'와 같은 활동을 통해 예비 유아교사가 수업 중에 실제로 활동해 보면서 미술을 익히고 경험할 수 있도록 하였다. 넷째, 2부 실제 편에서는 기법과 재료 중심의 미술활동과 생활 주제별 미술활동을 구분하였으며, 주제별로 조금씩 변형된 결과물을 제시함으로써 다양한 미술활동을 경험할 수 있도록 하였다. 또한, 실내뿐 아니라 실외에서 할 수 있는 미술활동을 제시함으로써 미술활동이 실행되는 공간에 대한 이해를 넓히고자 하였다.

이상의 원칙을 바탕으로 이 책을 2부로 구성하였다. 1부에서는 미술교육을 이해하고 유아교육 현장에 접목하는 데 필요한 이론을 소개하였다. 1장에서는 미술의 개념과 변천 과정, 2장은 미술의 기본요소와 구성원리를 다양한 예시 작품과 함께 자세히 소개하였다. 3장은 유아미술교육의 이해, 4장은 유아미술능력의 발달, 5장은 유아미술교육과 교육과정을 다루었다. 6장은 유아미술교육 활동의 교수방법, 7장은 유아미술교육 활동의 실행을 위한 준비와 적용 및 미술교육 활동계획안의 예시를 소개하여 현장 적용 시 도움이 될 수 있도록 하였다.

8장에서는 유아를 위한 미술교육 환경 구성을 다루었으며 9장에서는 유아미술의 미술 감상과 평가방법에 대해 비교적 자세히 설명하였다. 2부에서는 유아미술활동의 실제 편을 표현기법 중심 미술활동, 그리기 도구 및 재료 중심 미술활동, 생활 주제별 미술활동으로 나누어 제시하였다. 2부에 제시된 다양한 활동을 통해 예비 유아교사는 미술교육 활동의 다양한 표현기법을 알 수 있으며, 어떻게 이들을 유아에게 적용할 수 있는지 이해할 수 있을 것이다. 현직교사들은 현재 본인이 실시하고 있는 미술교육 활동을 좀 더 풍요롭고 매혹적으로 만들 방안에 대해 생각해 볼 수 있을 것이다.

원고를 출판사에 넘긴 후 저자들과 편집담당자가 수차례 만나고 협의하고 수정하는 과정을 반복적으로 거치며, 책이 점차 형태를 갖추고 아름답게 변신하는 것을 지켜보았다. 기간이 너무 오래 걸리고, 도판 사용과 판형에 대해 지속해서 밀고 당기기를 하면서 저자들과 편집담당자 모두 조금 지치고 힘들었으나 마침내 마지막 교정본이 도착하여 기쁜 마음으로 이 글을 쓸 수 있게 되어 감사하다. 아직도 부족한 부분이 눈에 보이나 이는 추후 보완할 것을 약속드린다. 영아를 위한 실제 활동을 많이 제시하지 못한 점은 특히 아쉬운 부분이다. 계속해서 현장에 적용한 후 보완하도록 하겠다. 이 책을 출판하기까지 많은 도움을 준 분들에게 일일이 감사의 마음을 전할 수 없어 지면으로 대신한다. 특별히 아름다우며 독창적인 작품을 만들어 준 JM 유치원 어린이들과 선생님들에게 감사드린다. 오랜 시간 악전고투하였을 강대건 편집담당자에게 마음속 깊이 감사드린다.

2019년 2월 20일
저자 일동

차례

제 I 부
유아미술교육의 이론

제1장

미술의 개념과 변천과정

개관

　미술은 인간이 살아있음을 인식하는 데 도움을 주고, 인간의 감정을 격조 높게 하며, 우리의 삶 속에서 독특한 경험을 가능하게 한다. 미술의 개념과 역사를 인지함으로써 우리는 미술을 더 잘 느끼고, 사고하며, 표현하고 이해할 수 있다. 이 장에서는 미술의 개념과 역할에 대하여 알아보고, 고대미술에서부터 현대미술에 이르기까지 미술의 변천과정을 살펴보고자 한다.

학습목표

1. 미술의 개념과 역할을 살펴봄으로써 '미술이란 무엇인가?'에 대해 자신만의 정의를 내릴 수 있다.
2. 미술의 변천과정을 통해 미술의 근본을 이해하고, 감상하고, 의미와 중요성을 인식할 수 있다.
3. 미술 작품이 만들어진 시대적 배경을 이해하고 이를 유아미술교육에 활용할 수 있다.

주요용어

　미술/ 고대미술(선사시대 미술, 이집트 미술, 메소포타미아 미술, 로마 미술)/ 중세미술/ 르네상스 미술/ 바로크 미술/ 로코코 미술/ 19세기 미술(신고전주의, 낭만주의, 자연주의, 사실주의, 인상주의, 신인상주의, 후기인상주의)/ 현대미술(야수주의, 표현주의, 입체주의, 미래주의, 추상주의, 다다이즘, 초현실주의, 추상 표현주의, 팝 아트, 키네틱 아트, 미니멀 아트, 옵 아트, 비디오 아트, 대지미술)

1. 미술의 개념 및 역할

유아미술교육의 개념을 알아보기 전에 '미술은 무엇인가?'라는 물음에 대해 생각해 보자. 미술은 늘 우리 주변에 있으며 모든 사람에게 영향을 미치고 있다. 일반적으로 사람들은 옷, 가구, 전자제품, 자동차 등을 구입할 때 실용적인 측면뿐 아니라 예술적 측면을 고려한다. 디자이너는 사람들의 예술적 욕구를 반영하여 상품 제작 시 예술적 측면을 포함시킨다. 예를 들어 이브 생 로랑(Yves Saint Laurent)은 몬드리안(Piet Mondrian)의 작품을 활용하여 원피스를 디자인하였고, 마찬가지로 이탈리아의 가전제품 회사에서도 몬드리안 패턴을 모티브로 한 냉장고를 출시하였다.

좌) 출처: 메트로폴리탄 미술관 홈페이지(2018.07.02. 인출).
우) 출처: 스메그 홈페이지(2018.07.02. 인출).

이렇듯 미술이 우리 삶의 일부분으로 자리 잡고 있음에도 불구하고 사람들은 미술이 타고난 소질을 가진 사람들만 제작할 수 있다고 생각하며, 결과물에 대한 타인의 평가에 두려움을 느끼곤 한다. 이는 미술이 멋진 결과물을 만들어 내는 것이라는 관념에서 나온 것이라 여겨진다. 이제 미술을 조금 달리 바라보자. 미술은 미적 재능을 가지고 태어난 사람만의 전유물이 아니다. 사람은 미술을 통해 아름다움을 발견하고, 느끼고, 경험하면서 자신의 삶을 아름답게 만든다. 매일 아침 색깔과 디자인을 고려하며 옷을 선택하고, 화병에 어울리는 꽃을 꽂아 테이블에 올려놓기도 한다. 이렇듯 우리는 미술을 전문적으로 배우거나, 직업으로 삼고 있지는 않지만 일상생활에서 늘 함께하고 있다. 미술을 즐기며 작품 활동을 해 나가는 과정에서 자연스럽게 화가가 된 경우도 있다. 배우 하정우는 여러 번 개인 전시회를 개최할 정도로 화가로서도 활발하게 활동하고 있으며 커피 광고를 통해 그림을 그리는 자신의 모습을 보여 주기도 하였다. 가수 솔비는 권지안이라는 본명으로 화가 활동을 하고 있으며, 2017년 8월 작품 〈Maze〉가 온라인 경매에서 1,300만 원에 낙찰되었다. 솔비는 신체에 물감을 바르고 거울에 그림을 그리는 퍼포먼스 예술을 시도하기도 했다.

미술(art)은 아트(art)의 라틴어인 '아르스(ars)'에서 유래하였다. 아르스는 그리스어 테크네(techne)를 직역한 것으로 다양한 영역의 솜씨와 기술을 의미한다. 또한 미술을 뜻하는 프랑스어 '보우사르(beaux-arts)', 영어 '뷰티풀 아츠(beautiful arts)', 독일어 '쇠네쿤스트(schone kunst)'는 아름다움에 대한 재간이나 손재주를 의미한다(이성도, 임정기, 김황기, 2013). 사전적 의미에서 '미술'은 공간(空間) 및 시각(視覺)의 미를 표현하는 예술, 즉 그림·조각·건축·공예·서예 따위로 공간예술·조형예술로 불린다. 이때 '조형'이란 여러가지 재료를 이용하여 구체적인 형태나 형상을 만드는 것이다(표준국어대사전, 2018). 인간은 본능적으로 자신의 존재를 남기고 싶어 하는 특성을 지닌다. 빌렌도르프의 비너스나 알타미라의 동굴 벽화 등에서 볼 수 있듯이 문화라는 형식이 갖춰지기 이전부터 인간은 형상을 만들어 왔다. 미술은 일정한 세계상·인간상을 미적·조형적으로 표현하는 예술이다(두산백과사전, 2017). 넓은 의미에서의 미술(fine art)은 시각으로 파악할 수 있는 미적 표현 일체를 뜻하며, 좁은 의미의 미술, 즉 시각 미술(visual art)은 관례상 건축·회화·조각·공예 같은 분야를 포함한다. 종합하면 미술이란 작가의 생활 경험에서 얻어진 특정한 감정과 심상을 평면 또는 입체적으로 표현해 다른 사람에게 전달하는 미적 표현 일체를 뜻하는 것이라 할 수 있다.

미술은 인간이 살아 있음을 인식하는 데 도움을 주고, 인간의 감정을 격조 높게 하며, 우리의 삶 속에서 독특한 경험을 가능하게 한다. 미술은 인간의 삶 속에서 다음과 같은 다양한 역할을 한다(서울교육대학교 미술교육연구회, 1997; 이원영, 임경애, 김정미, 강유미, 2015; Eisner, 1995; Ficher-Rathus, 2003/2005).

우선, 미술은 아름다움을 창조하고 우리의 삶을 아름답게 하는 역할을 한다. 미술가는 자연을 재창조하여 새로운 형식을 개발함으로써 우리가 살고 있는 세상에 아름다움을 부여한다. 예를 들어 선인장의 생김새를 모티브로 디자인한 이쑤시개 케이스와 채소의 생김새를 모티브로 디자인한 숟가락, 나이프, 포크는 자연을 모방하여 아름다움을 재창조한 것이다.

상) 출처: 에세이 홈페이지(2018.07.02. 인출).
하) 출처: 치윈 덩 홈페이지(2018.07.02. 인출).

좌) 출처: LG명화 캠페인(2018.07.02. 인출), 우) 출처: 위키트리(2018.07.02. 인출).

　미술은 우리의 환경을 변화시킨다. 우리는 지루해질 수 있는 생활 공간을 미적 행위를 통해 아름답고 쾌적한 보금자리로 변화시킨다. 국내외 여러 기업은 광고와 예술을 접목한 아트마케팅을 활용하여 기업의 이미지를 고급화하고 소비자의 감성을 자극한다. 텔레비전 광고부터 명화를 활용한 생활용품, 인테리어에 이르기까지 아트마케팅을 활용할 수 있는 곳은 무궁무진하다. 한 전자회사에서는 "생활이 예술이 된다."라는 모토를 전달하기 위해 드가(Edgar Degas)의 〈르 펠르티에 가 오페라 극장의 무용 연습실〉을 배경으로 활용하여 신제품에 대한 TV 광고를 제작하였다. 국내 한 자동차 회사에서는 반 고흐 아트카를 제작해 자동차의 예술적 측면을 강조한 아트마케팅을 실시하였다.

　미술은 사회·문화적 맥락을 반영하여 자신의 경험을 기록한다. 미술가는 경험을 기록할 때 자신이 살았던 시대와 장소는 물론 그 안에서 존재하는 물체와 행위까지 기록하는데 여기에는 당시의 기술과 과학수준뿐만 아니라 생활방식과 믿음까지도 담겨 있다. 조선시대 김홍도는 농사일 도중에 새참을 먹는 모습, 동네에서 씨름판이 벌어진 모습 등을 그려 조선시대 서민들의 일상을 기록하였다. 영국의 카를린(Richard Carline, 1896~1980)은 여성과 남성이 함께 테니스를 하는 모습을 그림으로 남겨, 1930년대에는 여성도 남성과 동등한 위치에서 스포츠 활동을 즐겼음을 알 수 있게 하였다.

좌) 김홍도 〈단원풍속도첩〉 중 〈새참〉, 우) 〈씨름〉(국립중앙박물관/수묵채색화/18세기)

　　미술은 불의에 항거하고 사회의식을 함양한다. 미술가는 시대의 불의에 맞서기 위해 창의력을 발휘한 예술 작품으로 대중을 설득한다. 예를 들어 제리코(Théodore Géricault)의 〈메두사호의 뗏목〉이 그려진 배경을 살펴보면 작가의 의도를 알 수 있다. 1814년 맺어진 파리조약에 따라 영국으로부터 세네갈을 돌려받게 된 프랑스 왕실은 메두사호를 선두로 한 원정대를 세네갈로 보냈다. 메두사호의 선장은 25년간 배를 몰아본 적이 없는 귀족이었다. 그는 세네갈에 빨리 도착하기 위해 항로를 벗어나 항해하다 배를 좌초시켰다. 선장과 귀족들은 구명보트를 타고 좌초된 배에서 탈출하였으나, 이들을 제외한 147명은 뗏목을 탔다. 뗏목을 탄 사람들은 표류된 지 13일 만에 겨우 15명만이 살아남아 세네갈에 도착하였다. 이 사건은 당국의 은폐시도에도 불구하고 신문 기사를 통해 프랑스 전역으로 퍼졌다. 이 기사를 본 제리코는 생존자를 찾아가 인터뷰를 하고 '메두사호의 뗏목'을 그림으로 남겼다. 그는 이 그림에 뗏목 위 사람들의 절박함을 표현함으로써 당시 귀족들의 정치적·사회적 부조리를 고발하고자 하였다. 피카소(Pablo Picasso)는 〈게르니카〉라는 작품을 통해 전쟁의 참상을 고발하였다. 스페인 내란 중 1937년 4월 26일 프랑코군을 지원하던 독일 비행기가 스페인 북부 바스크 지방의 게르니카 마을을 폭격하였다. 이로 인해 수많은 사람이 부상을 당하거나 사망하였다. 피카소는 게르니카의 참상을 표현함으로써 당시 프랑코의 독재 체제에 대한 저항을 나타내고자 하였다.

제리코 〈메두사호의 뗏목 The Raft of Medusa〉(루브르 미술관/유화/1819)

미술은 일상의 의미를 고양시킨다. 화가는 우리가 주변에 자주 접할 수 있는 평범한 대상과 일상적인 물건을 미술 작품으로 승화시키기도 한다. 현대미술의 대표적인 장르인 팝 아트는 인스턴트식품부터 인기 연예인의 사진에 이르기까지 현대사회에서 발견할 수 있는 모든

워홀 〈브릴로, 델몬트, 하인즈 Brillo, Del Monte, Heinz〉(1964)

이미지를 작품의 소재에 도입했다. 팝 아트의 대표적인 작가 워홀(Andy Warhol)은 올덴버그 (Claes Oldenburg)가 음식을 커다란 조형물로 제작하여 인기를 얻자, 흔히 볼 수 있는 비누, 케첩, 주스 브랜드의 상품 상자를 실크스크린으로 제작하여 전시하였다. 실제 상자와 같은 크기와 형태로 제작된 이 작품은 관람객에게 식품창고 속을 걷고 있는 듯한 느낌을 주었다. 또한 수집광이었던 워홀은 1974년부터 사진, 그림, 우편물 등을 상자에 담아 〈타임캡슐〉이라고 불렀다. 타임캡슐 상자는 소포 박스 크기 상자 571개로 하나의 타임캡슐에 평균 600개의 물건이 들어 있다.

미술은 미술가의 표현 욕구를 충족시킨다. 미술가는 특별한 재능과 인지능력을 갖고 있다고 하지만 그들 또한 보통 사람처럼 다양한 욕구를 가지고 있으며 이런 욕구를 충족시키기 위해 노력한다. '자아실현'의 욕구를 가진 사람은 참신한 사고방식과 모험심, 풍부한 이해력을 갖추고 있으며 나아가 예술, 아름다움, 질서에 대한 미적 욕구를 적극적으로 표현한다. 수학과 기계를 좋아했던 뒤샹(Marcel Duchamp)은 레코드 플레이어 위에 색색의 원반을 올려놓고 돌려서 시각적인 착각을 불러일으키는 작품을 제작하였다. 폴록(Jackson Pollock)은 1947년 바

폴록이 〈액션 페인팅〉하는 모습

닥에 화포를 펴 놓고 공업용 페인트를 떨어뜨리는 '드리핑' 기법을 창안해 유명해졌다. 폴록의 표현 방식은 '액션 페인팅'이라고 불리면서 작품 제작의 과정에서 미술가의 행위가 완성된 작품만큼이나 중요함을 알리는 데 기여하였다.

지금까지 미술의 사전적 의미와 개념, 인간의 삶에 있어 미술이 미치는 영향에 대하여 살펴보았다. '미술은 무엇인가?'라는 답을 찾기는 쉽지 않을 것이다. 사람마다 미술에 대해 느끼고, 생각하는 바가 다를 수 있기 때문이다. 다양한 견해를 살펴봄으로써 미술에 대한 개념과 관점을 확장시키는 기회가 되기를 바란다. 마지막으로 미술에 대해 생각해 보고 '미술이란 무엇인가?'에 대해 자신만의 정의를 내려 보자.

미술이란_____이다.

2. 미술의 변천과정

미술을 이해하기 위해 먼 역사 속으로 거슬러 올라가 보자. 미술의 역사와 미술을 둘러싼 사회·문화적 정보를 많이 알수록 미술을 다양하게 느끼고, 이해하며, 표현할 수 있다. 미술 작품이 만들어진 시대적 배경을 알면 작품의 의미를 더 잘 이해할 수 있게 되고(Ficher-Rathus, 2003/2005), 유아를 대상으로 미술교육을 할 때 유용하게 활용할 수 있다.

1) 고대미술

(1) 선사시대 미술

최초의 미술은 약 2만 5,000년 전 선사시대에서 찾아볼 수 있다. 원시인은 미의 추구와 감상보다 다산과 풍요를 기원하기 위한 목적으로 사냥을 하거나 채집하는 사람의 모습과 들소, 사슴, 말 등 다양한 동물을 그렸다. 이들은 수렵과 식물채집을 위해 이동생활을 했지만 1만 2,000년경에서 7,000년경 전부터 동물을 기르고 식물을 재배하기 시작하면서 정착생활을 하게 되었고 문명이 발달하기 시작하였다. 최초의 회화는 프랑스의 라스코 동굴벽화와 스페인의 알타미라 동굴벽화가 대표적이다.

라스코 동굴벽화(프랑스/구석기 시대)

알타미라 동굴벽화(스페인/구석기 시대)

빌렌도르프 〈비너스〉(오스트리아/
석회암/구석기 시대)

(2) 고대미술

고대 문명의 발상지 이집트는 기원전 3,000년에서 기원전 30년에 이르기까지 약 3,000년의 역사를 가졌다. 이집트 미술은 종교와 밀접하게 관련되어 있으며 이집트 왕의 무덤인 피라미드와 스핑크스 등이 축조되었고, 신전의 벽에는 일상생활과 전투 장면이 그려져 있다. 또한 동 시대에 수메르인은 '두 강 사이에 있는 지역'이라는 뜻을 가진 메소포타미아 지역에서 문명을 발전시켰다. 수메르인이 사는 곳은 주변 도시국가의 잦은 침략으로 왕권 교체가 빈번하였다. 왕, 왕비의 무덤과 그곳에서 발견된 금은 보석, 그릇, 장신구, 황금 투구 등에 왕의 사냥장면이나 전투장면이 표현되어 있다.

카프라 왕의 피라미드와 스핑크스(이집트 기자/바위/B.C. 2560~B.C. 2450)

이집트 사자의 서 중 삽화(카이로 미술관/ B.C. 16세기)

수메르 메스칼람두그의 황금 투구(이라크 국립 박물관/B.C. 2650~B.C.2550년경)

기원전 2,000년경에 크레타 섬을 중심으로 크레타, 미케네 문명의 유산을 이어받아 그리스 미술이 시작되었다. 그리스 미술은 신전 건축을 중심으로 발전하였다. 그리스 미술이 번성했던 기원전 500년 무렵 만들어진 그리스인의 항아리, 단지, 주전자와 같은 도자기 위에는 일상생활, 전설이나 신화를 주제로 한 그림이 그려져 있다. 1,900년에 지어진 크노소스 궁전에서 상아 조각품, 보석, 청동 장신구와 같은 정교한 공예품과 아름다운 벽화가 발견되었다.

로마는 기원전 753년에 건설된 도시로 로마인은 그리스, 서유럽과 지중해 연안의 거의 모든 지역을 정복했다. 그리스 예술가가 로마로 건너가면서 로마 미술에 영향을 미치게 되었으며 그리스 미술을 계승·발전시킨 대표적인 미술 작품으로는 '모자이크 미술'이 있다. 그 외에도 로마인은 신보다 인간 삶 중심의 실용적인 가치를 중시하여 도로, 수도, 공중목욕탕과 같은 공공 건축물과 사실적 회화 작품, 초상 조각 등을 만들었다.

크노소스 궁전(그리스 크레타섬/B.C. 1600년경)

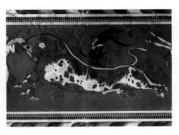
크노소스 궁전 벽화(그리스 크레타섬/프레스코화/B.C. 1600년경)

로마시대 모자이크(튀니스 전통민속예술 센터/모자이크/고대 로마시대)

2) 중세미술

로마 제국이 몰락한 이후부터 르네상스 시대까지 약 1,000년간 지속되었던 중세시기에는 신 중심의 미술, 즉 종교미술이 발달하였다. 이 시기는 인간의 개성과 계몽성이 억제되었기 때문에 암흑기로 여겨졌다. 중세미술은 초기 기독교 미술, 비잔틴 미술, 로마네스크 미술, 고딕 미술로 전개되었다. 초기 기독교 미술(early christian art)은 고대 말기에 기독교가 나타난 뒤,

산 피에트로와 마르첼리노(로마 카타콤/천장화/4세기경)

5세기 전반 또는 경우에 따라 6세기에서 중세로 넘어갈 때까지의 기독교 미술을 말한다. 초기 기독교 미술의 대표적인 특징은 카타콤(초기 그리스도 교도의 미로형 지하묘지)에서 찾아볼 수 있다. 카타콤 예술은 초기에는 식물이나 신화의 세계를 묘사하여 장소를 아름답게 장식하고, 마음의 평안을 얻으려는 의도로 꾸며졌다. 그러나 점차 신앙적인 의미가 부여되면서 단순한 장식(포도 무늬, 어린 양 등)도 상징이 되었다. 카타콤 천장

하기아 소피아 성당 전경과 내부(터키 이스탄불/비잔틴 양식/532~537)

생 세르냉 성당 전경과 내부(프랑스 툴루즈/로마네스크 양식/11~12세기)

쾰른 성당 전경과 내부(독일 쾰른/고딕 양식/1174~1350년)

화 작품인 〈산 피에트로와 마르첼리노〉에는 구약성서에 나오는 '구원받는 요나의 설화'가 그려져 있다.

비잔틴 미술(byzantine art)은 기독교 미술의 황금기에 해당한다. 비잔틴 건축은 바실리카 양식에 집중형 돔과 벽의 모자이크 장식이 특징이다. 회화는 성경에 대한 정통 교리와 교회의 강령이 담겨 있어 기독교적 색채가 강하다. 대표적인 건축물로는 하기아 소피아 성당, 산 비탈레 성당이 있다.

로마네스크 미술(romanesque art)은 로마 건축에서 유래된 의미이나 건축, 회화, 조각 등 예술의 모든 분야에 영향을 미쳤다. 로마네스크 건축은 삼각형 지붕, 아치 창, 긴 복도가 특징이며 회화는 성당 내부의 프레스코 벽화가 두드러진다. 프레스코화는 회벽을 바르고 물에 안료를 개어 그린 그림을 뜻한다. 대표적인 건축물로는 생 세르냉 성당이 있다.

고딕 미술(gothic art)은 성당 건축에서 먼저 나타났으나 회화, 조각, 공예에도 영향을 미쳤다. 고딕 미술의 건축은 뾰족한 첨탑이 특징이다. 고딕 양식의 성당은 벽이 얇아지고, 창이 커지면서 '스테인드글라스'라고 불리는 색유리로 장식되었다. 회화는 성서 속의 이야기를 실재감 있게 표현하였다. 대표적인 건축물로는 노트르담 성당, 쾰른 성당 등이 있다.

3) 르네상스 미술

르네상스 미술(renaissance art)은 14세기 이탈리아에서 시작되어 16세기에 걸쳐 유럽 전역에서 활발하게 이루어진 미술 양식이다. '부흥, 부활'을 의미하는 르네상스는 철학, 과학, 회화, 조각, 건축, 시 등 다양한 분야에 영향을 미쳤다. 15세기에 이르러 이탈리아에서 고대 그리스와 로마의 조각상, 공예품 등이 발굴되면서 고전 문화와 예술에 대한 관심이 더욱 커졌다. 또한 신 중심의 미술에서 인간 중심의 미술로 변화하는 계기가 되었으며, 보다 객관적이고 정

마사초 〈성 삼위일체 Holy trinity〉 (피렌체 산타 마리아 노벨라 교회/프레스코/1425~1428년경)

레오나르도 〈모나리자 Mona Lisa〉(루브르 박물관/유화 1503 ~1506)

미켈란젤로 〈천지창조—아담의 탄생 The creation of Adam〉(로마 바티칸/시스티나 성당 천장화/1508~1512)

확한 아름다움을 표현하기 위해 유화, 원근법, 명암 대조법 등의 다양한 기법이 시도되었다. 유채 물감의 발명으로 풍부한 색채를 이용해 표현할 수 있는 유화, 평면에 공간감과 거리감을 표현할 수 있는 원근법, 어두운 부분과 밝은 부분이 대조되어 평면에 입체감을 주는 명암 대조법 등이 르네상스 미술의 대표적인 회화 기법이 되었다. 르네상스 예술가 중 대표적인 화가인 마사초(Masaccio, 1401~1428)는 피렌체의 산타 마리아 노벨라 성당의 〈성 삼위일체(三位一體)〉에 원근법을 최초로 사용하였다. 레오나르도 다빈치(Leonardo da Vinci, 1452~1519)는 색의 경계를 부드럽고 흐릿하게 처리하는 '스푸마토(sfumato)' 기법을 적용하여 〈모나리자〉라는 작품을 완성하였고, 미켈란젤로 부오나로티(Michelangelo Buonarroti, 1475~1564)는 '프레스코화'로 로마의 시스티나 성당 천장을 장식하였다.

4) 바로크 미술

16세기 말 로마에서 '바로크(baroque)'라는 새로운 예술 양식이 생겨났다. 16세기 중반 '반종교개혁'운동이 전개된 이후 로마 교황청은 신도의 관심을 다시 교회로 돌리기 위한 수단으로 예술활동을 지지하였다. 바로크의 화려한 스타일은 사람들을 가톨릭 교회로 다시 불러들이는 데 큰 기여를 하였고, 이를 통해 17세기 초 로마는 유럽 예술의 중심지가 되었다. 바로크 미술은 이탈리아에서 유럽의 여러 나라로 퍼져 나갔으며, 각 나라의 특성에 따라 조금씩 다른 형식을 보였다. 예를 들어 네덜란드의 바로크 미술은 다른 나라에 비해 덜 화려하며 사실적인 양식에 일상적인 주제를 다루었다. 루벤스(Peter Paul Rubens, 1577~1640)는 플랑드르(지금의 벨기에와 네덜란드 남부)뿐 아니라 이탈리아, 프랑스, 스페인, 영국의 군주들을 위해 그림을 그린 전 유럽의 궁정 화가였다. 또한 네덜란드 화가 렘브란트(Rembrandt van Rijn, 1606~1669)는 빛과 어둠의 대조를 이용하여 극적인 효과를 살린 60여 점의 자화상과 성서와 역사를 주제로 한 수많은 작품을 남겼다.

루벤스 〈전쟁의 공포 The Horros of War〉(런던 내셔널 갤러리/유화/17세기)

루벤스 〈십자가에서 내려지는 예수 Descente de Croix〉(발랑시엔 미술관/유화/17세기경)

렘브란트 〈자화상 Self-portrait〉(암스테르담 국립박물관/유화/1661)

렘브란트 〈야경 The night watch〉(암스테르담 국립박물관/유화/1964)

5) 로코코 미술

로코코 미술은 18세기 프랑스 귀족을 중심으로 파리에서 성행했던 미술 경향이다. 로코코는 더위를 피하기 위해 석굴이나 분수를 장식하는 데 쓰인 조약돌이나 조개 장식을 말하는 '로카이유(rocaille)'에서 유래된 용어이며, 로코코 양식(rococo style)이란 장식적인 예술로 곡선을 사용하고 우아한 장신구를 진열해 놓은 공간을 지칭한다. 로코코 미술은 여성적이며 섬세하고, 귀족적인 것이 특징이다. 루이 15세가 통치하던 당시 귀족의 저택, 가구, 옷, 식기 등 다양한 곳에서 로코코 양식을 찾아볼 수 있다. 대표적인 화가인 프라고나르(Jean-Honoré Fragonard, 1732~1806)는 자유분방하면서 쾌활한 관능적 주제의 그림을 주로 그렸고, 와토(Antoine Watteau, 1684~1721)는 세련된 남녀가 야외에서 춤추고 이야기 나누며 유희하는 모습을 주로 그렸다. 또한 부셰(François Boucher, 1703~1770)는 그리스 신화에 나오는 여신의 모습, 귀족이나 상류계층의 우아한 풍속과 애정을 나누는 모습을 즐겨 그렸다. 로코코에서 낭만주의까지 다양한 작품을 그렸던 고야(Francisco Goya, 1746~1828)는 왕족의 화려함을 다룬 작품뿐 아니라 스페인의 역사를 담고 있는 작품도 그렸다.

프라고나르 〈그네타기 The swing〉(런던 월리스 컬렉션/유화/1767)

와토 〈키테라 섬으로의 순례 The pilgrimage to Cythera〉(루브르 박물관/유화/1717)

부셰 〈잠든 양치기 Berger endormi〉(샤르트르 미술관/유
화/18세기경)

고야 〈1808년 5월 3일 The Third of May 1808〉(프라도 미술관/
유화/1814)

6) 19세기 미술

18세기 중엽 영국에서 산업혁명이 시작된 후 미술은 그동안 역사나 신화 등 종교와 이상 중심에서 현실 중심으로 변화하였다. 또한 예술가의 개성과 주관을 자유롭게 표현하며 여러 가지 화파가 생겨났다. 이러한 화파는 '~주의(~ism)'로 불리게 되었다.

(1) 신고전주의

신고전주의(néo-classicisme)는 르네상스 미술인 고전적 미술을 추구하는 사조이다. 신 계급 의 등장으로 새로운 사상과 정치적 이념을 표현해 줄 미술이 필요했다. 인위적인 화려함을 표현하는 바로크 미술이나 로코코 미술은 정치적 이념을 전달하기에는 적합하지 않았기에 그리스 미술에서 시작해 르네상스로 이어지는 고전적 가치에 관심을 가지게 되었다. 신고전 주의 미술은 분명하게 소묘된 인물이 특징이다. 이때 붓 자국은 거의 보이지 않도록 하였으 며, 직선과 비례를 중시하며 표현하였다. 신고전주의 미술은 그리스 로마시대의 양식을 새롭 게 부활시키고자 하였다. 신고전주의 창시자인 다비드(Jacques L. David, 1748~1825)는 프랑스 궁정 화가로 〈나폴레옹의 대관식〉과 같은 영웅을 찬미하는 작품을 남겼다. 또한 앵그르 (Jean-Auguste-Dominique Ingres, 1780~1867)는 미술 역사상 가장 관능적인 여성의 누드화를 그렸으며, 〈호메로스 예찬〉이라는 작품을 통해 성공의 절정기를 맞이하였다.

다비드 〈나폴레옹의 대관식 Le Sacre de Napoléon〉(루브르 박물관/유화/1807) 앵그르 〈호메로스 예찬 Homère déifié dit aussi l'apothéose d' Homère〉(루브르 박물관/유화/1827)

(2) 낭만주의

　18세기 말부터 19세기 초까지 30년간을 낭만주의 시대라고 한다. 이 시대는 사회 여러 분야에서 대변동이 잇달아 일어나 혁명의 시대라고 부를 정도였다. 당시 영국의 산업혁명과 프랑스의 시민혁명을 통해 자유와 독립을 위해 맞서는 혁명 정신이 확산되면서 고전적 규범에 반대하고 개인의 표현을 중요시하였다. 고전주의에 대한 반발로 일어난 낭만주의(romanticism)는 인간의 이성보다는 감정과 직관, 상상력을 존중하며 거친 붓질과 강렬한 색채로 극단적인 인간의 감정을 표현하였다. 낭만주의 창시자로 불리는 제리코(Thèodore Gericault, 1791~1824)는 격렬한 동세와 강한 명암, 색채 효과를 살린 〈메두사호의 뗏목〉, 〈돌격하는 샤쇠르〉, 〈부상당한 퀴라시에〉 등의 작품을 그렸다. 또한 낭만주의 대표화가로 불리는 들라크루아(Eugène Delacroix, 1798~1863)는 〈단테의 배〉, 〈민중을 이끄는 자유의 여신〉 등을 그렸다.

제리코 〈돌격하는 샤쇠르 Officier de chasseurs à cheval de la garde impériale chargeant〉(루브르 박물관/유화/18세기경)

들라크루아 〈민중을 이끄는 자유의 여신 La Liberté guidant le peuple 〉(루브르 박물관/유화/1830)

(3) 자연주의

비현실적이고 공상적 표현을 중요시하던 낭만주의 시대가 절정에 이를 즈음, 화가들은 당시의 낭만주의에 회의를 느끼기 시작하면서 현실에 가깝고 실재적인 표현 방법과 소재를 찾기 시작했다. 자연주의(naturalism)는 자연을 과장되게 꾸미지 않고 자연 그대로의 모습으로 사물을

코로 〈파르네세 정원에서 본 콜로세움 Le Colisée, vue des jardins Farnèse〉(루브르 박물관/유화/1826)

밀레 〈이삭줍기 The Gleaners〉(오르세 미술관/유화/1857)

묘사하는 사조를 말한다. 자연을 이상화하지 않고, 고요한 대자연 속에서 자연의 신비와 생명을 느끼고 그 속에서 발견한 자연의 아름다움을 표현하고자 하였다. 이전까지 화가들이 자연에서 받은 감동을 실내에서 표현하였다면 자연주의 화가들은 자연을 직접 마주하고 그림을 그렸다는 점에 차이가 있다. 대표적인 화가 코로(Jean Baptiste Camille Corot, 1796~1875)는 19세기 프랑스 최고의 풍경 화가였고, 밀레(Jean François Millet, 1814~1875)는 일하는 농부의 모습을 많이 그려 '농부의 화가'로 불린다.

(4) 사실주의

사실주의(realism)는 이상적이거나 상상적인 것을 배제하고 인간과 사회의 현실을 직시하여 눈에 보이는 그대로 표현하는 것이 특징이다. 사실주의 미술은 평범한 사람의 생활과 당시의 풍습을 그대로 담아 냄으로써 있는 그대로의 현실을 보여 주었다. 대표적인 화가인 쿠르베(Gustave Courbet , 1819~1877)는 배낭을 메고 프랑스의 어느 시골 마을을 걸어가는 도중 점잖은 두 신사를 만난 자신의 모습을 담은 〈안녕하세요 쿠르베씨〉라는 그림을 그렸다. 특별할 것 없는 일상의 한 장면을 그린 이 그림은 당시 많은 사람을 놀라게 하였다. 또한 보뇌르(Marie Rosalie Bonheur, 1822~1899)는 니베르네에서의 경작하는 모습을 사실적으로 표현하였으며 19세기 유럽에서 가장 유명했던 여성 화가로 알려져 있다.

쿠르베 〈안녕하세요 쿠르베씨Bonjour Monsieur Courbet〉(파브르 미술관/유화/1854)

보뇌르 〈니베르네에서의 경작 Le labourage nivernais, Labourage nivernais : le sombrage〉(오르세 미술관/유화/1849)

(5) 인상주의

인상주의(impressionism)는 19세기 후반 프랑스에서 시작된 미술의 경향으로, 순간적이고 주관적으로 느낀 빛과 색에 대한 화가 자신의 인상을 표현하고자 한 회화 중심의 미술사조이다. 인상주의는 사물의 고유색을 부정하고, 빛에 의해 변화하는 순간적인 이미지의 색채를 포착하여 표현하였다. 인상주의 화가들은 자연을 직접 보고 빛의 변화를 표현하고자 하였으며, 이러한 이유로 '외광파'라고도 불리었다. 대표적 화가인 드가(Edgar DeGas, 1834~1917)는 파리의 근대적 생활에서 주제를 찾아 정확한 소묘와 화려한 색채로 표현했고 무희의 움직이는 동작을 즐겨 그렸다. 또한 모네(Claude Monet, 1840~1926)는 동일한 사물이 빛에 따라 변하는 모습을 연속된 작품으로 표현했고, 르누아르(Pierre-Auguste Renoir, 1841~1919)는 독자적이면서 풍부한 색채를 표현하였다.

모네 〈인상: 해돋이 Impression: Sunrise〉(마르모탕 미술관/유화/1872)

르누아르 〈물랭 드 라 갈레트 Le Moulin de la Galette〉(오르세 미술관/유화/1876)

(6) 신인상주의

신인상주의(néo-impressionisme)는 색채를 과학적으로 분석하여 혼합되지 않은 순색의 점들을 이용하여 형태를 완성해 가는 방식의 점묘화법을 추구하였다. 대표적인 화가 쇠라(Georges Pierre Seurat, 1859~1891)는 점묘화법을 발전시켜 순수색의 분할과 색채 대비로 신인상주의를 확립하였고,

시냑(Paul Signac, 1863~1935)은 작은 점 대신 좀 더 넓은 색 점을 이용하여 풍경화와 초상화를 그렸다.

쇠라 〈그랑드 자트 섬의 일요일 오후 Un dimanche après-midi à l'Île de la Grande Jatte〉(시카고 아트 인스티튜트/유화/1884~1886)

시냑 〈우물가의 여인들 Femmes au puits, ou Jeunes Provençales au puits〉(오르세 미술관/유화/1892)

(7) 후기인상주의

후기인상주의(post-impressionism)는 인상주의나 단순한 점묘주의에 집중했던 신인상주의에 대한 반동으로 전개되었으며 견고한 화면 구성과 표현 내용을 중시하면서 개성적인 표현 방

세잔 〈카드놀이하는 사람들 Les Joueurs de cartes〉(오르세 미술관/유화/1890~1895년경)

고갱 〈타히티의 여인들 Femmes de Tahiti ou Sur la plage〉(오르세 미술관/유화/1891)

고흐 〈해바라기 Sunflowers〉(노이에 피나코테크/유화/1888)

법을 확립하였다. 대표적인 화가 세잔(Paul Cézanne, 1839~1906)은 사물의 본질과 조형적 질서를 표현하였고, 고갱(Eugene Henri Paul Gauguin, 1848~1903)은 타히티섬에 거주하며 원주민의 생활을 원색적이고 상징적인 색채로 표현하였다. 또한 고흐(Vincent Van Gogh, 1853~1890)는 강렬한 색과 붓의 터치로 내면의 고뇌와 격정을 표현하였다.

7) 현대미술

20세기 유럽 각지에서 기존의 형식을 파괴하고 끊임없이 새롭게 만들어 가는 혁신적인 미술운동이 일어났다. 프랑스에서는 야수주의(fauvisme)와 입체주의(cubisme), 독일에서는 표현주의(expressionismus), 네덜란드에서는 신조형주의(néoplasticisme), 소련은 절대주의(suprématisme)와 구성주의(constructivism), 이탈리아에서는 미래주의(futurism), 스위스와 미국에서는 다다이즘(dadaism)이 있다. 이들의 공통점은 전통미술을 거부한 것이다. 그 이외에도 팝 아트(pop art), 키네틱 아트(kinetic art), 미니멀 아트(minimal art), 옵 아트(op art), 비디오 아트(video art), 대지미술(land art)이 있다. 현재도 계속해서 많은 화가가 새로운 시도를 하고 있기에 20세기 미술은 정의하기가 어렵다. 이전 시대와는 달리 하나의 주류가 존재하지 않기 때문에 앞에서 언급한 사조를 중심으로 알아보고자 한다.

(1) 야수주의

야수주의는 1905년 파리에서 열린 가을 살롱전(Salon d'Automne)에 출품된 마르케의 15세기 풍 청동조각에 대해 비평가 보셀(Louis Vauxcelles)이 "야수의 우리 안에 갇힌 도나텔로[1] 같다."라고 말한 것에서 비롯되었다. 야수주의 화가는 파격적인 색과 구도, 자유분방한 붓 터치, 강

---

1) 도나텔로(Donato di Niccolò di Betto Bardi, 1382~1466): 초기 르네상스 시대의 조각가.

렬한 원색을 사용하였다. 마티스(Henri Matisse, 1869~1954)는 야수주의 창시자로 강렬한 색채와 형태의 작품을 주로 그렸고, 블라맹크(Maurice de Vlaminck, 1876~1958)는 강렬한 원색과 자유로운 필치로 역동적인 그림을 그렸다. 또한 뒤피(Raoul Dufy, 1877~1953)는 밝고 화려한 색채와 스케치한 것 같은 선으로 독특한 기법을 발전시켰고, 드랭(Andrè Derain, 1880~1954)은 밝은 색채를 이용해 대담하고 생동감 있는 작품을 그렸다.

마티스 〈춤 The dance〉(상트 페테르부르크 미술관/유화/1909~ 1910)

블라맹크 〈서커스 circus〉(바젤 베이엘러 미술관/유화/1906)

뒤피 〈도비유 경마장, 출발 Race Track at Deauville, The Start〉(보스턴 포그 미술관/유화/1929)

드랭 〈웨스트민스터 사원 Westminster(Londres)〉(아농시아드 미술관/유화/1905)

(2) 표현주의

표현주의는 야수주의 영향을 받아 극단적인 형태의 변형과 거칠고 불규칙한 붓 터치를 통해 내면세계를 강하게 표현했다. 또한 1914년까지 지속된 제1차 세계대전 이후 유럽 전역에 퍼진 고통스럽고 불안한 분위기를 그림에 담았다. 표현주의 화가는 마치 캐리커처를 그리는 것처럼 단순화한 형태와 강렬한 색채를 작품에 담았다. 대표적인 화가인 앙소르(James Ensor, 1860~1949)는 박해받는 구세주 같은 전통적인 주제에서 벗어나 가면, 해골, 삶과 죽음, 인간의 우매함 등을 표현했고, 뭉크(Edvard Munch, 1863~1944)는 질병, 죽음, 광기 등을 왜곡된 형태와 강렬한 색채로 표현했다. 또한 놀데(Emil Nolde, 1867~1956)는 강렬한 색채와 거친 형상으로 주관적인 감정을 표현하였다.

앙소르 〈1889년 그리스도의 브뤼셀 입성 Christ's Triumphant Entry into Brussels in 1889〉(게티 미술관/유화/1888)

뭉크 〈절규 The Scream〉(오슬로 뭉크미술관/템페라화/1893)

놀데 〈십자가에 못 박힘 Crucifixion〉(놀데 재단소장/유화/1912)

(3) 입체주의

입체주의는 한 화면에 사물의 모든 면을 보여 주는 화법이다. 이들은 '자연을 원통형·구체형·원추형으로 단순화해 그려야 한다.'라고 말한 세잔의 영향을 받아 자연과 사물을 하나의 시점에서 관찰하는 것이 아니라 사물을 둘러싼 여러 면을 동시에 입체적으로 표현하고자 했다. 대표적인 화가인 피카소(Pablo Picasso, 1881~1973)는 르누아르, 로트레크(Henri de Toulouse Lautrec, 1864~1901), 뭉크, 고갱, 고흐 등의 영향을 받아 입체주의 미술양식을 창조하였다. 또한

피카소 〈아비뇽의 처녀들 Les Demoiselles d'Avignon, Les
Demoiselles d'Avignon〉(뉴욕 현대 미술관/유화/1907)

브라크(Georges Braque, 1882~1963)는 나무 표면처럼 보이게 하는 기법을 사용해 입체주의를 표현하였다. 또한 피카소와 신문, 잡지, 광고지, 악보 등 다양한 재료를 붙이는 '파피에 콜레(papie colle)' 기법을 창시하였다.

(4) 미래주의

미래주의는 20세기 기계문명에 의한 속도, 소음, 시간성 등 움직이는 연속적인 과정을 표현하는 것이 특징이다. 또한 대상이 움직이는 동안의 시간을 표현하면서 사물이 지닌 불안정성을 보여 준다. 미래주의 화가는 움직이는 기관차, 프로펠러, 폭발하는 포탄 등 현대세계를 대표하는 이미지를 소재로 삼았다. 대표적인 화가인 발라(Giacomo Balla, 1871~1958)는 도시 풍경, 초상, 빛과 움직임, 에너지, 속도를 주로 표현하였고, 카라(Carlo Carra, 1881~1966)는 미래주의 화가로 활약하다 키리코(Gioirgio de Chirico, 1888~1978)의 영향을 받게 되면서 기괴하고 부조화스러운 형상을 통해 낯설고 불안한 느낌을 주는 형이상학적 작품을 그리게 되었다. 또한 회화파 운동을 전개하여 이탈리아 현대 미술 발전에 깊은 영향을 미쳤다. 보초니(Umberto Boccioni, 1882~1916)는 역동성, 기술, 속도감을 연상시키는 분열된 이미지와 강렬한 색채를 표현하였고, 유리, 나무, 천, 시멘트, 조명 기구 등 다양한 재료를 사용하여 조각품으로 표현하였다.

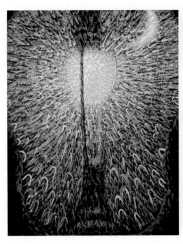 

발라 〈가로등 street light 〉(뉴욕 현대 미술 관/유화/1910~1911)　보초니 〈도시가 일어나다 The City Rises〉(뉴욕 현대 미술관/유화/1910~1911)

(5) 추상주의

추상주의 화가는 자연물을 대상으로 하지 않고, 점, 선, 면 등의 순수한 조형요소를 이용하여 표현한다. 추상주의는 색과 선으로 그리지만 그림 속에 구체적인 형태가 나타나지 않으므로 비대상(非對象) 미술이라고도 한다. 대표적인 화가 칸딘스키(Wassily Kandisky, 1866~1944)는 형태와 색채로 작가의 감정을 표현한 '뜨거운 추상'의 화가, 몬드리안(Piet Mondrian, 1872~1944)은 엄격한 기하학적인 형태를 추구하여 '차가운 추상'의 화가로 불린다.

칸딘스키 〈구성 Composition〉(뉴욕 현대 미술관/유화/1914)

몬드리안 〈빨강, 파랑, 노랑의 구성 Composition with red, blue and yellow〉(쿤스트 하우스/유화/1930)

(6) 다다이즘

다다이즘(dadaism)은 편견과 인습, 겉치레로 가득한 기성 예술계를 풍자하며 나타났다. 예술가들은 두 차례의 세계대전을 통해 겪은 전쟁의 참상과 인생의 허망함에 대한 자신의 생각과 감정을 표현하고자 기존의 미술 이론에서 벗어난 반문명적이며 비합리적 표현을 예찬하는 미술 운동을 펼쳤다. 대표적인 화가인 아르프(Jean Hans Arp, 1887~1966)는 회화,[2] 부조,[3] 환조[4] 등 다양한 작품에서 극도로 단순화된 형태를 보여 주었다. 또한 뒤샹(Marcel Duchamp, 1887~1968)은 공장에서 대량 생산된 남성용 소변기를 그대로 가져다가 〈샘〉이라 제목을 붙이고 전시장에 올

---

2) 여러 가지 선이나 색채로 평면상에 형상을 그려 낸 것. 그림
3) 모양·형상을 도드라지게 새김. 또는 그런 조각. 돋을새김. 부각(浮刻)
4) 한 덩어리의 재료에 물체의 모양 전부를 조각해 내는 일. 또는 그런 작품

뒤샹 〈샘 Fontaine〉(조르주퐁피두 센터/입체 작품/1917)

려놓아 큰 논란을 불러일으켰다. 이후 유럽 전역과 미국에 파급되었던 다다이즘은 파리로 옮겨지면서 초현실주의 속에 흡수되었다.

(7) 초현실주의

1924년 파리에서 시작된 초현실주의(surrealism)는 사람과 사물을 융합하는 등 무의식의 세계를 몽환적으로 표현하는 것이 특징이다. 초현실주의 화가는 데칼코마니, 마블링 등 다양한 표현기법을 사용한다. 대표적인 화가 샤갈(Marc Chagall, 1887~1985)은 러시아의 민속적 주제와 유대인의 성서에 영감을 얻어 인간의 원초적 향수와 동경, 사랑과 낭만, 기쁨과 슬픔, 꿈과 그리움 등을 강렬한 색채로 표현하였다. 또한 마그리트(René Magritte, 1898~1967)는 친숙한 사물을 예상치 못한 공간에 두거나 크기를 왜곡시켜 기발한 상상력이 돋보이는 표현을 하였고, 달리(Salvador Dali, 1904~1989)는 비합리적인 환각을 사실적으로 표현하고자 하였다.

달리 〈기억의 고집 The Persistence of Memory〉(뉴욕 현대 미술관/유화/1931)

(8) 추상표현주의

추상표현주의(abstract expressionism)는 미국의 액션 페인팅과 같이 물감을 뿌리거나 흘려서 얻게 되는 우연적 효과를 추구하는 행위 자체에 의미를 두고 표현하는 방식이다. 제2차 세계대전으로 유럽의 예술가들이 미국 뉴욕으로 이주하면서 뉴욕이 예술의 중심지가 되었고, 뉴욕에서

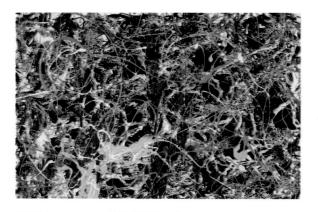

폴록 〈넘버 6 Number 6〉(개인/유화/1948)

시작된 추상표현주의는 이후 미국은 물론 세계 각국으로 전파되었다. 대표적인 화가 폴록(Jackson Pollock, 1912~1956)은 바닥에 펼쳐진 캔버스 위에 물감을 뿌리거나 던지고 쏟아서 작품을 창조했고, 프랜시스(Sam Francis, 1923~1994)는 액션페인팅 기법으로 다양한 색채와 함께 대비되는 여백의 미를 표현했다.

(9) 팝 아트

팝 아트(pop art)는 만화, 대중 예술, 영화배우 등 현대의 상업주의적인 소비문화를 소재로 하였다. 1960년대 초 일부 예술가들은 추상미술에서 벗어나 대중매체와 대중문화에 관심을 갖기 시작하면서 '팝 아트'라는 미술 경향을 창조했다. 대표적인 화가 워홀(Andy Warhol, 1928~1987)은 만화나 영화 배우 사진 등의 대중적 이미지를 실크스크린 기법으로 표현하였고, 리히텐슈타인(Roy Lichtenstein, 1923~1997)은 일상품의 광고 이미지나 만화의 일부를 확대해 검은 윤곽선과 역동적인 구성으로 표현하였다.

워홀 〈마릴린 먼로 Marilyn Monroe〉(런던 테이트갤러리/실크 스크린에 유화/1962)

(10) 키네틱 아트

키네틱 아트(kinetic art)는 기계적인 조립이나 바람
등에 의해 움직이는 작품을 총칭한다. 1950년대 후
반부터 활발해진 미술표현의 하나로 미래주의나 다
다이즘에서 파생되었으며, 작품의 대부분이 조각의
형태로 되어있다. 1913년 뒤샹이 최초로 자전거 바
퀴를 이용해 〈모빌〉을 만들면서 여러 모빌 작품이 나
왔다. 대표적인 작가인 칼더(Alexander Stirling Calder,
1898~1976)는 몬드리안에 압도되어 몬드리안의 작품
을 '움직이는 조각(mobile)'으로 만들었다. 또한 팅겔리
(Jean Tinguely, 1925~1991)는 폐품을 조합하여 움직이는
작품을 만들었다.

팅겔리 〈뉴욕 찬가 Hommage a New York〉
(뉴욕 현대미술관/금속/1960)

(11) 미니멀 아트

미니멀 아트(minimal art)는 절제된 양식과 극도로 단순한 제작 방식을 이용해 미술 작품의
실제와 본질을 강조한다. 단
순화된 수직선과 수평선으
로 이루어진 격자무늬, 육면
체 등을 이용해 최대한 간결
하게 표현한 것이 특징이다.
미니멀 아트는 'ABC 아트',
'리터럴 아트(literalist art)', '차
가운 미술(cool art)', '환원적
미술(reductional art)', '프라이

스텔라 〈HarranⅡ〉(뉴욕 구겐하임 미술관/페인팅/1967)

머리 스트럭처(primary structure)' 등 다양한 명칭으로 불렸다. 대표적인 작가 저드(Donald Judd, 1928~1994)는 공업 재료의 색깔, 재료, 규모, 비율을 다양하게 구성하여 단순하면서 기하학적인 작품을 제작하였다. 또한 스텔라(Frank Philip Stella, 1936~)는 무채색의 그림에서 벗어나 색면의 대비를 시도하였다.

(12) 옵 아트

옵 아트(op art)는 점, 선, 면, 색 등의 미술요소만을 이용해 시각적 착각을 불러일으키는 추상적 표현 방식이다. 옵 아트는 팝 아트의 상업주의나 지나친 상징성에 반대하면서 탄생되었다. '옵 아트'라는 용어는 1965년 뉴욕 현대미술관에서 개최된 〈감응하는 눈(The Responsive Eye)〉이라는 전시회 이후 타임지에서 처음 쓰였다. 옵 아트는 당시 디자인계나 패션계에 영향을 미쳤지만 사고와 정서를 배제한 계산된 예술이라고 하여 대중들에게 지지를 받지 못했다. 대표적인 작가 바자렐리(Victor Vasarely, 1908~1997)는 기하학적인 형태와 다양한 색채, 선을 이용해 시각적 환영을 일으키는 작품을 만들었다. 또한 라일리(Bridget Riley, 1931~)는 크기와 형태를 변화시키거나 연속적으로 배치한 패턴을 이용하여 작품을 만들었다.

바자렐리 〈아를르캥 arlequin〉(개인 소장/혼합기법/1935)

(13) 비디오 아트

비디오 아트(video art)는 텔레비전 모니터, 멀티미디어 등을 표현 매체로 하는 예술을 의미한다. 미술이 대중문화에 의해 밀려나자 이에 반격하기 위한 방법으로 시작된 미술 분야이다. 영화에 비해 제작과 상영이 편리하다는 점, 소자본으로 제작할 수 있다는 점, 대중매체에서 나오는 수많은 이미지를 담을 수 있는 적합한 도구라는 점에서 주목받게 되었다. 비디오아트는 1965년 백남준이 소니의 휴대용 비디오 카메라를 이용해 최초로 비디오 작품을 제작하면서 시작되었다. 백남준(1932~2006)은 예술과 과학을 결합한 여러 형태의 비디오 아트를 설치하였다. 또한 비올라(Bill Viola, 1951~)는 〈물의 순교자(Water Martyr)〉 등의 작품을 통해 물의 움직임을 슬로모션으로 보여 주었다.

(14) 대지미술

대지미술(land art)은 암석, 토양, 눈 등의 주위 환경이나 건축물에 설치 작품을 만드는 것이다. 대지미술은 미술의 상업화에 대한 반대와 환경운동의 영향을 받았다. 작품의 소재나 방법은 작가마다 매우 다양한데 사막이나 해변 등의 넓은 땅 위에 선을 새긴 후 사진으로 남겨 작품으로 삼기도 하고, 잔디나 흙 등의 자연물을 그릇에 옮겨 담아 화랑에서 전시하기도 한다. 대표적 작가인 크리스토(Christo Javacheff, 1935~)는 거대한 규모의 공공장소나 건축물, 자연을 다양한 재료로 포장하는 방식의 작품을 제작하였다. 스미스슨(Robert Smithson, 1938~1973)은 〈나선형의 둑〉과 같은 작품을 통해 미술 작품을 갤러리 밖으로 끌어내었다는 평을 받았다.

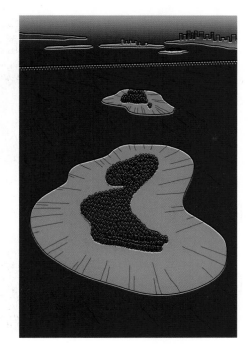

대지미술의 예

이야기를 나누어 보아요.

콜로세움(로마/대리석/70~80)

로마시대에 건축된 콜로세움을 보며 유아가 건축물을 자세히 관찰할 수 있도록 한다.

교사 질문

- 이 건축물은 어떤 모양이니?
- 무엇을 하기 위해 지었을까?
- 우리 주변에서 비슷하게 생긴 장소를 찾아보자.

프란체스카 〈페데리코 다 몬테펠트로 부부의 초상화 Portrats of Federico da Montefeltro and his wife Battista Sforza〉(우피치 미술관/템페라화/1465~1466)

르네상스 시대의 특징인 원근법이 잘 드러난 작품을 선택하여 그림에 나타난 사물의 위치와 거리에 대해 이야기를 나누어본다.

교사 질문

- 그림에서 가장 크게 보이는 것은 무엇이니?
- 가장 작게 보이는 것은 무엇이니?
- 가까이 있는 것처럼 보이는 것은 무엇이니?
- 멀리 있는 것처럼 보이는 것은 무엇이니?

이야기를 나누어 보아요.

쇠라 〈아니에르에서 물놀이하는 사람들 Bathers in Asnières〉(런던 내셔널 갤러리/유화/1883~1884)

신인상주의 화가들이 점묘화법을 이용해 그린 작품을 관찰하면서 이야기 나누어 본다.

교사 질문

- 그림을 멀리서 바라보자. 무엇이 보이니?
- 그림을 가까이에서 바라보자. 무엇이 보이니?
- 작은 점은 무슨 색이니?
- 화가는 이 작품을 완성하는 데 시간이 얼마나 걸렸을까?
- 다양한 색 사인펜을 이용해 점을 찍어 보자. 멀리서 점을 살펴보자. 어떤 색으로 보이니?

요약

1. 미술이란 작가의 생활 경험에서 얻어진 특정한 감정과 심상을 평면 또는 입체적으로 표현해 다른 사람에게 전달하는 미적 표현 일체를 뜻한다.

2. 미술은 인간이 살아 있음을 인식하는 데 도움을 주고, 인간의 감정을 격조 높게 하며, 우리의 삶 속에서 독특한 경험을 가능하게 한다. 인간의 여러가지 경험은 미술에 의해 의미가 부여된다.

3. 고대미술은 선사시대 미술, 이집트 미술, 메소포타미아 미술, 로마 미술로 전개되었다.

4. 중세미술은 초기 기독교 미술, 비잔틴 미술, 로마네스크 미술, 고딕 미술로 전개되었다.

5. 19세기 미술은 신고전주의, 낭만주의, 자연주의, 사실주의, 인상주의, 신인상주의, 후기인상주의로 전개되었다.

6. 현대미술은 야수주의, 표현주의, 입체주의, 미래주의, 추상주의, 다다이즘, 초현실주의, 추상 표현주의, 팝아트, 키네틱 아트, 미니멀 아트, 옵 아트, 비디오 아트, 대지미술로 전개되었다.

더 생각해 보기

1. 미술과 관련된 자신의 경험을 생각해 보고, 유아에게 미술은 어떠한 경험이 되어야 할지 이야기해 보세요.

2. 다양한 미술사조의 작품 중 같은 주제의 그림을 찾아 비교해 보세요.

3. 일상 용품을 이용해 작품을 만들어 보세요(예: 빨대와 종이컵으로 구성된 드럼, 돌돌 말린 수건으로 구성된 달팽이 등).

한눈에 보는 서양미술사

고대미술

중세미술

르네상스 미술

바로크 미술

신고전주의
낭만주의
자연주의

사실주의   인상주의   신인상주의   후기인상주의

로코코

19세기 미술

야수주의   표현주의   입체주의   미래주의

추상주의   다다이즘   초현실주의   추상표현주의   팝 아트

현대미술

키네틱 아트   미니멀 아트   옵 아트   비디오 아트   대지미술

제2장

미술의 기본요소와 구성원리

개관

미술은 선, 색, 모양, 질감, 공간 등의 미술적 요소로 이루어져 있다. 미술은 미술의 기본요소를 구성원리에 따라 조합해 미술 작품으로 창조된다. 미술의 기본요소와 구성원리를 알고 탐색하고 표현하고 감상하는 것은 미적 경험을 더욱 풍부하고 의미 있게 만들어 준다. 이 장에서는 미술 기본요소의 질서와 조화를 통해 미술 작품이 어떻게 표현되는지 알아보고, 선, 색, 모양, 질감, 공간 등의 미술 기본요소와 균형, 강조, 리듬·반복·패턴, 비례, 움직임(동세), 통일·변화 등의 미술 구성원리에 대해 살펴보고자 한다.

학습목표

1. 미술의 기본요소와 구성원리에 대해 설명할 수 있다.
2. 자연 세계, 일상의 주변 세계, 예술 작품 등을 탐색하고 표현하고 감상하면서 미술의 기본요소와 구성원리를 발견할 수 있다.
3. 미술의 기본요소와 구성원리를 통해 세상을 바라보는 시각을 형성함으로써 심미적 태도를 기를 수 있다.

주요용어

미술의 기본요소/ 미술의 구성원리/ 선/ 색/ 모양/ 질감/ 공간/ 균형/ 강조/ 리듬·반복·패턴/ 비례/ 움직임(동세)/ 통일·변화

미술은 선, 색, 모양, 질감, 공간 등 미술의 기본요소를 구성원리에 따라 조합해 미술 작품으로 창조된다. 미술의 구성원리에는 균형, 강조, 리듬·반복·패턴, 비례, 움직임(동세), 통일·변화 등이 있다.

미술의 기본요소와 구성 원리를 알고 탐색하고 표현하고 감상하는 것은 미적 경험을 더욱 풍부하고 의미 있게 만들어 준다. 우리는 자연과 주변 환경을 탐색하면서 다양한 선, 선으로 이루어진 모양, 아름다운 색의 변화, 밝고 어두움이 주는 느낌, 질감이 주는 느낌, 그리고 공간 등을 발견하게 되면서 심미감을 느낀다. 이렇게 경험한 심미감은 미술표현을 위한 밑거름이 되고 미술의 구성원리에 따라 다양하게 결합되어 예술 작품으로 창조될 것이다. 또한 우리는 자연, 주변 환경, 예술 작품 등을 감상하면서 미술의 기본요소와 구성원리를 새롭게 발견하고 느끼게 된다.

따라서 미술의 기본요소와 구성원리는 탐색하기, 표현하기, 감상하기가 서로 영향을 미치며 연결되어 일어나는 유아미술교육과정 안에 반드시 포함되어야 하는 중요한 내용이다. 또한 누리과정의 예술경험 목표인 "아름다움에 관심을 가지고 예술 경험을 즐기며, 창의적으로 표현하는 능력을 기른다."를 달성하기 위해 먼저 교사가 미술의 기본요소와 구성원리에 대한 이해가 있어야 한다. 교사가 먼저 미술의 기본요소와 구성원리에 대해 알고 세상을 바라보는 시각이 형성된다면 일상생활이나 미술활동의 과정에서 유아에게 심미감을 높일 수 있는 풍부한 경험을 제공할 수 있을 것이다. 유아는 교사와 의미 있는 대화를 통해 자연과 주변 환경의 아름다움을 발견하고, 미적 요소에 관심을 갖고 탐색하며, 자신의 생각과 느낌을 미술을 통해 창의적으로 표현하게 될 것이다. 또한 유아는 자연과 다양한 예술 작품을 감상하면서 풍부한 감성과 심미적 태도를 기르게 될 것이다.

1. 미술의 기본요소

1) 선

선(line)은 점이 모여 이루어진 것, 두 점을 이어서 만들어진 것, 물체의 윤곽을 이루는 부분, 물체와 물체를 경계 짓는 부분 등 다양하게 정의된다. 선은 단순한 것 같으면서 복잡한 요소를 지닌다. 선을 어떻게 결합하였느냐에 따라 변화나 통일, 리듬감, 움직임을 느낄 수 있다.

선의 개념에는 실선과 암시선이 있다. 실선은 그림에서 실제 그어진 선을 가리키고, 암시선은 실제로 그어지지 않았지만 그림에서 마치 연결된 것처럼 느껴지는 선을 가리킨다. 암시선은 점으로 이루어진 암시선(점선)과 평행하는 직선들의 끝점이 연결되어 착시현상에 의해 나타난 암시선이 있다.

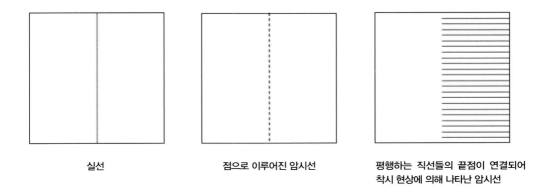

| 실선 | 점으로 이루어진 암시선 | 평행하는 직선들의 끝점이 연결되어
착시 현상에 의해 나타난 암시선 |

선의 종류는 방향에 따라, 모양에 따라 분류할 수 있다. 선의 방향에 따라 수직선, 수평선, 사선 등으로 분류할 수 있다. 선의 모양에 따라 굵은 선, 가는 선, 직선, 곡선, 꼬불꼬불한 선, 지그재그 선 등으로 분류할 수 있다. 선은 방향과 모양에 따라 다른 느낌을 준다. 수평선은 넓고 안정된 느낌을 주고, 수직선은 상승감과 긴장감을 주고, 사선은 방향감과 운동감을 준다. 직선은 딱딱하고 힘찬 느낌을 주고, 곡선은 부드럽고 유연하여 여성적인 느낌을 준다.

미술 작품에서 다양한 선의 사용은 같은 주제와 소재라도 다른 느낌을 줄 수 있다. 직선과 곡선, 꼬불꼬불한 선, 지그재그 선은 방향을 결정한다. 선은 그림 장면 안에서 위에서 아래, 왼쪽에서 오른쪽 등 움직이는 방향에 따라 운동감을 결정하기도 한다.

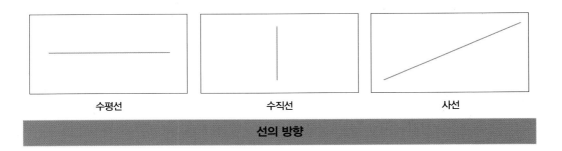

| 수평선 | 수직선 | 사선 |

선의 방향

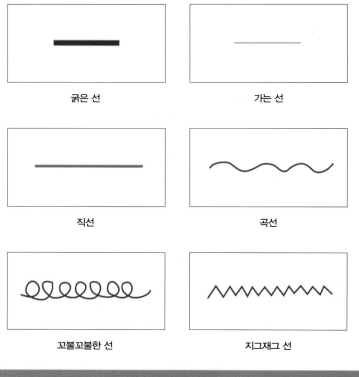

굵은 선

가는 선

직선

곡선

꼬불꼬불한 선

지그재그 선

선의 종류

선의 굵기는 속도감과 무게감에 영향을 미친다. 예를 들어 굵은 선에서 시작하여 점차 가늘어지는 선은 서서히 줄어드는 속도감을 느끼게 하고 반대로 점점 진하고 굵게 그려지는 선은 빨라지는 속도감을 느끼게 한다. 또한 가는 선은 가벼운 느낌, 굵은 선은 무거운 느낌을 느끼게 한다.

다음의 그림은 다시마 세이조 작가의 그림책『모기향』의 한 장면이다. 작가는 굵고 구불구불한 곡선을 이용하여 모기향이 왼쪽에서 오른쪽으로 퍼지는 모습(방향성)과 가는 수직을 이용하여 아래쪽으로 빠르게 떨어지는 모기의 모습을 표현하고 있다(속도감).

『모기향』그림책은 모기향에서 나온 연기가 날아가면서 모기뿐만 아니라 빨간 꽃, 빨래, 모자 등이 떨어지는 모습이 기발하고 재미있게 표현되어 있다.

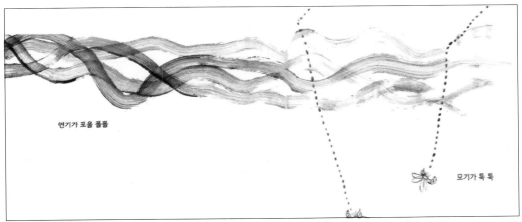

연기가 포올 풀풀

모기가 툭 툭

『모기향』(다시마 세이조 글 · 그림, 한림, 2016)

이처럼 선의 특징을 적절히 사용하면 같은 주제와 소재라도 다른 의미를 전달할 수 있다.

교사는 유아가 주변 세계에서 다양한 선을 탐색해 보고 풍부한 그리기 도구와 재료를 이용해 선의 다양한 느낌을 표현하고 감상할 수 있는 기회를 제공해 주어야 한다.

활동해 보세요.

◎ 선으로 그려 제목 붙이기: 물감, 사인펜, 볼펜, 연필 등을 이용해 다양한 선을 반복해서 그린다. 선으로만 그려진 그림을 보고 제목을 붙인다.

◎ 라인 테이프로 구성하기: 라인 테이프를 붙여 다양한 모양을 꾸민다.

◎ 찢어진 종이 따라 그리기: 검정색 종이를 찢어서 흰색 종이 위에 간격을 두고 붙인다. 물감으로 잘라진 선을 따라 그린다.

◎ 선으로 동물 꾸미기: 종이를 동물 모양으로 자른 후 동물 모양 종이 안쪽을 다양한 선으로 표현한다.

◎ 국수로 그림 그리기: 삶은 국수 면발을 검은색 도화지에 올려 구성한다.

◎ 국수로 만든 구조물: 삶지 않은 국수(또는 스파게티면)를 밀가루 반죽이나 마시멜로우에 꽂아 다양한 모양을 만들거나 구조물을 완성한다.

◎ 테이프로 컵 꾸미기: 투명 플라스틱 일회용 컵 위에 다양한 색 테이프를 붙여서 꾸민다.

테이프로 동네 길을 꾸민 작품

2) 색

생각해 보세요.

고흐 〈오베르의 길과 거리 Stairway at Auvers〉(세인트 루이스 미술관/유화/1890)

교사 질문
- 어떤 색을 사용했니?
- 어떤 색이 가장 많이 사용되었니?
- 땅의 색을 보면 어떤 느낌이 드니?
- 하늘의 색을 보면 어떤 느낌이 드니?
- 사람들은 어떤 색 옷을 입고 있니?

색(Color)은 빛을 흡수하고 반사하는 결과로 나타나는 물리적 현상을 의미한다. 색은 색상, 명도, 채도 세 가지 속성을 가지고 있다. 색상은 빛의 파장에 따라 지각되는 색의 종류로 빨강이나 노랑이라고 하는 색 자체가 갖는 고유의 특성 또는 명칭을 의미한다. 명도는 색의 밝고 어두운 정도를 의미하고, 채도는 색의 맑고 탁함, 선명한 정도를 의미한다.

다음에 나오는 그림은 다시마 세이조 작가의 그림책 『내 목소리가 들리나요』의 한 장면이다. 다시마 세이조 작가는 손가락의 힘으로 명도를 조절하여 검은색 하나만으로 원근감을 잘 나타내고 있다.

여러 가지 색깔을 만들어낼 수 있는 기본색으로 빨강, 노랑, 파랑을 '삼원색'이라고 한다. 삼원색을 섞으면 다양한 색이 만들어진다. 삼원색을 혼합하여 어떤 색이 나오는지 색상환을 통해 알 수 있다. 색상환에서 이웃하는 색은 서로 비슷한 색을 띠는데 이를 유사색이라 하고, 마주보는 색은 서로 대비되는 색을 띠어 보색이라 부른다.

명령을 따라,
총을 쏘았습니다.
나와 똑같은 사람을 향해.

『내 목소리가 들리나요』(다시마 세이조 글·그림, 사계절, 2012)

삼원색에 속하는 빨강, 노랑, 파랑은 실제로는 빨강, 노랑, 파랑이 아니라 자홍색, 노란색, 청록색이다. 우리나라에 색의 삼원색이 도입될 당시 빨강, 노랑, 파랑으로 지칭되어 지금까지 사용되고 있다. 실제 영어권 국가에서도 마젠타(magenta, 자홍)를 레드(red, 빨강)로 시안(cyan, 청록)을 블루(blue, 파랑)로 불렀으나 지금은 구분하여 사용하고 있다. 물감의 삼원색은 자홍(magenta), 노랑(yellow), 청록(cyan)으로 세 가지 색을 섞으면 다양한 색깔을 만들 수 있으며, 섞으면 섞을수록 어두워지고 모두 섞으면 검은색이 된다. 빛의 삼원색은 빨강(red), 초록(green), 파랑(blue)이며, 이들은 섞으면 섞을수록 밝아지고 모두 섞으며 흰색이 된다(서울교육대학교 미술교육연구회, 1997). 그러나 다음의 내용에서는 우리나라에서 일반적으로 혼용되고 있는 빨강, 노랑, 파랑으로 기술하고자 한다.

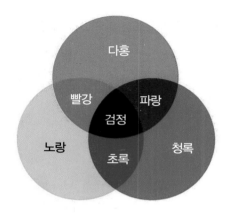

물감의 삼원색

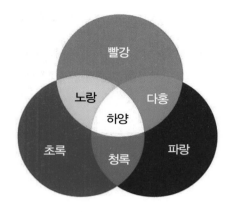

빛의 삼원색

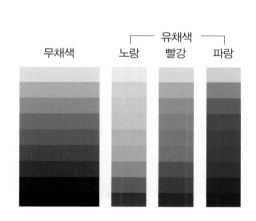

먼셀 표색계

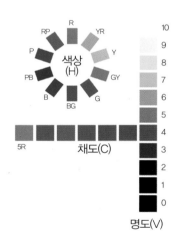

색의 혼합에 따라 분류하면, 원색(1차색)은 빨강, 노랑, 파랑 삼원색을 의미한다. 2차색은 2가지 원색을 같은 비율로 혼합하여 나오는 색을 의미한다. 주황(빨+노), 보라(빨+파), 초록(파+노)은 2차색에 해당한다. 삼차색은 원색과 2차색을 같은 비율로 혼합하여 나오는 색을 의미한다. 귤색(노+주), 다홍(주+빨), 자주(빨+보), 남보라(파+보), 청록(파+초), 연두(초+노)는 3차색에 해당한다. 한 가지 색상에 흰색을 혼합하면 연한 색(tint)이 만들어지고, 검정색을 혼합하면 짙은 색(shade)이 만들어진다.

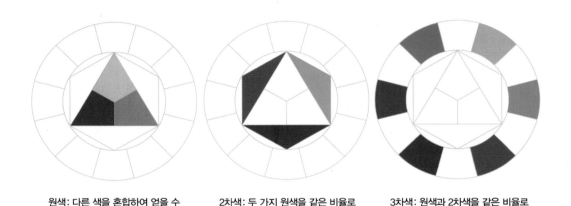

원색: 다른 색을 혼합하여 얻을 수 없는 색

2차색: 두 가지 원색을 같은 비율로 섞으면 나오는 색

3차색: 원색과 2차색을 같은 비율로 섞으면 나오는 색

회화 표현에서 색은 고유색, 지각색, 창조색으로 나누어진다. 고유색(자연의 색)은 정상적인 빛의 조건에서 물체의 표면에 반사되는 자연 그대로의 색으로 고전주의, 사실주의 작품에서 찾아볼 수 있다. 지각색(느낌의 색)은 주위 빛의 변화에 따라 다르게 지각될 수 있는 색으로 인상주의 작품에서 찾아볼 수 있다. 창조색은 자신의 감정과 생각 등에 따라 자유롭게 만들어 내고 표현하는 색으로 입체주의, 야수주의, 표현주의, 초현실주의 작품에서 찾아볼 수 있다.

다비드 〈빌렝 카토르즈 백작부인과 딸의 초상 Portrait of the Comtesse Vilain XIIII and her Daughter〉(런던 내셔널 갤러리/유화/1816)

오노레 도미에 〈삼등열차 The Third-Class Wagon〉(캐나다 국립미술관/유화/1862)

모네 〈가을의 포플러 Poplars, Autumn〉(개인소정/유화/1891)

모네 〈포플러 Poplars〉(필라델피아 미술관/유화/1891)

블라맹크 〈서커스 Circus〉(바젤 베이엘러 미술관/유화/1906)

마티스 〈모자를 쓴 여인 Femme au chapeau〉(샌프란시스코 현대미술관/유화/1905)

활동해 보세요.

◎ 빗물이 그리는 그림: 도화지 위에 물감이나 사인펜으로 비를 생각하며 그림을 그린다.
  비 오는 날 비옷과 장화를 신고 나가서 그림을 비에 젖게 한다.
◎ CD 케이스 다양한 색으로 꾸미기: CD 케이스 위에 셀로판지를 잘라 붙여 모양을 구성
  한다. CD 케이스 여러 개를 햇빛이 잘 드는 창가에 세워서 전시한다.
◎ 곡식을 이용한 색깔 층 만들기: 색이 다른 여러 곡식의 색을 비교해 보고, 투명 플라스
  틱 용기나 유리병에 넣어 알록달록 색깔 층을 만들어 본다.
◎ 여러 가지 색깔의 꽃 꾸미기: 꽃 모양의 종이를 다양한 색으로 칠한다. 색에 따라 꽃이
  주는 느낌이 어떻게 다른지 비교해 본다.
◎ 세상에 하나밖에 없는 색 만들기: 다양한 색의 물감을 섞어 색을 만든 후 색깔의 이름
  을 지어본다.

다양한 색을 섞어 독특한 색을 만든 작품

3) 모양

모양(shape)은 외곽에서 나타나는 모습으로 2차원적으로 표현된 평면적 모양을 형이라 하고, 3차원적으로 표현된 입체적 모양을 형태라 한다. 유아는 자연물, 인공물 등의 다양한 소재를 관찰하면서 사물의 모양, 구조를 인지하게 되고, 다양한 자연물의 유기적 모양을 경험하게 되면서 시각적 분별력을 기르게 된다.

모양은 크게 기하학적 모양과 유기적 모양으로 분류할 수 있다. 기하학적 모양은 삼각형, 원, 사각형 등을 연상시키는 모양으로 일정하고 정확한 형상을 가지며, 계산적이고 반자연적 느낌을 준다. 유기적 모양은 부드럽고 불규칙한 곡선으로 묘사되어 움직임이 느껴지는 모양으로 주로 자연의 형태에서 많이 찾아볼 수 있다. 기하학적 모양과 유기적 모양은 추상화가 칸딘스키의 작품에서 찾아볼 수 있다.

〈흰색 위에 II〉에는 직선과 곡선, 원, 삼각형과 사각형 등의 기하학적인 요소가 중심이 되어 기하학적인 추상이 잘 들어나 있다. 〈즉흥 III〉에는 기하학적인 모양 없이 색채와 유기적인 모양으로 미적 감각이 표현되어있다. 〈노랑 빨강 파랑〉에는 노랑의 바탕 위에 빨강과 파랑이 함께 자리하면서 왼쪽에는 직선, 곡선, 원 등의 기하학적인 모양이 강하고, 오른쪽에는 불규칙한 유기적인 모양이 강하여 마치 양분된 느낌이 든다.

칸딘스키 〈흰색 위에 II Sur Blance II〉(조르주 퐁피두 센터/유화/ 1923)

칸딘스키 〈즉흥 III Improvisation III〉(조르주 퐁피두 센터/유화/1909)

칸딘스키 〈노랑 빨강 파랑 Jaune-rouge-bleu〉(조르부 퐁피두 센터/유화/1925)

활동해 보세요

◎ 윤곽선 그리기: 동물이나 사물의 윤곽선 그림을 보여 주고 어떤 사물인지 맞춰본다. 실제 모양대로 또는 상상의 모양으로 윤곽선 위에 그림을 그려 본다.
◎ 나뭇잎 브로치 만들기: 실제 나뭇잎을 수집해서 각각의 모양을 비교해 본다. 원하는 나뭇잎 하나를 선택해 종이 위에 올려 윤곽선을 그린 후, 공예용 철사를 이용해 나뭇잎 모양의 윤곽선을 따라 브로치를 만든다.
◎ 뚜껑 찍기: 여러 가지 크기의 뚜껑을 자유롭게 찍어 반복되는 모양을 만든다.

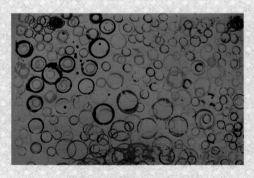

다양한 뚜껑으로 물감 찍기를 한 작품

4) 질감

교사 질문
- 거칠거칠하게 느껴지는 곳을 찾아보자.
- 부드럽게 느껴지는 곳을 찾아보자.
- 하늘은 어떤 느낌이 드니?
- 파도는 어떤 느낌이 드니?
- 바위를 만지면 어떤 느낌이 들까?

모네 〈거친 벨-일 해안의 암벽들 Les rochers de
Belle-île, la Côte sauvage〉(오르세 미술관/유화/1886)

질감(texture)은 '직조'라는 뜻을 가진 라틴어에서 유래하며, 물체를 만졌을 때 느껴지는 물체의 특성을 의미한다. 그러나 사진으로 보는 그림은 표면이 매끄럽기 때문에 시각적인 느낌을 중심으로 질감을 설명하는 것이 일반적이다. 질감은 거침, 부드러움, 딱딱함, 말랑말랑함, 매끈함, 울퉁불퉁함 등의 단어로 표현할 수 있다. 화가는 다양한 방법으로 질감을 나타내는데, 붓의 터치를 빠르고 가볍게 하거나, 빗, 스펀지와 같은 도구나 손가락을 이용해 색을 칠하면서 다른 질감을 만들어 내기도 한다. 유아도 다양한 질감을 가진 재료를 탐색하고 사용하면서 물체가 가지는 여러 가지 질감을 느끼고 이를 미술표현에 활용할 수 있다.

다음은 옐라 마리와 엔조 마리의 그림책 『알과 암탉』의 한 장면이다. 노란색 병아리를 자세히 살펴보자. 왼쪽 그림은 알에서 막 깨어난 병아리의 축축한 모습을 표현하고 있고, 오른쪽 그림은 축축했던 병아리의 깃털이 만지면 보드랍게 느껴질 수 있도록 표현한 것이다. 그리고 암탉의 깃털은 병아리와 달리 좀 더 거칠고 힘 있게 표현된 것을 볼 수 있다.

『알과 암탉』(옐라 마리와 엔조 마리 그림, 시공주니어, 2006)

질감은 물질적 질감, 시각적 질감, 전환적 질감 세 유형으로 분류할 수 있다. 물질적 질감은 만져서 직접 확인할 수 있는 촉각적 질감(거친 느낌이 드는 그림을 만졌을 때 실제 거칠게 느껴짐)을 의미한다. 시각적 질감은 물질적 질감이 존재하는 것처럼 꾸민 질감으로 만져서 느껴지는 질감이 아닌 보이는 질감(부드럽고 매끈한 느낌이 드는 그림을 만졌을 때 예상과 달리 단단하고 차갑게 느껴짐)을 의미한다. 전환적 질감은 사물이 가진 고유의 질감을 전혀 다른 질감으로 표현한 질감(거칠거칠한 거울, 보들보들한 컵과 컵받침 등)을 의미한다.

고흐 〈생트 마리 바다 위의 보트 Boats at Sea, Saintes-Maries-de-la-Mer〉(푸슈킨 미술관/유화/1888)

물질적 질감

데포르트 〈물병의 정물 Nature morte à l'aiguière〉(루브르 박물관/유화/18세기)

시각적 질감

오펜하임 〈모피로 된 아침식사 오브제, Object, Fur Breakfast〉(뉴욕 현대미술관/오브제/1936)

전환적 질감

활동해 보세요!

◎ 골판지 위에 종이 올려 그림 그리기: 골판지 위에 종이를 올리고 크레파스로 그림을 그린다. 골판지의 모양에 따라 질감이 느껴진다. 또는 벽지, 대리석, 바위, 마루 위 등 다양한 질감이 느껴지는 곳 위에 종이를 올려놓고 그림을 그린다.

◎ 석고붕대 위에 그림 그리기: 석고붕대 위에 물감으로 그림을 그린다. 또는 다양한 질감이 느껴지는 주름지, 돌, 나뭇잎 등에 그림을 그린다.

◎ 구겨서 색칠하기: 종이 위에 물감으로 그림을 그린다. 물감이 마르고 나서 구긴 후 펼친다. 주름진 종이 위에 옅은 색 물감을 색칠한다.

◎ 공 굴리기: 골프공, 테니스공, 야구공 등 다양한 질감의 공에 물감을 칠한 후 색지 위에 굴린다. 굴려진 그림 위에 그림을 그린다.

◎ 핸디코트로 표현하기: 핸디코트에 물감을 섞은 후 우드락에 그림을 그린다.

핸디코트에 물감을 섞어 그림을 그린 작품

5) 공간

생각해 보세요.

교사 질문
- 사람의 크기는 어떠니?
- 나무의 크기는 어떠니?
- 어떤 나무가 가깝게 보이니?
- 어떤 나무가 멀게 보이니?

모네 〈아르장퇴유의 센 강 지류 The Petit Bras of the Seine at Argenteuil〉(런던 내셔널 갤러리/유화/1872)

공간(space)은 어떤 물체가 존재할 수 있거나 어떤 일이 일어날 수 있는 자리를 의미한다. 미술가는 3차원적인 공간감을 2차원의 평면에 표현한다. 균형, 강조, 리듬·반복·패턴, 비례, 움직임(동세), 통일·변화 등 미술의 구성원리는 공간을 고려하여 나타난다. 유아는 공간을 탐색하고, 표현하고, 감상하는 미술활동 경험을 통해 공간을 알게 된다.

공간은 중첩, 상대적 크기를 이용하는 방법, 투시적 원근법, 대기 원근법 등을 통해 깊이감을 표현할 수 있다. 중첩은 두 개의 물체를 서로 겹쳐 놓을 때 멀리 있는 물체는 가까이 있는 물체에 의해 부분적으로 가려져 공간의 깊이감이 표현되는 방법이다. 멀리 있는 물체, 즉 뒤에 있는 물체는 깊은 공간감이 느껴진다. 상대적 크기를 이용하여 같은 모양의 물체를 크기만 다르게 해서 표현할 경우 공간감이 느껴질 수 있다. 즉, 같은 모양도 큰 물체는 가깝게 느껴지고, 상대적으로 작게 표현된 물체는 멀게 느껴진다. 투시적 원근법(선 원근법)은 선을 이용해 공간과 깊이감을 표현하는 방법이다. 사물은 멀어지면서 일정한 비율로 줄어드는 특성을 보인다. 그림에 있는 평행선을 따라가다 보면 관찰자로부터 멀어지면서 어느 한 점(소실점)에서 만나는 것처럼 보인다. 대기 원근법(공기 원근법)은 질감이나 명암, 색의 선명도, 난색과 한색을 이용해 공간과 깊이감을 표현하는 방법이다. 선명하게 표현된 것은 가깝게 느껴지고, 흐릿하게 표현된 것은 멀리 있는 것처럼 느껴진다.

실레 〈소도시 The Little City〉(레오폴드 미술관/유화/
1912~1913)

중첩

드가 〈발레수업 The Dance Class〉(오르세 미술관/유
화/1873~1876)

상대적 크기

호베마 〈미델하르니스의 가로수길 The Avenue at
Middelharnis〉(런던 내셔널 갤러리/유화/1689)

투시적 원근법

프리드리히 〈안개바다 위의 방랑자 Wanderer above the
Sea of Fog〉(독일 함브루크 미술관/유화/1818)

대기 원근법

활동해 보세요.

◎ 그림 잘라 간격 두고 붙이기: 그림을 여러 조각으로 잘라 일정한 간격을 두고 붙인다.

◎ 플레이콘으로 구성하기: 다양한 색의 플레이콘을 종이 위에 올려 놓아 무엇을 구성했는지, 어떤 느낌이 드는지 이야기 나눈다.

◎ 각설탕으로 구성하기: 각설탕을 종이 위에 올려 무엇을 구성했는지 이야기 나눈다.

각설탕으로 구성한 작품

2. 미술의 구성원리

1) 균형

생각해 보세요

마사초 〈성 삼위일체 The Trinity〉(산타 마리아
노벨라/유화/1424~1427)

교사 질문
- 그림에서 중심이 되는 곳을 찾아보자.
- 균형을 이루는 부분을 찾아보자.
- 중앙에 있는 십자기를 중심으로 오른쪽과
  왼쪽의 같은 점과 다른 점을 찾아보자.
- 오른쪽에는 몇 명이 있니?
- 왼쪽에는 몇 명이 있니?

균형(balance)이란 어느 한쪽으로 기울거나 치우치지 않은 평형 상태를 말한다. 균형은 공간을 어떻게 사용하느냐에 따라 달라진다. 균형을 이루는 방식에는 대칭적(형식적) 균형과 비대칭적(비형식적) 균형이 있다. 분할선을 중심으로 양쪽의 크기와 모양, 위치, 형태와 구성 등이 비슷한 상태를 대칭적 균형, 균등하지 않은 상태를 비대칭적 균형이라 한다. 대칭적 균형은 안정감이 느껴지지만 변화가 없어 단조로운 느낌을 주는 반면에 비대칭적 균형은 안정감은 없지만 변화가 느껴진다.

모네 〈수련 연못 The Water-Lily Pond〉(오르세 미술관/유화/1899)

대칭적 균형

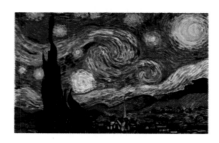

고흐 〈별이 빛나는 밤 The Starry Night〉(뉴욕 현대 미술관/유화/1889)

비대칭적 균형

활동해 보세요

◎ 반대편에 붙이기: 같은 크기의 다른 색 종이 두 장을 준비한다. 두 장을 겹쳐 모양을 그린 후 모양만 잘라낸다. 남은 종이 위에 잘라낸 모양을 서로 엇갈려 다른 색 종이 바탕 위에 배치한다.

◎ 대칭 그림 그리기: 잡지책에서 인물 사진을 보면서 오른쪽 눈과 왼쪽 눈, 오른손과 왼손 등 몸의 좌우를 비교해 본다. 인물 사진 하나를 선택해 오린 후 반으로 접어 종이 위에 붙이고 반대편에 대칭이 되도록 그려본다. 또는 반대편에 비대칭이 되도록 다른 모습으로 그려 본다.

◎ 균형 인형 만들기: 찰흙을 이용해 균형 인형 만들어 손가락 위에 올린다. 균형 인형이 손가락 위에 서지 않을 경우 인형의 좌우 무게를 비교해 찰흙을 덧붙여 균형을 유지하도록 다시 만들어 본다.

◎ 좌우대칭 바꾸기: 잡지에서 원하는 사진을 가로로 잘라 반으로 접은 후 자른다. 오른쪽 사진 조각은 왼쪽에 왼쪽 사진 조각은 오른쪽에 붙인다.

◎ 그림자 데칼코마니: 이수지의 『그림자놀이』 책을 감상한 후 반짝이 풀을 이용해 종이에 그림을 그린 후 반으로 접어 그림자를 만든다.

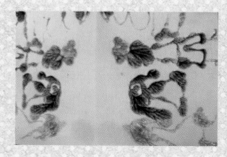

물풀을 이용해 데칼코마니한 작품

2) 강조

교사 질문
• 가장 눈에 띄는 곳은 어디니?
• 그림에서 가장 강조된 부분은 어디니?
• 왜 그렇게 생각하니?
• 재미있게 표현된 부분은 어디니?
• 네가 화가라면 폭포를 어떻게 표현하고 싶니?

정선 〈박연폭포〉(개인소장/수묵화/18세기 중엽)

강조(emphasis)란 특별히 부각시키고 싶은 부분에 중점을 두어 나타내는 구성원리를 말한다. 모양, 색, 위치, 크기 등을 조절하여 주제를 힘 있게 표현함으로써 단조로움을 깨고 관심이 집중되도록 한다. 미술 작품에서 특정 부분을 강하게 표현하여 변화를 주는 것으로 작품을 볼 때 흥미를 유발하고 관심을 이끌어내 시선을 끌어당기는 역할을 한다. 예를 들어 유아가 아빠를 그릴 때 인상 깊었던 안경을 부각시켜 그리거나 자신보다 키가 큰 사람을 그리기 위해 긴 다리를 강조하여 그릴 수도 있다.

안경이 강조된 형태

긴 다리가 강조된 형태

◎ 꽃 자동차 꾸미기: 장난감 자동차 표면에 꽃잎을 붙인다. 색다른 재료를 이용해 강조한 방법이다.

◎ 형광 도료로 그림 그리기: 같은 크기의 검은색 종이와 흰색 종이 위에 형광 도료를 이용해 그림을 그린다. 두 그림이 어떻게 보이는지 비교해 본다.

◎ 밀가루로 그림 그리기: 검은색 종이 위에 물풀을 이용해 그림을 그린 후, 물풀이 마르기 전에 밀가루를 뿌린 후 털어낸다.

◎ 휴지로 표현하기: 검은색 종이 위에 휴지를 펴거나 말아서 원하는 주제를 표현해 본다.

물풀을 이용해 데칼코마니한 작품

3) 리듬·반복·패턴

메스키타 사원의 내부(스페인 코르도바, 786~987년경)

생각해 보세요

교사 질문

- 반복되는 선이 있니?
- 반복되는 색이 있니?
- 반복되는 모양을 보니 어떤 느낌이 드니?
- 반복되는 패턴이 있니?
- 어떤 패턴으로 바꿔서 표현해 보고 싶니?

리듬(rhythm)은 선, 색, 모양 등의 미적 요소를 반복해서 표현하는 것이고 반복(repetition)은 일정한 선, 색, 모양 등을 되풀이하는 것이다. 패턴(pattern)은 리듬과 반복의 규칙 속에서 만들어지는데 선, 색, 모양 등을 다르게 하여 다양한 시각적 효과를 만들어 낸다. 이러한 리듬·반복·패턴은 운동감, 안정감, 통일감을 느끼게 한다.

활동해 보세요.

◎ 한지를 접어 물감으로 패턴 만들기: 한지(20cm×20cm)를 가로 방향이나 세로 방향으로 두세 번 접은 후 모서리 부분에 물감을 칠하고 마르면 천천히 펼쳐 패턴을 살펴본다.

◎ 호일로 패턴 만들기: 호일을 그물망 위에 올려 고정시킨 후 손톱으로 살살 문질러 준다. 패턴이 생긴 호일 위에 유성 사인펜으로 모양을 그린 후 가위로 자른다.

◎ 비닐로 불규칙한 패턴 만들기: 수채화 물감을 도화지에 칠한 후 마르기 전에 얇은 비닐을 덮고 비닐을 살짝 밀고 당겨 구긴다. 물감이 완전히 마른 후 비닐을 천천히 떼어 낸다.

◎ 병뚜껑 패턴 만들기: 다양한 색깔과 크기의 병뚜껑을 나무판 위에 붙여서 패턴을 만든다.

◎ 염색해서 패턴 만들기: 흰색 손수건이나 티슈를 고무줄로 묶거나 접어 여러 방향으로 황토 물에 담근 후 주무른다. 황토 물이 손수건에 물들면 꼭 짠 후 고무줄을 풀어 펼치면 여러 가지 패턴이 나타난다.

염색해서 패턴을 만든 작품

4) 비례

생각해 보세요.

판니니 〈판테온의 내부 The interior of the Pantheon〉(워싱턴 내셔널 갤러리/ 유화/1970년경)

교사 질문
- 가장 크게 표현된 부분은 어디니?
- 가장 작게 표현된 부분은 어디니?
- 지붕의 크기와 사람의 크기를 비교해 보자.
- 건물은 얼마나 클 것 같니?
- 왜 그렇게 생각하니?
- 왜 사람은 작게 그렸을까?

비례(proportion)는 다른 물체와의 관계, 전체와 부분 간의 관계를 말한다. 그리스인은 이상적인 인체를 묘사하기 위해서 비례의 법칙을 따랐고, 건물의 이상적인 비례를 표현하기 위해서 1.618:1이라는 '황금분할' 공식을 만들었다.

화가는 작품에서 부분과 부분, 전체와 부분 간의 관계에 있어 조화로운 비례를 찾기 위해 노력한다. 때로는 작품에서 자신의 느낌과 감정을 표현하기 위해 과장된 비례를 사용하기도 한다. 예를 들어, 빌렌도르프에서 발견된 비너스 상의 경우 유방·복부·둔부 등을 과장된 크기로 표현함으로써 시선을 이끌고 있다.

빌렌도르프 〈비너스〉(오스트리아/석회암/구석기 시대)

활동해 보세요

◎ 큰 것은 작게, 작은 것은 크게 그리기: 실제 비례와 다르게 큰 것은 작게 작은 것은 크 게 그려 비례의 변화를 표현한다.

◎ 전지에 일대일 비례의 몸 그리기: 한 사람은 전지 위에 눕고 다른 사람이 몸의 윤곽을 따라 그려 준다.

◎ 다양한 얼굴 그리기: 얼굴의 눈, 코, 입, 귀 등의 비례를 다르게 하여 그림을 그려 본다. 예를 들어, 큰 눈에 작은 코와 입을 가진 사람의 얼굴, 작은 눈에 큰 코와 작은 입을 가 진 사람의 얼굴 등 다양한 얼굴을 표현한다.

비례를 다르게 하여 얼굴을 그린 작품

5) 움직임

다비드 〈알프스 산맥을 넘는 나폴레옹
Napoleon Crossing the Alps〉(파리 루브
르 박물관/유화/1801)

교사 질문

• 무엇이 보이니?
• 이 사람은 무엇을 하고 있니?
• 말은 어떻게 움직이고 있는 것 같니?
• 어디를 향해 달려가고 있을까?
• 왜 그곳으로 달려가고 있는 것일까?
• 이 그림은 어떤 음악과 어울릴까?

움직임(동세, movement)은 그림 속의 점, 선, 모양, 색 등의 구성과 배치에 의해 나타낼 수 있다. 점, 선, 모양은 작은 것에서 큰 것으로 혹은 큰 것에서 작은 것으로 시선을 이동시키며 색은 따뜻한 색에서 차가운 색으로, 어두운 색에서 밝은 색으로 시선을 이동시키기도 한다. 움직임은 작품에 표현된 대상이 활동적인 자세를 하고 있을 때 느껴지기도 하나 옵 아트에서처럼 미적 요소의 구성에 의해 느껴지기도 한다. 또한 키네틱 아트에서처럼 실제 작품이 물리적으로 운동하는 것에 의해서도 느낄 수 있다. 움직임은 역동적 표현을 통해 어떤 일이 벌어질 것만 같은 긴장감을 준다.

움직임은 색과 위치의 변화, 규칙적인 선의 반복 또는 점점 좁아지는 원의 모양과 반복된 패턴 등을 통해 나타나며 작품에 생명력과 활기를 주어 생동감을 느끼게 한다. 만약 작품에서 움직임이 느껴지지 않는 경우에는 딱딱하거나 어색한 느낌을 줄 수 있다.

활동해 보세요.

◎ 종이띠 일정한 간격으로 붙이기: 색상지나 색종이를 일정한 간격으로 잘라 율동감 있게 붙인다.

◎ 점점 크게 점점 작게: 여러 가지 크기로 원을 자른 후 원을 큰 순서 또는 작은 순서대로 배열하여 붙인다.

◎ 이쑤시개와 면봉 배열하기: 이쑤시개나 면봉을 종이에 위아래로 율동감 있게 붙인다.

◎ 움직이는 사람: 공예용 철사를 이용해 움직이는 사람을 표현해 본다.

종이띠를 일정하게 붙여 움직임을 표현한 작품

6) 통일·변화

고흐 〈아를의 별이 빛나는 밤 La nuit étoilée,
Arles〉(오르세 미술관/유화/19세기경)

교사 질문
• 무엇을 그린 그림이니?
• 별은 어떤 모양으로 표현되었니?
• 물결은 어떤 모양으로 표현되었니?
• 주로 어떤 색이 사용되었니?

통일(unity)이란 그림 안에서 미적 요소인 선, 색, 모양, 질감, 공간 등의 미적 요소가 상호 균형을 이루면서 조화롭고 안정감을 주는 상태를 말하며, 변화(variety)란 미적 요소들이 다양하게 구성되면서 표현되는 상태를 말한다. 지나친 변화는 혼란스럽게 느껴질 수 있고, 변화 없이 이루어진 통일은 지루하게 느껴질 수 있다. 따라서 통일을 기초로 소재, 주제, 선, 색, 모양, 질감 등의 적당한 변화를 줌으로써 새로움을 느낄 수 있다. 고흐의 〈아를의 별이 빛나는 밤〉은 전체적으로 푸른 계열의 색을 사용하여 통일성을 나타내고 있으며 별, 물결, 다리 등에 붓터치를 다르게 하여 변화를 주고 있다.

다음의 그림은 동그라미 모양을 통일하여

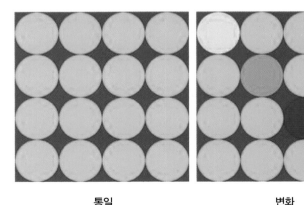

통일   변화

안정감과 질서를 느끼게 하고 색에 변화를 주어 생동감과 다양성을 느끼게 한다.

활동해 보세요.

◎ 양초로 그려 칸 꾸미기: 흰 종이 위에 양초로 가로·세로 선을 여러 개 그어 칸을 만든 후 검은색 물감으로 바탕을 칠한다. 칸마다 다른 색으로 선을 긋거나 점을 찍어서 다양하게 표현한다.

◎ 박스 찢어서 칸 꾸미기: 박스를 송곳이나 이쑤시개, 볼펜 등으로 눌러 구멍을 만든다. 사인펜으로 구멍과 구멍을 연결하여 삼각형을 만든다. 삼각형 안을 여러 가지 색으로 색칠한다.

◎ 워홀 작품 따라 하기: 꽃 모양 종이를 오려 내고 남은 판을 광목 위에 올린 후 스펀지에 물감을 묻혀 두드린다.

워홀 작품을 스텐실 기법으로 표현한 작품

요약

1. 미술의 기본요소는 선, 색, 모양, 질감, 공간이고 미술의 구성원리는 균형, 강조, 리듬 · 반복 · 패턴, 비례, 움직임(동세), 통일 · 변화이다.

2. 선은 점이 모여 이루어진 것, 두 점을 이어서 만들어진 것, 물체의 윤곽을 이루는 부분, 물체와 물체를 경계 짓는 부분이다.

3. 색은 빛을 흡수하고 반사하는 결과로 나타나는 물리적 현상을 의미한다.

4. 모양은 외곽에서 나타나는 모습으로 2차원적으로 표현된 평면적 모양을 형이라 하고, 3차원적으로 표현된 입체적 모양을 형태라고 한다.

5. 질감은 물체를 만졌을 때 느껴지는 물체의 특성을 의미하며 거침, 부드러움, 딱딱함, 말랑말랑함, 매끄러움, 울퉁불퉁함 등의 단어를 사용해 언어로 표현할 수 있다.

6. 공간은 어떤 물체가 존재할 수 있거나 어떤 일이 일어날 수 있는 자리를 의미한다. 공간을 표현하는 방법에는 중첩, 상대적 크기, 투시적 원근법, 대기 원근법 등이 있다.

7. 균형은 어느 한쪽으로 기울거나 치우치지 않은 평형 상태를 의미한다.

8. 강조는 특별히 부각시키고 싶은 부분에 중점을 두어 나타내는 것을 의미한다.

9. 리듬은 선, 색, 모양 등의 미적 요소를 반복해서 표현하는 것이고, 반복은 일정한 선, 색, 모양 등을 되풀이하는 것이다. 패턴은 리듬과 반복의 규칙 속에서 만들어진다. 리듬 · 반복 · 패턴은 운동감, 안정감, 통일감을 느끼게 한다.

10. 비례는 다른 물체와의 관계, 물체들 간의 상대적인 크기의 관계를 의미한다. 도형, 조각, 건축에서 안정되고 조화로운 비례를 '황금분할'이라고 한다.

11. 움직임(동세)은 그림 속의 점, 선, 색, 모양 등의 구성과 배치에 의해서 나타낼 수 있다.

12. 통일은 그림 안에서 미적 요소인 선, 색, 모양, 질감, 공간 등이 상호 균형을 이루면서 조화롭고 안정감을 주는 상태를 말한다. 변화는 미적 요소인 선, 색, 모양, 질감, 공간 등이 다양하게 구성되면서 표현되는 상태를 의미한다.

더 생각해 보기

1. 산책을 하며 우리 주변의 환경에서 미술의 기본요소와 구성원리를 찾아보세요.

2. 교재에 나와 있는 미술 작품을 선택해 감상하고 작품에 사용된 색의 느낌을 이야기해 보세요(가벼운, 무거운, 차가운, 따뜻한, 활기찬, 경쾌한, 외로운, 쓸쓸한, 중후한, 엄숙한, 밝은, 어두운, 부드러운, 딱딱한 등).

3. 다양한 감정을 여러 가지 선으로 표현한 후 이야기해 보세요.

4. 스마트폰에 저장된 사진을 선택해 밝기, 대비, 채도, 색조, 비율 등을 변경해 편집한 후 원본 사진과 비교해 달라진 점을 이야기해 보세요.

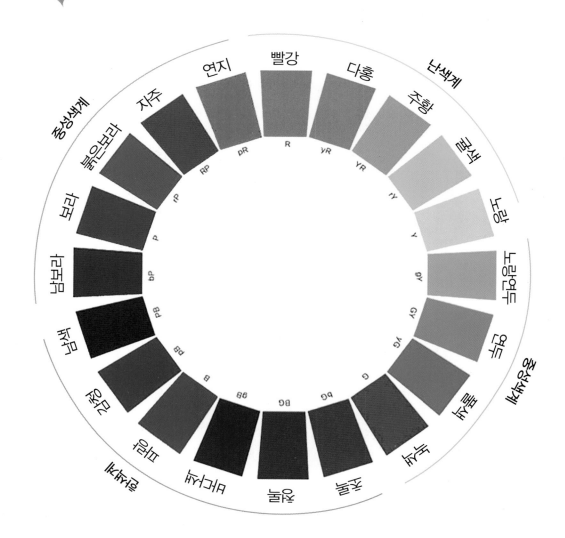

20색상환

제3장

유아미술교육의 이해

개관

　미술은 유아 삶의 일부이며, 전인발달을 돕고, 조화로운 인성을 형성하며, 풍요로운 삶을 도모하므로 유아의 발달에 적합한 미술교육이 필요하다. 교사는 유아미술교육을 실행하기 위해 미술교육의 개념, 목적, 미술교육의 변천과정에 대해 이해해야 한다. 이 장에서는 유아미술교육의 개념과 목적을 알아보고, 유아미술교육이 정치·사회·문화와 교육 사조에 따라 변화된 과정을 표현기능 중심 미술교육, 창의성 중심 미술교육, 그리고 이해 중심 미술교육을 중심으로 살펴보고자 한다.

학습목표

1. 유아미술교육의 개념과 목적을 살펴봄으로써 유아미술교육의 중요성을 인식할 수 있다.
2. 유아미술교육 변천과정에 나타난 표현기능 중심 미술교육, 창의성 중심 미술교육, 그리고 이해 중심 미술교육의 특징을 설명할 수 있다.

주요용어

유아미술교육 / 표현기능 중심 미술교육 / 창의성 중심 미술교육 / 이해 중심 미술교육

1. 유아미술교육의 개념 및 목적

유아는 선천적으로 표현의 욕구가 있으며, 표현할 수 있는 능력을 가지고 있는 존재이다. 유아의 미술활동은 의도적으로 지시하거나 가르치지 않아도 본능적인 욕구로부터 시작된다. 유아는 물건을 잡는 능력이 생기면 주변에 있는 크레파스, 연필, 사인펜, 립스틱 등을 이용해 끼적이기를 즐긴다. 유아는 언어로 표현하기 어려운 것을 다른 방법으로 표현하고자 시도한다. 이때 미술은 언어적 표현이 미숙한 유아에게 자신이 경험한 것을 표현하도록 도와주는 유용한 수단이 된다. 유아미술교육은 유아에게 자료를 탐색하고 조작할 기회와 주변 세계에 대한 자신의 느낌과 이해를 표현하는 기회를 제공하며, 예술성과 창의성이 발달할 수 있는 기회를 제공해 준다(Feeney & Moravcik, 1987). 또한 유아미술교육은 유아의 신체, 인지, 정서 및 사회성 발달과도 밀접한 관련이 있어 유아의 전인발달을 돕는다.

립스틱으로 끼적이기를 시도하는 유아의 모습

유아미술교육의 가치는 다음과 같다(이성도, 임정기, 김황기, 2013).

첫째, 유아의 시각적 사고를 확장시키고 좌뇌·우뇌의 균형적 발달을 촉진한다.
둘째, 유아가 자신을 독특하게 표현하도록 하여 미적 표현능력을 발달시킨다.
셋째, 유아의 생활을 아름답게 한다.
넷째, 유아는 자신의 민족·문화와 역사에 대해 이해하고 민족의 독특한 미의식을 계발하고 전승하게 된다.

이처럼 미술은 유아 삶의 일부이며, 전인발달을 돕고, 조화로운 인성을 형성하며, 풍요로운 삶을 도모하므로 유아에게 적합한 미술교육이 필요하다. 교사는 유아미술교육을 실행하기 위해 미술교육의 목적이 무엇인지 이해해야 한다. 유아미술교육의 목적은 자신의 철학이 반영되어 있기 때문에 학자마다 조금씩 다르게 제시된다. 예를 들어 허버홀츠와 핸슨(Barbara Herberholz and Lee C. Hanson)은 유아미술교육의 목적을 유아에게 시각적인 환경과 문화를 접할 기회를 제공해 사회를 보다 잘 이해할 수 있도록 돕는 것이라고 보았다. 로손(Lawson, D.)은 유아가 작품을 만들어 내도록 교육하는 것이 아니라 유아가 바람직한 성장을 하도록 하는 것이 미술의 목적이라고 보았다. 리드(Herbert Read)는 미술을 통한 인간 교육을 주장하였는데, 이는 미술이 인간 교육에 중요한 수단임을 의미한다. 로웬펠드(Victor Lowenfeld)는 미술의 목적을 유아의 지적·창의적 성장을 돕는 것이라고 하였으며, 아이즈너(Elliot Eisner)는 유아의 지적 발달을 돕는 것으로 보았다(서울교육대학교 미술교육연구회, 1997).

우리나라 유아미술교육의 목표, 내용, 그리고 교수-학습방법은 시대적 요구에 따라 모방에서 기능 중심으로, 기능에서 내면의 정서를 표현하는 표현 중심으로 변화했다. 그러나 근래에 들어서는 미술의 본질을 이해하고 응용할 수 있는 통합적이고 총체적인 유아미술교육을 지향하는 방향으로 변화하고 있다(지성애, 박찬옥, 유구종, 조형숙, 2010).

이상의 내용을 요약하면 유아미술교육은 미술활동을 통해 주변 세계의 아름다움을 느낄 수 있는 심미적인 태도, 상상력, 창의성, 비판적 사고력을 길러 주고, 전통미술 문화와 다양한 문화를 이해하며 계승·발전시킬 수 있는 능력을 갖춘 전인적 인간을 육성하는 데 목적이 있다.

우리가 교육하는 유아가 살아갈 4차 산업혁명 시대에서 요구되는 인재는 단순한 지식을 가진 사람이 아닌 생각하는 사람이다. 즉, 미래사회는 다양한 문제를 해결하고, 수많은 상황에 적응해 나갈 수 있는 역량을 필요로 할 것이다. 따라서 앞으로의 교육은 유아의 비판적 사고, 창의력, 의사소통능력, 협동능력 등을 통합적으로 키워 나갈 수 있도록 변화해야 한다. 유아미술교육은 이러한 사회 변화의 흐름과 맥락을 이해하면서 방향을 구성해 나가야 한다. 4차 산업시대에 필요한 비판적 사고, 창의력, 의사소통능력, 협동능력과 같은 역량은 미술활동과정에서 발달할 수 있는 능력과 관련이 높은 것이다. 지금까지 내용을 종합하여 유아미술교육의 방향을 제시하면 다음과 같다.

첫째, 유아미술교육은 유아의 흥미를 반영한 생활 중심의 미술활동이 되어야 한다. 유아는 흥미로운 대상, 생활 주변에서 친숙했던 대상으로 이루어진 미술활동을 할 때 보다 자발적인 탐색과 적극적인 참여를 한다. 따라서 유아미술교육은 유아의 삶에서 경험할 수 있는 흥미와 생활 중심의 활동으로 구성되어야 한다.

둘째, 유아미술교육은 창의적인 미술활동이 되어야 한다. 유아는 자유롭게 세상을 탐색하고 다양한 방법으로 자기를 표현하는 과정을 통해 창의성이 발달한다. 따라서 유아의 개성을 존중하고 유아의 사고와 상상, 느낌 등을 자극하고 격려하는 창의성 중심 미술활동이 이루어져야 한다.

셋째, 유아미술교육은 통합적인 미술활동이 되어야 한다. 유아는 또래 간의 상호작용을 통해 성인과의 상호작용을 통해 학습이 일어나고, 가정에서의 경험과 유아교육기관에서의 경험, 사회에서의 경험이 유아의 성장과 발달에 영향을 미친다. 또한 유아는 다양한 발달영역이 서로 연결되어 전인적 발달을 이루어 나간다. 따라서 미술활동은 또래와 성인, 가정과 사회, 발달영역 간에 통합이 일어나도록 구성되어야 한다.

넷째, 유아미술교육은 협력적인 미술활동이 되어야 한다. 유아는 또래와 성인과 서로 영향을 주고 받으며 더 효율적으로 활동해 나갈 수 있다. 협력적인 미술활동을 통해 유아는 의견을 표현하고, 타인의 입장을 이해하고, 함께 공유하고 나누는 태도를 기르게 된다. 따라서 미술활동을 하는 과정에서 유아가 협력할 수 있도록 미술활동을 구성해야 한다.

다섯째, 유아미술교육은 탐구적인 미술활동이 되어야 한다. 유아는 스스로 탐색하고 직접 경험하면서 세상을 알아 가고, 관찰하고, 실험하면서 다양한 문제를 해결하는 능력을 키운다. 따라서 자연과 사물을 관찰하고, 다양한 재료를 탐색하고, 자신만의 방법으로 미술적 표현을 실험해 볼 수 있도록 다양한 탐구활동이 포함된 미술활동을 구성해야 한다.

2. 유아미술교육의 변천과정

유아미술교육은 다른 교과와 마찬가지로 정치·사회·문화와 같은 사회적 맥락과 교육 사조에 따라 미술교육의 형태가 변화되었다. 미술교육이 지향하는 바에 따라 표현기능 중심 미술교육, 창의성 중심 미술교육, 그리고 이해 중심 미술교육 세 가지 형태로 나누어 볼 수 있다. 이들에 대해 좀 더 구체적으로 살펴보면 다음과 같다.

1) 표현기능 중심 미술교육

표현기능 중심 미술교육은 표현능력을 향상시켜 사회가 필요로 하는 화가, 조각가, 디자이너, 공예가 등을 기르는 것을 목적으로 한다. 즉, 표현기능 중심 미술교육에서는 우리 생활에 필요한 물건이나 미술 작품의 표현기능을 향상시키는 것(한국미술교육학회, 2003)을 목적으로 하는 것이다. 미술은 역사적으로 인간의 삶에 중요한 일부를 차지하면서 항상 존재해 왔으나,

19세기에 이르러서야 공교육이 시작되었다. 산업혁명으로 상품이 대량 생산되고, 또 상품의 미적인 요소가 중요해짐에 따라 미술 전공의 디자이너가 많이 필요해졌다. 이러한 필요에 의해 19세기 영국에서 디자인 학교를 설립하여 산업에 필요한 디자이너를 양성하기 시작했다.

영국의 전통적인 미술 아카데미는 미술가를 육성해 왔으나, 산업혁명에 의해 산업 디자이너 양성에 대한 사회적 요구와 맞물리면서 자연스럽게 표현기능 중심의 미술교육이 형성되었다(Efland, 1996). 영국 산업미술운동의 중심인물인 콜(Henry Cole)은 평면 기하학적 그림을 강조하는 방식으로 미술교사를 양성하였다.

헨리 콜(1808~1882)

콜이 만든 최초의 크리스마스 카드(1843)

미국은 영국에서 공부를 한 스미스(Walter Smith)를 중심으로 미술교육이 활발하게 전개되었다. 스미스는 상업 미술을 위한 교육과정을 단계적으로 개발하였고 당시 모든 초·중·고등학교에서 그의 미술교육과정을 적용하였다. 스미스는 미술교육의 목적을 다음과 같이 제시하였다.

첫째, 형태, 크기, 비례의 정확한 지각과 거리, 각도의 정확한 측정을 위해 눈을 훈련하는 것이다. 둘째, 자유롭고 빠른 제작을 위해 손을 훈련하는 것이다. 셋째, 대상의 배열과 형태를 정확하게 기억하기 위해 기억력을 훈련하는 것이다. 넷째, 아름다운 형태를 연구하고, 묘사하며, 기억함으로써 취향을 개발하고 세련되게 하는 것이다. 이와 같은 목적을 가진 스미스의 미술교육은 표현기능 중심의 미술교육으로 '미술에 관한 교육(education of art)'이라고 할 수 있다.

종합하면, 표현기능 중심 미술교육은 미술의 여러 가지 기능을 향상시키기 위해 베끼기나 반복 훈련 등과 같은 기계적인 교육방법을 사용하였고, 미술의 기본요소나 원리를 체계적으로 지도하였다. 표현기능 중심 미술교육은 사회의 요구를 반영한 교육과정을 구성하고, 체계적이고 합리적인 미술지도를 했다는 측면에서 의의가 있다. 그러나 학습자의 입장을 고려하지 않고 교사 중심으로 이루어졌다는 점, 미술표현의 방법과 규칙을 지나치게 강조한 점, 산업 발전의 수단으로 학습자를 바라본 점 등의 한계점을 가지고 있다.

2) 창의성 중심 미술교육

창의성 중심 미술교육은 미술활동에서 경험하게 되는 자유로운 자기 표현을 통해 창의성을 계발하기 위한 미술교육을 의미한다. 18세기 철학자 루소(Jean Jacques Rousseau)의 자연주의 사상은 미술교육에도 큰 영향을 미쳤다. 루소에 의하면, 유아는 활동을 통해 스스로 배워 나가기 때문에 교육은 유아의 호기심과 일상생활과 관련된 허용적인 환경을 제공해 주어야 한다. 이러한 사상은 교사 중심 교육에서 유아 중심 교육의 형태로 변화하는 계기를 마련해 주었다. 루소의 교육 사상에 영향을 받은 페스탈로치(Johann Heinrich Pestalozzi)는 유아가 구체적인 사물을 관찰함으로써 직관을 발전시켜 나간다고 보고 유아교육에 적합한 실물 교수방법을 제시하였다. 프뢰벨(Fröbel Friedrich)은 페스탈로치의 영향을 받으며 유아의 내재된 신성을 표현할 수 있도록 은물과 작업을 통한 자기표현활동을 고안하였다(한국미술교육학회, 2011). 이들에 의해 유아 중심 교육의 중요성, 유아의 자유표현의 중요성, 창의성의 중요성 등이 주장되면서 창의성 중심 미술교육이 전개되었다.

창의성 중심 미술교육은 1940년대와 1950년대에 걸쳐 활발하게 이루어졌다. 20세기 전후 미국은 유럽의 영향을 받아 표현기능 중심의 미술교육이 지배적이었고, 작품과 작가에 대한 지식을 외우는데 치중한 감상교육이 이루어졌다. 치젝(Franz Cizek)은 유아 중심의 창의적인 자기 표현의 미술교육을 강조했으며, 이는 급속하게 전 세계로 확산되었다. 창의성 중심 교육은 실용주의 사조와 진보주의 교육관을 통해 변화되었다(Cremin, 1964).

20세기 초에는 미국 철학자 듀이(John Dewey)의 진보주의 사상이 교육에 큰 영향을 미쳤다. 그는 유아가 생활에서 계속적으로 경험을 재구성해 가면서 적응하는 것을 교육의 목적으로 보았다. 학습자는 의미 있는 경험을 할 때 능동적인 참여를 하며, 능동적인 활동을 할 때 배우게 된다. 듀이는 유아가 미술활동을 통해 경험을 재구성해 나간다고 보고 통합 교육으로의 미술교육을 강조하였다.

홀(Stanly Hall)은 각 개인이 인류 역사가 발생한 것과 같은 단계를 거치기 때문에 유아기는 인간 종족이 네 발을 사용하던 무렵의 동물적 단계를 반복하는 것으로 보았다. 따라서 '유아는 감각 발달이 우세하고 언어보다 그림이나 행동을 통해 더 많이 사고한다.'라는 연구결과를 제시해 유아의 심상(imagery)의 본질을 파악하고자 노력하였다(한국미술교육학회, 2011). 이는 유아의 그림발달단계에 대한 이론을 출현시키는 계기가 되어 현대 미술교육을 대표하는 치젝, 로웬펠드, 리드와 같은 학자의 이론에 중요한 영향을 미쳤다.

치젝은 독일의 표현주의의 영향을 받아 유아가 느끼고, 기억하고, 경험한 것을 표현하는 창의성 중심 미술교육을 강조하였다. 치젝은 미술교육의 목적이 유아를 미술가로 길러 내는 것이 아니라, 모든 유아에게 내재되어 있는 창의성을 발달시키는 것임을 강조하였다(한국미술교육학회, 2011).

또한 로웬펠드는 창의성 발달을 강조함으로써 창의성 중심 미술교육에 이바지하였으며, 현대 미술교육의 이론과 실천에 큰 영향을 미쳤다. 그에 따르면, 유아는 창의성을 지닌 존재이므로, 교사는 유아가 창의성을 개발해 나갈 수 있도록 조력자의 역할을 해야 한다. 로웬펠드는 유아의 미술발달단계를 제시하고, 각 미술발달단계에 적합한 창의성 자극 방법과 작품

평가의 기준을 제시함으로써 교사의 역할을 강조하였다.

리드는 예술을 통한 교육, 인간 형성을 위한 예술교육을 주장하였다. 그는 미술이 인간의 내면을 상징적인 형태로 표현할 수 있는 수단으로 유아의 자발적인 의사소통, 자연스러운 자기 표현, 그리고 조화로운 성장을 돕는다고 보았다.

종합하면, 창의성 중심 미술교육은 기존의 교사 중심, 교과 중심의 미술교육에서 학습자 중심, 유아 중심 미술교육으로 변화시킨 점, 미술교육에서 유아의 발달과정과 표현과정의 중요성을 인식시킨 점에서 의의가 크다. 그러나 창의성을 지나치게 강조한 나머지 미술의 기본 개념과 원리를 간과했다는 점, 학습자의 자유로운 표현을 중시하여 미술적·문화적 기능에 대한 고찰을 소홀히 한 점, 교사의 소극적인 역할로 인해 자유방임의 교육이 될 수 있다는 점 등의 한계를 가지고 있다.

3) 이해 중심 미술교육

이해 중심 미술교육은 미술의 본질에 가치를 두고 미적 경험, 미적 지각, 미적 반응을 통해 미적 감수성을 기르고, 미술을 이해시키고자 하는 미술교육이다.

이해 중심 미술교육은 1960년대 초 창의성 중심 미술교육의 문제를 제기하면서 미술교육의 다양한 가능성을 모색하고자 시작되었다. 미국은 1957년 소련의 인공위성 스푸트니크호의 발사가 계기가 되어 과학적이고 탐구적인 사고를 향상시킬 수 있는 교육과정의 필요성을 제기하였다. 이에 따라 미국은 과학과 수학에 중점을 두고 교육과정을 재구성하였고, 이러한 변화는 미술교육에도 영향을 미쳤다. 미술활동과정에서 나타나는 자유로운 자기 표현이 창의성을 발달시킨다고 각광받던 창의성 중심 미술교육은 학습자의 자유로운 표현만을 중시한 나머지 미술과 문화의 기능을 이해시키는 데는 소홀하였다는 비판을 받게 된 것이다. 이에 따라 미적 교육운동(aesthetic education)을 시작으로 DBAE(Discipline-Based Art Education, 학문 중심의 미술교육), 다중지능이론 그리고 다문화 미술교육 등의 이해 중심 미술교육방법이 모색되었다.

미적 교육운동의 대표자인 브라우디(Harry S. Broudy)는 미술비평과 미술사의 중요성을 강조하면서, 미술을 하나의 교과로 구성해야 한다고 주장하였다. 새로운 미술교육의 이상을 실현하기 위해 미술의 이해와 감상이 미술교육의 주된 목표가 되어야 하며, 미술 비평이 필수적 고리 역할을 해야 한다는 점에 많은 교육자가 공감하였다(한국미술교육학회, 2011).

미적 교육운동을 통한 노력은 1980년대 아이즈너에 의해 DBAE 운동으로 발전하였다. 교과에 기초한 미술교육 DBAE의 목적은 미술에 내재된 가치를 발견하는 데 있다. 교육의 내용은 미술창작, 미술사, 미학, 미술비평의 네 분야로 구성되어 있으며, 이는 미술교육 속에서 연속적이고 통합적으로 이루어진다. 아이즈너는 미술교육과정의 개발에 다음과 같은 네 가지가 전제되어야 함을 주장한다(심영옥, 유시덕, 2008). 첫째, 미술능력의 발달은 자연적인 성숙의 결과로 이루어지는 것이 아니라 학습의 결과이다. 따라서 표현능력과 감수성, 시각 형태에 대응하는 능력, 인간의 문화적 경험 속에서 미술이 수행하는 역할을 올바르게 인식하는 능력 등을 기를 수 있다. 둘째, 미술이 다양한 목적 달성의 수단으로 이용될 수 있지만, 미술만이 제공할 수 있는 특성이 있다. 셋째, 미술을 가르치기 위해서는 교육과정이 반드시 필요하다. 넷째, 미술학습은 평가될 수 있다. 형식적이건 비형식적이건 평가는 교수 학습의 성취도를 이해하고 보다 효과적인 미술교육을 하는 데 도움이 된다. 이러한 전제를 바탕으로 DBAE는 형식적이고 계속적인 교육과정으로 미술교육이 실시되어야 함을 강조한다.

가드너(Howard Gardner)의 다중지능이론은 인간의 지능을 하나의 지능지수(IQ)가 아닌 여덟 가지 지능(언어적 지능, 논리·수학적 지능, 공간 지능, 신체 운동적 지능, 음악적 지능, 대인 관계 지능, 자기 이해 지능, 자연 탐구 지능)으로 구분하였다. 가드너는 인간이 여덟 가지 지능 모두를 어느 정도 가지고 있으나, 개인에 따라서 더 높이 발휘되는 지능이 있다고 본다. 가드너의 관점에 따르면, 학교는 전통적으로 언어능력과 논리·수학적 능력만을 강조하고 학생들의 다양한 잠재능력은 발달시키지 않고 방치한다. 이러한 관점은 학교에서 이루어지는 예술교육이 다른 교과의 학습에 중요한 기여를 한다고 본다. 따라서 교사는 다중지능 또는 예술적 지능을 중요하게 여겨 유아가 탐구할 수 있는 주제를 제공해 활용 가능한 자원의 폭을 넓혀야 한다. 다양하게 제공된 활용 가능한 자원은 학습자에게 자신이 가지고 있는 강점 영역의 지능을 발휘할 수 있는 기회를 제공한다(Eisner, 1990).

다문화 미술교육은 다양한 문화권의 미술과 전통미술의 이해를 중심으로 한 미술교육으로 다문화적 통합 미술교육과정을 요구하고 있다. 다문화 미술교육은 미술이 사회문화적 맥락과 연결되며 그 속에서 재구성된다는 개념에서 출발한다. 따라서 미술교육을 통해 다양한 사회문화적 맥락을 이해할 수 있다(한국미술교육학회, 2011).

종합하면, 이해 중심 미술교육은 미적 경험과 미술 작품 감상을 강조하면서 미술에 대한 이해를 중요하게 여기고, 계획된 교육과정을 중시하여 적극적인 교사의 역할과 수업을 미술교육의 핵심으로 삼는다. 이해 중심 미술교육 중에서도 DBAE는 현행 우리나라 미술교육에 큰 영향을 미쳤다.

이해 중심 미술교육은 미술의 본질적 가치를 강조하면서 미술교육을 하나의 학문으로 체계화시키고, 표현뿐 아니라 이해와 감상 교육을 강조하고, 미술교육과정을 구성하여 교사의 지도와 수업을 통한 미술을 이해하도록 했다는 측면에서 의의가 있다. 그러나 미술교육이 지식 전달이나 암기식 수업이 될 수 있다는 점, 교육의 결과를 지나치게 강조한다는 점, 그리고 구체적인 교육과정과 지도방안을 제시하지 못한다는 점 등의 한계를 가지고 있다.

요약

1. 유아미술교육은 미술활동을 통하여 주변 세계의 아름다움을 느낄 수 있는 심미적인 태도, 상상력, 창의성, 비판적 사고력을 길러 주고, 전통미술 문화와 다양한 문화를 이해하며 계승·발전시킬 수 있는 능력을 갖춘 전인적 인간을 육성하는 데 목적이 있다.

2. 유아에게 의미 있는 유아미술교육이 되기 위해서는 유아의 흥미를 반영한 생활 중심으로 구성된 창의적인 미술활동이 이루어져야 한다. 또한 미술활동은 또래와 성인, 가정과 사회, 발달영역 간 통합이 이루어져야 하며 유아 간 협력과 탐구가 원활하게 이루어질 수 있도록 구성되어야 한다.

3. 표현기능 중심 미술교육은 '미술에 관한 교육(Education of art)'으로 미술교육을 통해 표현능력을 향상시켜 사회가 필요로 하는 화가, 조각가, 디자이너, 공예가 등을 기르고자 하는 교육이다.

4. 창의성 중심 미술교육은 미술활동에서 경험하게 되는 자유로운 자기 표현을 통해 창의성을 계발시키기 위한 교육이다.

5. 이해 중심 미술교육은 미술의 본질에 가치를 두고 미적 경험, 미적 지각, 미적 반응을 통해 미적 감수성을 길러 미술을 이해시키고자 하는 교육이다.

더 생각해 보기

1. 유아미술교육이 유아의 신체, 인지, 정서 및 사회성 발달에 미치는 영향에 대해 구체적인 예를 들어 이야기해 보세요.

2. 자신이 경험한 미술교육을 회상해 보고, 유아에게 적합한 유아미술교육의 형태에 대해 토의해 보세요.

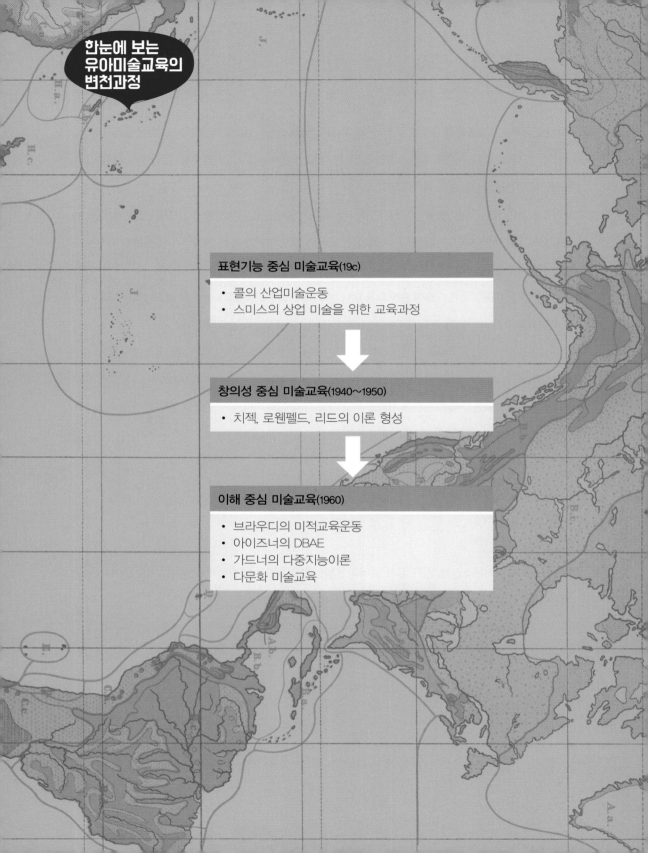

한눈에 보는 유아미술교육의 변천과정

표현기능 중심 미술교육(19c)

- 콜의 산업미술운동
- 스미스의 상업 미술을 위한 교육과정

창의성 중심 미술교육(1940~1950)

- 치젝, 로웬펠드, 리드의 이론 형성

이해 중심 미술교육(1960)

- 브라우디의 미적교육운동
- 아이즈너의 DBAE
- 가드너의 다중지능이론
- 다문화 미술교육

제4장

유아미술능력의 발달

개관

　유아의 미술표현능력은 일정한 순서에 따라 발달하지만 하나의 단계에서 다음 단계로 진행되는 속도는 개인에 따라 다를 수 있다. 교사는 유아의 발달단계를 수용하고 다음 단계로 나갈 수 있도록 적합한 미술 경험을 제공하고 격려하며 기다려 주어야 한다. 교사가 유아의 미술표현능력 발달과정과 이에 영향을 미치는 요인을 이해하는 것은 매우 중요하다. 이 장에서는 유아미술능력의 발달을 알아보기 위해 로웬펠드, 켈로그(Rhoda Kellogg)와 김정이 제시한 유아의 미술표현능력 발달단계와 로웬펠드, 이규선 등과 이길종이 제시한 유아의 입체표현능력 발달을 살펴보고, 가드너와 하우젠(Abigail Housen)이 제시한 미술감상능력 발달을 살펴본다.

학습목표

1. 유아 연령별로 나타나는 미술표현능력 발달의 특성을 이해한다.
2. 유아 연령별로 나타나는 입체미술표현능력 발달의 특성을 이해한다.
3. 유아 연령별로 나타나는 미술감상능력 발달의 특성을 이해한다.

주요용어

미술표현능력 발달/입체미술표현능력 발달/미술감상능력 발달

1. 유아의 미술표현능력 발달

유아의 미술표현능력은 순서에 따라 발달하지만, 하나의 단계에서 다음 단계로 진행되는 속도는 개인에 따라 다를 수 있다. 유아의 현재 수준이 보편적인 미술발달단계를 따르지 못한다 하여 특정 미술활동을 강요할 필요는 없다. 교사는 유아의 발달단계를 수용하고, 다음 단계로 나갈 수 있도록 적합한 미술 경험을 제공하고 격려하며 기다려 주어야 한다. 교사가 유아의 미술표현능력 발달과정과 영향을 미치는 요인을 이해하는 것은 유아의 미술표현능력 발달에 중요한 영향을 미친다. 미술표현능력 발달단계에 대한 설명은 학자마다 다소 차이가 있다. 다음에서 로웬펠드가 제시한 미술표현능력 발달단계를 중심으로 구체적으로 알아보고, 켈로그와 김정의 미술표현능력 발달단계를 간단히 제시하고자 한다.

1) 로웬펠드

로웬펠드는 끼적이기(the scribbling stage, 2~4세), 전도식기(the preschematic stage, 4~7세), 도식기(the schematic stage, 7~9세), 또래 집단기(사실 표현의 시작, the gang age, 9~11세), 의사실기(또는 모방적 사실기, the pseudo-naturalistic stage, 11~13세), 결정기(the period of decision, 13~17세)로 미술표현능력 발달단계를 나누었다. 다음의 내용은 로웬펠드의 저서 『Creative and Mental Growth(인간을 위한 미술교육)』에서 제시한 미술표현능력 발달단계 중에서 유아기에 해당하는 끼적이기, 전도식기, 도식기를 정리한 것이다(Lowenfeld, 2011).

(1) 끼적이기

끼적이기(the scribbling stage, 2~4세)는 '끼적거리다(scribble)'의 뜻으로 난화(亂畫)라고도 한다. 난화는 의미 없이 마구 끼적이는 것을 뜻한다. 대략 2세부터 시작된 끼적이기는 모든 문화권의 유아 그림에서 나타나는 보편적인 형태이며, 이후의 미술 표현에 중요한 기초가 된다. 이 시기의 유아는 어떤 일정 대상이나 사물을 표현하려는 의도는 없고 근육운동 자체의 움직임에서 즐거움을 얻는다. 유아는 자신의 난화를 의도적으로 통제할 수 없으므로, 부모와 교사는 유아에게 움직임에 대한 통제를 요구하는 활동을 강요하는 것은 바람직하지 않다.

끼적이기는 다음과 같은 세 단계로 나누어진다.

• **무분별한 끼적이기**(disordered scribbling) 끼적이기 초기 단계에서 유아는 선을 여러 방향으로 자유롭게 그린다. 유아가 그림을 그리는 위치의 높고 낮음, 크레용을 쥐는 방법에 따라 그림 표현이 달라진다. 유아는 아직 근육을 잘 통제하지 못하기 때문에 팔을 커다랗게 휘두르면서 반복적으로 끼적인다. 유아는 의도적으로 무언가를 그리려고 하기보다는 끼적이는 행동을 통해 나온 결과를 보고 즐거워한다.

무분별한 끼적이기 단계로 자유롭게 마구 그린 형태

무분별한 끼적이기 단계로 여러 방향으로 마구 그린 형태

• **조절된 끼적이기**(controlled scribbling) 무분별한 끼적이기를 시작한 지 약 6개월이 지나면 유아는 팔의 움직임과 종이 위 흔적 사이에 관련이 있음을 알게 된다. 유아는 자신의 동작을 조절할 수 있게 되면서 선을 수평으로, 수직으로 또는 원으로 반복해서 그리게 된다. 유아는 새롭게 획득한 능력을 반복하기를 즐기며, 이러한 행동을 실행하면서 자신의 능력을 더 잘 이해하게 된다.

조절된 끼적이기 단계로 수평선이 반복된 형태　　　　　　　조절된 끼적이기 단계로 원이 반복된 형태

• **이름을 붙이는 끼적이기**(또는 의도적 끼적이기, naming of scribbling) 이 시기의 유아는 자신의 난화에 이름을 붙이기 시작한다. 이것은 이전 시기의 유아가 움직임 자체에 만족했던 것에서 좀 더 나아가 자신이 그린 그림을 자신의 세계와 관련지어 이름을 붙이는 것이며, 유아의 사고가 변화했음을 나타낸다. 그러나 교사는 유아가 그린 것이 무엇인지 해석하거나 시각적인 사실성을 찾으려고 해서는 안 된다. 교사는 유아의 새로운 시도에 대해 자신감을 갖도록 격려해 주어야 한다.

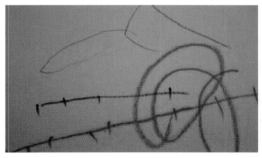

이름 붙이는 끼적이기 단계로 기찻길로 이름 붙인 형태　　　　이름 붙이는 끼적이기 단계로 화분으로 이름 붙인 형태

이때 사용되는 색채는 유아의 미술표현능력을 발달시킬 수 있는 부수적 역할을 한다. 실

제로 유아는 여러 가지 색을 이용해 끼적이기를 시도하기도 한다. 따라서 유아가 자신의 표현을 잘 인식하고 구별할 수 있도록 끼적이기를 하는 종이와 대비를 이루는 표현 매체를 선택하도록 돕는 것이 중요하다. 예를 들면 하얀 종이 위의 검은 크레용이나 화이트보드 위의 검정색 보드 마카는 좋은 자료가 된다.

끼적이기 시기에는 유아의 활동을 격려하고 적당한 자료를 제공하도록 한다. 대부분의 유아는 두세 장 정도의 종이에 몰두하면서 끼적이기를 할 수 있다. 아주 어린 유아는 짧은 시간 동안 활동을 지속할 것이다. 그렇다고 유아가 끼적이기를 할 때 오랜 시간 동안 종이 위에 계속 표현하도록 강요하거나 간섭해서는 안 된다.

끼적이기를 두려워하는 유아도 있다. 유아가 창의적인 활동을 망설이는 것은 끼적이기를 금지하는 부모나 교사의 말을 들었거나 혹은 보다 깊게 자리 잡은 공포와 두려움의 문제 등 다양한 이유 때문이다. 이러한 유아는 신뢰감을 회복하는 것이 우선되어야 하며, 그 이후에 끼적이기를 시도할 수 있는 기회를 제공해 주어야 한다. 부모나 교사는 유아가 끼적이기를 두려워하지 않도록 적절하게 격려해야 한다.

유아가 사용하는 미술 자료는 발달적 요구에 적합해야 한다. 끼적이기를 시도하는 유아가 다루기 용이하며 자유로운 표현이 가능한 자료를 제공한다. 또한 끝이 날카롭거나 끝이 부러지기 쉬운 쓰기 도구(예: 연필)는 유아에게 적합하지 않으므로 부드럽게 그려지는 크레용이나 색연필을 제공한다.

끼적이기는 창의적 표현의 출발점이므로, 유아가 스스로 동기를 부여하여 자신을 표현하고 그 과정에서 만족감을 느끼면서 자신감을 향상시키는 것이 중요하다. 교사는 유아가 끼적이기를 통해 자아표현을 위한 감수성을 계발하고 성장하는 기회를 제공하고, 창의적인 활동에 있어 중요한 지지적인 환경과 발달에 적합한 자료를 제공해야 한다.

(2) 전도식기

전도식기(the preschematic stage, 4~7세) 유아는 끼적이기의 무의식적인 표현에서 벗어나 의식적인 표현을 시작한다. 이 시기 유아의 그림에 나타난 사람, 동식물, 사물 등을 살펴보면 유아가 자기 주변 환경과의 관계를 중요시하는 것을 알 수 있다. 유아는 보다 구체적으로 표현하기 위해 원, 수평선, 수직선, 사선 등 다양한 선을 사용하여 사실적인 형태의 그림을 그린다.

일반적으로 사실적 표현(realistic representation)의 첫 상징은 '사람'이다. 유아는 사람 그리기를 즐긴다. 초기에 그려진 사람은 원으로 그려진 머리에서 곧바로 선 두 개가 뻗어 나와 다리나 몸이 된 두족인(head-feet representation) 형태이다. 특히, 머리는 인체의 비율에서 벗어나 크게 그리고 세로선을 머리에 붙여 다리를 나타낸다. 점차 유아는 두족인에 다시 두 개의 선을 그려 팔을 나타낸다. 좀 더 시간이 지나면 유아는 눈, 입, 귀 등을 첨가하여 두족인을 보다 복잡하고 정교하게 그리고 점차적으로 둥근 머리에서 뻗어 나와 다리를 나타내는 두 개의 선을 이어 몸통을 표현한다. 옆에 제시된 그림에서도 원에서 두 선이 그려져 팔다리가 표현되었고, 머리카락과 표정이 자세히 드러나 점차 사람의 모습으로 변화됨이 관찰된다.

두족인으로 머리를 나타내는 원에서 곧바로 선 두 개가 뻗어 나와 다리나 몸이 되는 사람 형태

두족인으로 시간이 지나면서 몸통을 그리고 다시 두 개의 선을 그려 다리와 팔이 되는 사람 형태

두족인으로 눈, 코, 입, 머리 스타일 등이 첨가된 보다 복잡하고 정교한 사람 형태

눈썹, 눈동자, 안경 등을 상세하게 표현한 두족인

눈, 코, 입, 머리 스타일 뿐 아니라 옷의 형태까지 자세하게 표현한 두족인

전도식기 유아의 그림에 나타난 공간적 특성은 성인의 공간 개념과 매우 다르다. 유아가 그린 그림을 언뜻 보면 물체가 공간에 아무렇게나 놓인 것처럼 보인다. 하지만 자세히 살펴보면 유아 나름대로 공간을 인식하고 있음을 알 수 있다. 유아는 '자신을 둘러싸고 있는 것'으로 공간을 인식한다. 이처럼 유아는 자신이 갖고 있는 이러한 의미로서의 공간 개념 이외에 다른 어떤 것으로도 공간을 인식하지 못한다. 따라서 이 단계의 유아에게 성인의 공간 개념을 가르치는 것은 유아를 혼동시킬 뿐 아니라 미술활동에 대한 자신감을 해칠 수 있다.

전도식기 유아는 대상과 색의 관계보다 대상을 선으로 그리는 것에 더 많은 관심을 보인다. 전도식기 유아는 색의 차이보다 형태의 차이를 먼저 인식하는 것으로 알려져 있다. 끼적이기 단계의 유아가 기계적으로 색을 선택했다면, 전도식기 유아는 흥미를 끄는 색을 선택한다. 유아는 색 사용 자체를 즐기기 때문에, 자유롭게 색을 사용해 보는 것은 흥미 있는 경험이 될 수 있다. 따라서 교사가 유아에게 대상에 적절한 색을 정해 주거나 유아가 사용한 색에 대해 평하는 것은 유아의 자기 표현을 방해하는 것이다. 오히려 유아에게 색과 자신의 관계를 발견할 수 있는 충분한 기회를 제공해야 한다. 왜냐하면 유아는 색을 사용하면서 종이 위에 조화로운 색의 구성과 자신의 정서 사이의 민감한 유대 관계를 확립하기 때문이다.

미술에 있어서 동기부여는 유아의 생각과 느낌, 지각을 자극하는 것이어야 한다. 성공적인 동기부여를 위해서 유아가 환경을 인식하도록 자극하고, 미술활동이 중요함을 느끼도록 해야 한다. 교사가 "네가 그리고 싶은 것을 그려 봐."라고 말하며 종이를 주는 것, 정해진 시간 안에 작업하라고 자료와 활동을 제시하는 것 등은 의미 있는 학습경험이 되지 못한다. 유아와 교사는 미술활동이 중요하고 의미 있는 경험임을 느낄 필요가 있다. 유아는 미술활동에 흥미를 가지고 열중할 수 있어야 한다. 환경과의 관계는 자아를 통해 이루어지기 때문에 교사가 유아의 자아에 대한 유아의 감수성을 자극하는 것은 매우 중요하다. 그러므로 미술에 대한 동기부여는 유아 자신에게서 출발해야 한다. 예를 들어 선으로 입을 그리는 유아에게 '이 닦기'라는 주제의 그림을 그려 보도록 제안할 수 있다. 이때 "이는 언제 닦니? 칫솔을 어떻게 잡니? 어떤 방법으로 이를 닦니? 이를 닦으면 이가 어떻게 되니?" 등과 같이 '이'에 대한 유아의 경험에 대해 이야기를 나눈다. 이렇게 유아의 경험과 관련하여 동기부여 받은 유아는 이전보다 풍부한 개념을 가지고 형태를 표현하게 될 것이다.

전도식기에 제공되는 미술 경험은 재료 자체를 숙달할 수 있는 기회를 충분히 제공하는 것이어야 한다. 미술활동을 할 때 유아의 발달적 요구에 적합한 미술 재료를 선택해야 한다. 매번 미술 자료를 바꾸어 제시하는 것은 유아에게 자료에 익숙해지는 시간을 많이 요구하게 되므로 유아가 자신과 주변에 대한 느낌, 개념을 충분히 표현하는 것을 방해할 수 있다. 전도식기 유아에게 적합한 미술 자료는 큰 종이와 물감, 색연필, 사인펜, 색종이, 콜라주 자료 등이다. 발달에 적합한 자료를 지속적으로 제공하고 유아가 환경을 탐색하는 충분한 기회를 제공하면 유아의 개념이 융통성 있게 발달하는 데 도움이 된다.

교사는 전도식기 유아의 창의성 발달에 관심을 가져야 한다. 창의적인 유아는 사물과 독자적인 관계를 확립하여 독창적으로 표현할 것이다. 창의적인 유아는 입이나 코를 어떻게 그리는지 묻지 않고 주저 없이 생각한 대로 그릴 것이다. 또한 자발적으로 그리거나 재료를 능숙하게 다루며, 동기를 부여받지 않아도 표현하는 경우가 많다. 모든 유아가 독창적으로 미술표현이 가능한 것은 아니다. 미술은 유아의 창의성과 관련 깊으므로, 교사는 유아에게 다양하고 풍부한 미적 경험을 제공해야 한다.

유아미술은 교사가 유아를 이해할 수 있도록 돕고, 유아의 성장을 도와줄 수 있는 기회를 제공한다. 즉 미술은 유아에게 새로운 상황에 대처하는 경험을 제공하여 창의적 성장을 도모하고 유쾌하고 불쾌한 감정을 시각적으로 표현하도록 함으로써 정서적 발달을 돕는다. 이러한 과정에서 교사의 관점을 강요하여 '좀 더 보기 좋은' 작품을 얻기 위해 유아에게 절차나 특정 양식을 따르도록 하는 것은 유아의 성장에 긍정적인 영향을 미치지 못한다.

전도식기 유아는 경험한 것을 기초로 도식을 형성해 가는 과정이므로 유아의 그림에 대상개념이나 감정, 주변 환경에 대한 인식이 반영된다. 따라서 교사는 독특하게 표현한 유아의 작품에 주의를 기울이고, 유아에게 창의적으로 자신을 표현할 수 있는 기회를 제공해 주어야 한다. 전도식기 유아는 자신과 주변 환경에서 본 것, 경험한 것을 그림으로 표현하고 도식을 형성한다. 따라서 교사는 유아의 작품에 관심을 기울여 관찰하고 유아가 자신과 주변에 대한 도식을 어떻게 형성하는지를 살펴봐야 한다. 이를 기초로 미술표현을 할 수 있도록 지도해야 한다.

(3) 도식기

도식기(the schematic stage, 7~9세) 유아는 사물에 대한 개념을 형성하게 되면서 자신만의 도식을 형성하게 된다.

- **유아미술에서의 도식** 도식(schema)이란 계속적인 반복에 의해서 이루어진 하나의 개념이다. 이런 개념은 매우 개별적이어서 어떤 유아의 도식은 풍부한 개념을 나타낼 수도 있고 어떤 유아의 도식은 단편적인 상징을 나타낼 수도 있다. 도식은 유아의 성격 차이와 유아가 개념을 형성하는 동안 성인이 얼마나 유아의 지식을 활발하게 구체화시켰느냐에 따라 좌우된다. 사물에 대한 도식은 유아가 최종적으로 도달한 개념이며 사물에 대한 역동적인 지식을 표현한 것이다. 또한 도식은 사물에 대해서 뿐만 아니라 공간과 형태에도 적용된다. 예를 들어 창문과 지붕만으로 집을 그리던 유아는 문에 대한 특별한 경험이 생기면서 집에 문을 더 그려 넣는 도식의 변화를 보인다. 이런 도식의 변화는 유아 자신의 특별한

경험을 나타낸다. 유아의 미술 작품에서 볼 수 있는 도식의 종류는 다음과 같다.

인물 도식(human schema)은 유아가 가진 인물에 대한 개념을 나타낸다. 유아는 여러 가지 방법으로 인물을 그리면서 그림은 변해간다. 유아는 형태 개념을 성취해나감에 따라 점차 수없이 반복해서 그려온 인물에 대한 어떤 상징을 갖게 된다. 기하학적인 형태인 타원형, 삼각형, 원, 직사각형과 불규칙한 모양들은 신체를 나타내기 위한 도식으로 사용된다.

공간 도식(space schema)은 일관성 있게 공간이 표현되는 것을 의미한다. 이 시기의 유아는 자신을 중심으로 주위의 것들이 둘러싸고 있다고 생각하지 않으며 공간 관계에 질서가 있음을 발견하고 공간 개념이 발달된다. 기저선(base line)은 땅이나 바닥, 아래쪽을 의미하는 것으로 유아는 모든 사물을 기전선 위에 놓는다. 하늘선(sky line)은 기저선과 대응되는 선으로 하늘을 의미하는 선이다. 화면의 가장 위쪽에 그려서 하늘을 표현하는 데 사용한다.

무지개 위(하늘선)에 구름과 해를 그리고 땅(기저선)
에 선을 긋고 꽃과 사람을 그린 그림

때때로 유아는 두 개의 기저선을 사용해 공간을 표현하기도 한다. 두 기저선의 출현은 보다 발달되어 원근법의 단계로 가기 위한 표현이라고 할 수 있다. 다음의 그림에서 유아는 위의 기저선에 꽃을 그리고 아래의 기저선에 자신과 꽃을 함께 그렸다.

두 개의 기저선 위에 꽃과 자신을 표현한 그림

- **공간표현의 방법** 유아는 그림에서 공간을 표현하는 가장 일반적 수단으로 기저선을 사용하지만, 때로 정서적 경험 때문에 기저선을 다르게 사용하기도 하고 기저선을 사용하지 않기도 한다. 이런 이탈적 공간표현을 주관적 공간표현(subjective space representation)이라고 한다. 전개도식 표현(folding over)은 주관적 공간표현의 한 예로 유아가 좌우의 모습을 펼친 것처럼 표현하는 방법이다. 유아는 길 양쪽에 가로수를 수직으로 눕혀서 보이는 대로 그리거나, 도화지 자체를 돌려서 표현하기도 한다. 다음 그림에서 유아는 산속을 걸어가는 모습을 표현하기 위해 기저선을 중심으로 한쪽 위에 나무와 꽃, 자동차를 그리고 다른 쪽에 사람과 나무와 자동차를 그렸다. 유아는 기저선의 양쪽 모두가 중요한 의미를 가졌기 때문에 산길을 기저선으로 하여 양쪽 모두를 동시에 그렸음을 알 수 있다.

기저선 위와 아래에 산길의 모습을 모두 그린 것으로 전형적인 전개도
식 표현을 보여 주는 그림

주관적 공간 경험의 또 다른 유형은 평면과 정면이 혼합된 동시성 표현(또는 공존화 양식,
synchronism)이다. 피카소와 같은 입체주의 표현처럼 여러 각도에서 본 것을 한 화면에 표
현하는 방식이다. 다음 그림에서 유아는 팥빙수를 그리기 위해 컵 윗부분은 정면으로
표현하고 컵 아랫부분의 받침대는 평면으로 표현하였다.

컵에 담긴 팥빙수를 표현하기 위해 정면과 평면으로 표현한 그림

시공간의 동시 표현(space and time representation)은 밤낮과 같은 다른 시간대와 인상적인 공간을 하나의 그림에 표현하는 것을 말한다. 유아가 시공간을 동시에 표현하는 이유는 다음과 같다. 첫째, 유아는 이야기를 하고 싶어 하는 욕구를 표현하고자 하나의 그림 속에 다양한 이야기를 담는다. 둘째, 유아는 표현과의 정서적 유대 관계와 그리는 활동 그 자체의 중요성에 의해 다양한 시간에 발생한 사건을 하나의 그림에 표현한다. 유아는 하나의 그림에 여러 시간대를 표현하고 있다는 사실을 인식하지 못한다. 유아는 한 장의 그림 안에 자신이 생각한 것을 표현하는 것에만 관심을 갖는다. 평면도는 시공간이 뚜렷할 때, 정면도는 공간적인 인상이 뚜렷할 때 사용하는 것으로 보인다.

시공간의 동시적 표현으로 해와 달이 동시에 그려진 그림

투시적 표현(X-ray)은 보이지 않는 부분을 마치 보이는 것처럼 표현하는 것으로, 유아는 시각적으로 동시에 지각되기 어려운 여러 관점을 보여 주기 위해 투시적 표현을 사용한다. 자동차의 내부와 외부를 동시에 표현하거나 집을 그리면서 집 안에 있는 사람을 보이게 표현하는 것을 예로 들 수 있다.

투시적 표현으로 차 안에 있는 사람이 보이게 그림 　　　투시적 표현으로 집 안에 있는 사람이 보이게 그림

- **도식에서의 일탈**　유아의 그림에서 주목해야 할 도식에서의 일탈(deviation)의 특성은 첫째로 중요한 부분의 과장, 둘째는 중요하지 않거나 억제하는 부분의 무시와 생략, 셋째는 정서적으로 중요한 부분들에 대한 상징의 변화를 들 수 있다. 유아는 정서적인 경험을 표현할 때, 의미 있거나 중요하다고 느끼는 대상을 크게 확대하여 그리거나 과장하여 표현하거나 도식을 변화시켜 표현한다. 반면에 중요하지 않거나 관심이 적은 대상은 축소하여 작게 표현하거나 생략한다.

고양이를 보고 놀란 상황을 표현하기 위해 고양
이를 사람 크기로 확대하여 그린 그림

유아의 개별적 도식은 독특하기 때문에 개별 유아의 그림은 구분된다. 어떤 유아는 단순한 도식을 가지고 어떤 유아는 복잡한 도식을 가지고 있다. 교사는 유아의 이런 도식의 차이를 인식함으로써 유아의 환경에 대한 인식과 감수성을 보다 깊게 이해할 수 있다.

유아의 그림에는 반복적으로 사용하는 도식이나 한정된 개념이 나타난다. 반복적으로 사용하는 도식(schema)과 틀에 박힌 양식(stereotyped)은 차이가 있다. 틀에 박힌 양식은 언제나 변함없이 똑같은 데 반해, 도식은 융통성 있고 변화가 많으며 일탈이 존재한다.

교사는 도식의 변화와 일탈을 통해 자유롭게 표현하는 유아를 틀에 박힌 도식으로 표현하도록 강요해서는 안 된다. 교사는 유아가 풍부한 도식을 가질 수 있도록 다양한 표현재료와 매체, 기법 등을 경험할 수 있는 기회를 제공하고, 표현 대상이나 상황에 따라 적절하게 도식을 변화시켜 융통성 있게 표현할 수 있도록 동기를 부여해야 한다. 이 시기의 유아는 자신이 경험한 것과 자신에게 의미 있는 것을 의도적으로 표현한다. 우연하게 얻은 결과는 유아를 좌절시킬 수 있으므로 수채화 물감 사용은 적합하지 않다.

2) 켈로그

켈로그는 미국을 포함한 30여 개국의 유아 그림을 수집, 분석하여 그림 그리기 형태를 연구하였다. 2~4세 유아의 초기 그림을 분류하여 20종의 기본 패턴을 추출하였고, 일정한 단계를 순차적으로 밟으면서 유아의 그림이 발달됨을 주장하였다. 인물표현의 발달과정은 다음과 같다(서울대학교 미술교육연구회, 1997).

(1) 패턴단계

패턴단계(pattern stage, 1~2세)란 2세를 전후해 유아가 팔을 사용해 기본형태를 그릴 수 있는 단계로 이때 그린 기본형태를 기본적 끼적이기 또는 난화라고 한다. 켈로그는 기본적 끼적이기에서 볼 수 있는 기본형태를 20가지로 분류하였다.

난화 1		점	난화 11		꼬부랑 닫힌 선
난화 2		수직단선	난화 12		지그재그 선
난화 3		수평단선	난화 13		고리단선
난화 4		사선단선	난화 14		겹고리선
난화 5		곡선단선	난화 15		나선
난화 6		수직복선	난화 16		중복선
난화 7		수평복선	난화 17		동그라미 복선
난화 8		사선복선	난화 18		퍼지는 원형
난화 9		곡선복선	난화 19		교차된 원단선
난화 10		꼬부랑 열린 선	난화 20		불완전한 원

기본적인 끼적이기 20가지
출처: Kellogg(1969).

유아는 끼적이기의 위치를 통제하기 위해 눈과 손을 협응한다. 일반적으로 성인은 유아가 끼적이기를 할 때 전체를 염두에 두지 않을 것이라고 생각하지만 유아는 종이를 하나의 단위로 보고 반응한다. 켈로그는 유아가 종이에 그림을 표현할 때 어떤 위치에 그리는지를 다음과 같은 끼적이기를 17가지 형태로 분류했다.

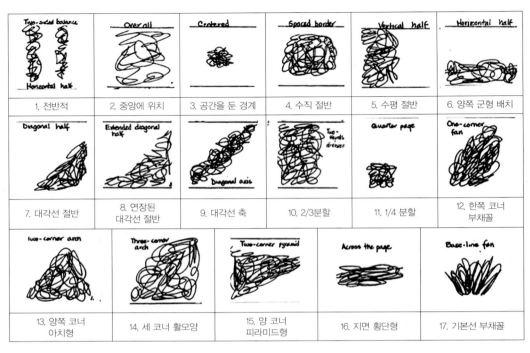

1. 전반적	2. 중앙에 위치	3. 공간을 둔 경계	4. 수직 절반	5. 수평 절반	6. 양쪽 균형 배치
7. 대각선 절반	8. 연장된 대각선 절반	9. 대각선 축	10. 2/3분할	11. 1/4 분할	12. 한쪽 코너 부채꼴
13. 양쪽 코너 아치형	14. 세 코너 활모양	15. 양 코너 피라미드형	16. 지면 횡단형	17. 기본선 부채꼴	

끼적이기의 배치 17가지 형태(구도 패턴, Placement-pattern)
출처: Kellogg(1969).

(2) 도형단계

도형단계(shape stage, 2~3세)의 유아는 단순하게 반복되던 선에 교차되는 다른 선이나 모양을 그린다. 처음에는 명확한 구도나 형태가 나타나지 않아 초기도형단계(emergent diagram shapes)라 부른다. 초기도형 형태가 나타난 후 이어서 둥근형, 십자가, 정사각형, 직사각형 등의 기호적 도식이 나타난다.

도형단계 유아의 그림은 사각형, 둥근형, 삼각형, 그리스 십자형(+), 대각선 십자형 등 다섯의 규칙적인 형태와 다양한 폐곡선으로 이루어진 한 개의 불규칙적인 형태 등의 여섯 가지 도형(digram)으로 분석할 수 있다. 도형은 별도로 독립되어 발견되기보다는 끼적이기 표현과 결합되어 나타나며, 점차 더 정교화된다.

| 둥근형 | 그리스 십자형 | 대각선 십자형 | 사각형 | 삼각형 | 폐곡선 |

유아의 6가지 기본 도형
출처: Kellogg(1969).

(3) 디자인단계

디자인단계(design stage, 3~4세)는 도형이 한층 정교화 되며 디자인적인 특성이 나타난다. 두 개의 도형이 합쳐진 형태의 콤바인(combine)과 세 개 이상의 도형으로 이루어진 에그리게 이트(aggregate)로 분류 되는 도형이 나타난다. 끼적이기 표현을 충분히 경험한 유아는 에그리게이트를 많이 그리며, 유아들은 각각의 스타일을 개발하여 자신만의 독자적인 에그리게이트를 그린다. 유아들은 도형단계에서 그린 여섯 가지 기본 도형을 연합하여 다양한 형태의 콤바인을 그린다.

연합	분리된 것	겹친 것	포함한 것
직사각형과 직사각형			
직사각형과 타원형			
직사각형과 삼각형			
직사각형과 제멋대로의 형			
직사각형과 그리스 십자			
직사각형과 대각 십자			
타원형과 타원형			
타원형과 삼각형			
타원형과 제멋대로의 모양			
타원형과 그리스 십자			
타원형과 대각 십자			
삼각형과 삼각형			
삼각형과 제멋대로의 모양			
삼각형과 그리스 십자			
삼각형과 대각 십자			
제멋대로의 모양과 제멋대로의 모양			
제멋대로의 모양과 그리스 십자			
제멋대로의 모양과 대각 십자			
그리스 십자와 그리스 십자			
그리스 십자와 대각 십자			
대각 십자와 대각 십자			

유아의 콤바인 형태
출처: Kellogg(1969).

또한 이 단계는 에그리게이트의 일종인 만다라형(mandala), 태양형, 방사선형의 세 가지 특징적인 형태가 나타난다.

- **만다라형** 만다라형은 산스크리트어로 '원'이라는 뜻을 가진 단어에서 유래되었다. 사각형이나 원 안에 원이 포함된 상태, 원 안에 십자가 모양을 그린 형태, 원이 여러 개 모인 형태, 원을 중심으로 팔방으로 뻗어 나가는 형태 등이 있다.
- **태양형** 태양형은 원과 직선을 함께 사용해 태양 모양으로 그린 형태이다. 태양형으로 그려진 인물은 원 주변에 가시가 돋친 것처럼 보인다. 태양형은 간단한 구조이지만 복잡한 에그리게이트를 그린 후에 나타난다.
- **방사선형** 방사선형은 사방으로 선이 제멋대로 그려진 형태이다. 그리스 십자의 콤바인이나 만다라도 방사선형의 일종이다. 이것은 유아가 보이는 대상을 표현한 것이 아니라 손이나 팔에서 느껴지는 리듬감의 자연스런 표현이라고 여겨진다.

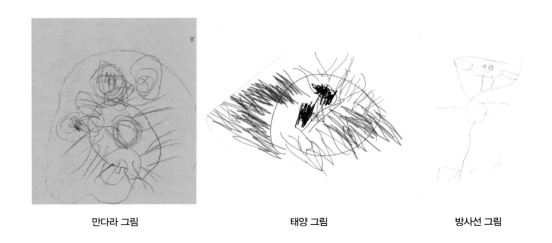

만다라 그림   태양 그림   방사선 그림

(4) 초기회화단계

초기회화단계(early pictorialism stage, 4~5세)는 사실적 그림이 나타나는 시기로 유아는 성인

이 사물을 보는 것과 같은 형태로 비슷하게 그린다. 유아는 동물과 사람이 합쳐진 형태의 동물 그림을 먼저 그린다. 이 시기의 유아들은 수직형의 사람이나 동물을 그리는 데 이들을 수평형의 동물로 바꾸어 그리는 것은 매우 어려운 일이다. 예를 들어 머리 위에 귀를 그린 사람은 토끼가 될 수도 있고 곰, 강아지가 될 수도 있다. 유아 그림의 주제는 동물, 건물, 식물, 및 탈것 등으로 나눌 수 있다.

사람의 얼굴을 가진 나비의 모습

집 표현 도식

꽃 표현 도식

자동차 표현 도식

켈로그가 제시한 유아의 그림 발달과정을 살펴보면 유아들은 초보적인 낙서에 해당하는 패턴단계에서 기본도형이 나타나는 도형단계, 콤바인, 에그리게이트와 태양형이 나타나는 디자인단계, 비교적 완전한 사람의 형태가 나타나는 초기회화단계로 점차 발전해 간다.

11. 비교적 완전한 사람 형상

10. 몸체에 팔이 붙은 사람

9. 다양한 몸체를 지닌 사람

8. 팔이 없는 사람 형태

7. 머리 윗부분에 특징을 지니지 않은
   사람 형태

6. 머리 윗부분에 다양한 특징을 지니
   며 팔이 머리에 착된 사람 형태

5. 태양형 얼굴과 인물 형태

4. 태양형

3. 에그리게이트

2. 도형과 콤바인

1. 초보적인 낙서

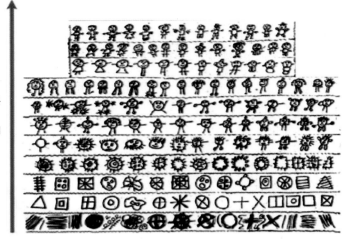

유아의 그림 발달과정
출처: Kellogg(1969)

3) 김정

김정은 로웬펠드의 6단계에 신생아기를 추가해 7단계로 나누었다(김정, 1994).

(1) 신생아기

우리나라 유아들은 서양에 비해 그림 그리기 행위가 일찍 발달하는 경향이 있다. 신생아기(1~3세)의 그림 그리기 행동은 생물학적, 동물학적 휘적거리기 행동에 의한 것이다. 이러한 행동을 표현활동으로 간주하기는 어렵지만 유아의 성장 발달에 그 의미가 있다.

(2) 난화기

난화기(3~5세)는 끼적이기의 연속으로 낙서에 가깝다. 동그라미 형태는 사람의 얼굴로 상징되며 여러 개의 선을 이용하여 팔, 다리로 표현된다.

(3) 전도식기

　전도식기(5~7세)는 의식적으로 그림을 그리며 사람 형태에서 팔, 다리, 몸통이 자연스럽게 나타난다. 유아는 선을 즐겨 그리며 여러 방향에서 본 형태를 기억해 동시에 표현한다. 본인과 같은 동성을 주로 그리고 그릴 수 있는 내용과 그리지 못하는 한계를 구분한다. 이 시기에 유아는 그림에 많은 흥미를 가지고 그림 그리기에 자신감을 보이며 그림 그리기가 발달된다. 그러나 아직 공간 개념, 원근 관계, 대소 관계 등을 고려하지 못하고 유아 자신의 주관적인 사고에 의해 그림을 그린다.

(4) 도식기

　도식기(7~9세)는 사물의 형태를 자세히 관찰하면서 그림에 대한 객관적인 표현이 시작되는 시기이다. 사물의 외면과 내면의 형태 묘사가 시도되고, 상징성이 후퇴되며 점차 객관적 사실에 접근하려는 노력이 보인다. 청소년의 작품 같이 정교한 그림을 그리기도 한다.

휘적거리는 행동에 의해 그려진 형태	동그라미 모양의 얼굴과 여러 개의 선이 결합되어 팔, 다리로 표현된 형태	팔, 다리, 몸통이 자연스럽게 나타난 사람의 형태	나무와 사람이 객관적이면서 정교하게 표현된 형태
신생아기	**난화기**	**전도식기**	**도식기**

　로웬펠드, 켈로그와 김정이 이론화한 유아기 미술표현능력 발달단계를 비교하면 〈표 4-1〉과 같다.

〈표 4-1〉 유아기 미술표현능력 발달단계 이론 비교표

로웬펠드(1952)	켈로그(1969)	김정(1985)
끼적이기(the scribbling stage, 2~4세): 무언가를 그리려는 의도는 없으나 끼적이는 행동을 통해 나오는 결과를 발견하며 즐기는 시기 • 무분별한 끼적이기 • 조절된 끼적이기 • 이름을 붙이는 끼적이기	패턴단계(pattern stage, 1~2세): 기본형태를 그리는 시기 • 기본적인 끼적이기 20가지 표식 • 끼적이기의 17가지 배치 형태	신생아기(1~3세): 휘적거리는 행동에 의해 형태가 그려지는 시기
	도형단계(shapes stage, 2~3세): 도형형태들이 나타나는 시기 • 6가지 도형: 사각형, 둥근형, 삼각형, 그리스 십자형, 대각선 십자형, 폐곡선으로 이루어진 형	
	디자인단계(design stage, 3~4세): 도형이 정교화 되고 디자인의 특성이 나타나는 시기 • 콤바인(combine) • 에그리게이트(aggregate) • 만다라형(mandala) • 태양형 • 방사선형	난화기(3~5세): 끼적거림의 연속으로 낙서에 가까운 형태가 그려지는 시기
전도식기(the preschematic stage, 4~7세): 의도적으로 표현하고 구체적인 형태가 나타나는 그림을 그리기 시작하는 시기	초기회화단계(early pictorialism stage, 4~5세): 사실적 그림이 나타나는 시기	전도식기(5~7세): 의식적인 표현으로 주관적인 그림을 그리는 시기
도식기(the schematic stage, 7~9세): 도식의 형태를 나타내며, 사실에 가깝게 표현하기 시작하는 시기		도식기(7~9세): 그림에 대한 객관적인 표현이 나타나는 시기

유아의 미술표현능력 발달단계를 연구한 학자 중 입체표현능력 발달을 연구한 학자는 드물다. 하지만 평면표현과 입체표현의 발달은 차이가 있기 때문에 효과적인 지도를 위해서 입체표현 발달에 대한 이해가 필요하다.

유아의 입체표현발달에 대한 이해가 학자마다 조금씩 다르지만 공통적으로 나타난 점은 다음과 같다. 유아기에는 재료를 가지고 즐기는 근육운동으로 시작하여 점차 뱀 모양이나 경단과 같은 공 모양을 만들고, 이후 아동기 초기에는 평면적으로 구체적 형상을 탐색한다고 보았다. 이때 평면적인 것과 입체적인 것이 동시에 나타나기도 하며 풍부한 상상력으로 상징적인 표현이 나타나기도 한다고 보았다. 점차 연령이 많아지면서 대상을 입체적으로 나타내며 사실적이고 공간적으로 표현이 가능하게 된다고 보았다(박라미, 최지연, 2013).

한편, 이규선 등(2008)은 유아의 입체표현능력 발달과정을 표현 형식의 변화와 차원의 변화로 그 특성을 나누어 설명하였다. 즉, 유아의 입체표현능력은 놀이적 표현 – 상징적 표현 – 사실적 표현으로 표현 형식이 변화하며, 평면적 표현 – 입체적 표현 – 공간적 표현으로 차원이 변화한다고 보고 이 두 가지 흐름을 고려하여 입체 표현을 다섯 단계로 구분하였다.

- **탐색적 유희기**(0~4세) 입체 자료를 가지고 즐기면서 평면적으로 구체적 형상을 탐색하는 단계
- **평면적 상징기**(4~8세) 입체 자료를 평면적으로 표현하면서 모든 대상을 상징적으로 나타내는 단계
- **입체적 탐색기**(8~10세) 입체 자료로 대상을 입체적으로 나타내면서 상징적 표현에서 탈피하려고 탐색하는 단계
- **입체적 사실기**(10~12세) 입체 자료로 대상을 입체적이고 사실적으로 표현하려고 노력하는 단계
- **공간적 사실기**(12세 이상) 표현하려는 주제를 선택하고 공간적 관계를 고려하여 입체적이고 사실적으로 표현하는 단계

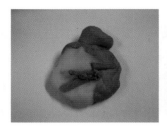

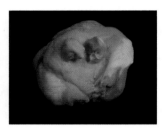

| 달팽이와 똥 | 얼굴 | 개구리 |

탐색적 유희기

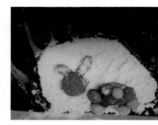

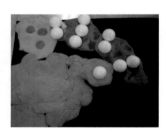

| 토끼 | 토끼의 생일잔치 | 공주 |

평면적 상징기

국내외 학자들 중 로웬펠드는 끼적이기, 전도식기, 또래 집단기, 의사실기의 5단계로 입체 표현능력 발달단계를 나누었다. 이규선 등은 탐색적 유희기, 평면적 상징기, 입체적 탐색기, 입체적 사실기, 공간적 사실기로 나누었으며 이길종은 맹목적 조형기, 경단기, 상징기, 유발적 사실기, 분석적 사실기로 나누었다. 이와 같이 선행된 입체표현 연구들의 발달단계를 구체적으로 비교하여 살펴보면 〈표 4-2〉와 같다(박라미, 최지연, 2013).

〈표 4-2〉 유아의 입체표현능력 발달에 나타난 공통된 특징

로웬펠드 (1947)	이규선 외 (1994)	이길종 (1981)	공통된 특징
끼적이기 (the scribbling stage, 2~4세)	탐색적 유희기 (0~4세)	맹목적 조형기 (3~5세)	- 평면 발달의 명명기 이전의 조절적 난화와 같이 만든다. - 납작한 둥근 형태(경단 모양)와 막대형이 나타나고 서서히 표현양식을 변화시킨다.
전도식기 (the preschematic stage, 4~7세)	평면적 상징기 (4~8세)	경단기 (5~7세)	- 세부적 묘사는 쉽지 않지만 점토를 덧붙이거나 떼어 내어 표현하는 것이 가능하다. - 입체표현은 어려우며 부조처럼 표현한다. - 목적의식을 가지기보다는 촉감을 즐기며 만드는 것으로도 쾌감을 느끼며 만든 것을 명명하고자 한다.
도식기 (the schematic stage, 7~9세)	입체적 탐색기 (8~10세)	상징기 (7~9세)	- 전체적 표현에 관심이 증가하고, 완전 입체표현이 아닌 반입체 표현이 가능하다. - 부분적으로 상징을 표현하게 되며, 전체적인 덩이로 표현하고 세부적 표현은 쉽지 않다. - 사물의 특징을 표현하고자 하고, 입체의 부분을 인지하며, 능동적으로 표현하기를 즐긴다.
또래 집단기 (the gang age, 9~11세)	입체적 사실기 (10~12세)	유발적 사실기 (9~11세)	- 집단에서 자신의 존재를 발견하며, 대상과 자신이 관계가 연관됨을 발견한다. - 공간의 가능성을 탐색하며, 다양한 표현 방법을 모색하는 것이 가능해진다. - 세부표현에 관심을 가지고 표현한다. - 직립표현이 가능해지며 목을 표현하며 점차적으로 동적인 표현으로 전환된다. - 사실적 표현 방법을 시도하고 시각적 사실을 논리적으로 표현한다.
의사실기 (the pseudo natural istic stage, 11~ 13세)	공간적 사실기 (12세 이상)	분석적 사실기 (11~13세)	- 소조적인 표현에서 조각과 같은 세부표현이 가능해진다. - 자기의식이 확대되고, 세심하고, 정밀한 표현이 가능해진다.

(계속)

			– 객관적 사실로 표현할 수 있으며 질감, 양감, 운동감 등의 표현을 강조한다. – 자신의 주관적 생각을 논리적·추상적으로 표현하는 것이 가능해진다.

교사는 미술교육 활동을 구성할 때, 이상의 입체표현능력 발달단계를 잘 이해하여 활동을 계획함으로써 평면미술활동과 입체미술활동이 균형을 이룰 수 있도록 하여야 할 것이다.

2. 유아의 미술감상능력 발달

교사가 유아의 미적 인식발달과정을 이해하면 미술감상 교육을 효율적으로 실행할 수 있다. 유아의 미적인식 발달에 관한 이론 중 가드너와 하우젠의 연구를 중심으로 살펴보면 다음과 같다.

1) 가드너의 감상능력 발달단계

가드너는 피아제(Jean Piaget)의 인지발달이론에 영향을 받아 미적인식 발달과정에 대한 연구를 실시하였다. 그는 인간의 감상능력은 모든 유아에게 같은 순서로 이루어지는 것이 아니라 개인의 미적 경험이나 감수성, 인지 발달 정도에 따라 차이가 있다고 하였다. 가드너는 미적 인식 발달단계를 지각의 단계, 상징인식의 단계, 사실적 단계, 탈사실적 단계, 예술적 위기의 단계로 구분하였다(박휘락, 2003).

(1) 지각의 단계

지각의 단계(0~2세)는 사물을 직접 지각하는 단계로 사물의 공간적 형태만을 구별하는 시기이다. 시각능력이 준비되는 시기로 두 가지 발달과제인 대상의 세계와 인간의 세계를 아는 것은 나중에 감상자가 되기 위해 꼭 필요한 것이다.

(2) 상징인식의 단계

상징인식의 단계(2~7세)는 상징을 어떻게 읽는가의 밑그림이 되는 지식을 획득하는 단계이다. 실제 사물과 기호·상징화된 사물과의 관계를 인식하며, 대상을 개념적으로 감상하는 시기이다. 사물에 대한 인식이 감상적이며 심리적 충동에 따르기 때문에 표현된 상징의 공식적·즉각적 지시성에만 얽매이기 쉽다. 이 시기는 그림을 감상할 때 주로 내용을 중심으로 본다. 누가 어떻게 그렸는지 일반적으로 말하는 '예술적 지각'을 갖고 있지는 않다. 예술적 지각 능력은 표현능력에 비해 뒤떨어진다.

(3) 사실적 단계

사실적 단계(7~9세)는 묘사적 규칙과 전통적 개념을 중시하는 시기이다. 지각의 능력에 있어서 엄격한 사실 지향적 관점을 지니기 때문에 사진과 같은 사실적 작품을 선호하고 존중한다. 환상적이고 상징적인 표현을 경시하기도 한다.

(4) 탈사실적 단계

탈사실적 단계(9~13세)는 실제 사물의 사실적인 면보다 표현된 측면에 더 주목하는 시기이다. 다양한 미적 특성에 관심을 가지고 미묘한 표현적인 성격, 진부하지 않은 색다른 특성을 지각하게 된다. 예술적 양식의 요소를 이해하고 무엇을 그렸는가보다는 그린 재료와 기법에 관심을 기울이게 되며 좋아하는 작가가 생긴다. 감수성이 발달하여 기존 양식으로부터 벗어난 추상화나 패러디와 같은 형식을 평가할 수 있게 된다. 사춘기에는 고도의 예술적 지각이 가능하게 된다. 예술영역 중 미디어에 깊이 빠져들고 자신이 느끼는 인생과 주위의 예술 대상과 대화하기를 좋아한다.

(5) 예술적 위기의 단계

예술적 위기의 단계(청년기)는 예술적 지각의 시기로 일반적인 인지 내지 사회성 발달과 병행한다. 미술에 대한 관심이 낮아지면서 다른 활동으로 관심이 분산되고, 정서가 급변하고 비판적 인식이 과도해지고, 환경에 대한 지각능력이 높아진다. 이로 인해 표현에 자신이 없어지고, 다른 친구작품을 비판한다. 개인의 성격 유형이 분화되는 시기로 감성적 특성보다 논리적 특성이 우세한 시각형의 사람은 과학에 관심을 보이며, 감상적 특성이 두드러지는 촉각형의 사람은 개성적 예술에 몰입하기도 한다.

2) 하우젠의 미적 발달단계

하우젠은 미술관의 프로그램과 관람객을 평가하기 위해 미적 발달단계를 분류하여 제시하였다. 하우젠의 미적 발달단계는 미술 작품 감상에 있어 각 단계별 언어구술의 특징을 나누어 제시한 것에 가까우며, 설명단계, 구성단계, 분류단계, 해석단계, 재창조단계의 다섯 단계로 분류된다(정수기, 2008 재인용).

(1) 설명단계

설명단계(accountive atage)의 아동은 구체적인 관찰과 개인적으로 연상한 내용을 바탕으로 이야기를 만든다. 아동은 미술 작품을 평가할 때, 좋아하는 것, 아는 것을 말한다. 아동은 개인적 경험을 바탕으로 감정 어휘를 사용해 이야기를 꾸미고 소재, 기법과 관련하여 선호도를 가진다. 미술 작품을 감정적인 용어로 설명한다.

(2) 구성단계

구성단계(constructive stage)의 아동은 자신의 지각, 자연 세계의 지식, 사회적 가치, 도덕적 가치, 합의된 세계관을 사용하여 미술 작품을 살펴보기 위한 틀을 만든다. 만일 자신이 만든

틀을 통해 작품이 보이지 않으면 아동은 그 작품의 가치를 경시하거나, 가치 없는 '이상한 것'으로 판단해 버린다. 아직은 미술 작품의 기능, 기술, 기법, 유용성, 기능성에 대한 언급은 하지 않는다. 미술 작품을 제작한 작가의 의도에 초점을 맞출 때 개인의 정서적 반응은 사라진다. 상식적이고 객관적인 경험과 사실에 근거한 의미나 이해의 틀을 구성하는 단계이다.

(3) 분류단계

분류단계(classifying stage)의 아동은 미술사가처럼 작품을 분석적이고 비평적인 용어로 서술한다. 작품을 볼 때 장소, 화파, 양식, 시대, 역사적 기원을 고려한다. 자신이 활용할 수 있는 사실에 관한 정보, 상징적 자료를 담고 있는 자료실을 활용하여 작품 속 의미의 단서를 찾기 위해 작품을 설명한다. 작품 표현의 이미지나 기호를 범주로 나누고, 작품의 의미와 의도를 설명하거나 이론적으로 합리화한다. 전문적 지식과 이론을 가지고 작품을 분석하고, 해석하며, 설명하는 단계이다.

(4) 해석단계

해석단계(interpretive stage)의 아동은 나름대로 예술 작품과 개인적 만남을 시도한다. 작품을 탐색하고, 작품에 대해 가능한 여러 가지 해석을 늘어놓는다. 선, 형, 색에 대해 세밀하게 지적한다. 작품의 의미와 상징이 드러나는 과정에서 직관과 느낌이 비평과 기술보다 우선한다. 미술 작품과의 새로운 만남은 매번 새로운 비교, 통찰, 경험을 끌어낸다. 재해석하는 과정에서 미술 작품의 본질과 가치는 달라질 수 있다는 점을 받아들이고 주어진 해석도 바뀔 수 있는 것으로 본다. 기존의 해석을 뛰어넘어 논리적으로 새롭게 해석하는 단계이다.

(5) 재창조단계

재창조단계(re-creative stage)의 아동은 미술 작품을 불신하는 마음을 멈춘다. 친숙한 작품은 마치 오랜 친구와 같다. 작품의 시대, 역사, 질문, 여정, 사연을 아는 일 그리고 역사 위에 작품을 상세히 그려내는 일, 일반적으로 바라보는 일은 아동에게 개인적인 시각과 보편적인 관심을 보다 광범위하게 처리하여 조합하도록 만든다. 개인적인 것과 보편적인 것을 복잡하게 조합함으로써, 아동은 회화 작품의 풍경 속으로 몰입한다. 아동은 개인적인 경험과 보편적인 지식을 섬세하고 복잡하게 조합하면서 자유롭게 작품을 읽고 자신의 읽기 태도를 유연하게 바꾼다.

유아의 감상능력이 발달할 수 있도록 하기 위해 교사는 유아가 자신의 작품과 친구의 작품, 박물관과 미술관에 전시된 작품, 나아가 주변의 생활환경, 자연환경 등을 접하면서 감상할 기회를 많이 가질 수 있도록 지도해야 한다.

요약

1. 유아의 미술표현능력 발달은 일정한 발달 순서에 따라 진전되지만, 하나의 발달단계에서 다음 단계로 진행되는 속도는 개인차가 나타날 수 있다.

2. 로웬펠드는 유아미술표현능력 발달단계를 끼적이기, 전도식기, 도식기, 또래 집단기(사실 표현의 시작), 의사실기(모방적 사실기), 결정기로 분류했다.

3. 켈로그는 2~4세 유아미술표현능력 발달단계를 패턴단계, 도형단계, 디자인단계, 초기회화단계로 분류했다.

4. 김정은 유아미술표현능력 발달단계를 신생아기, 난화기, 전도식기, 도식기로 단계를 분류했다.

5. 로웬펠드는 유아의 입체표현능력 발달단계를 끼적이기, 전도식기, 도식기, 또래 집단기, 의사실기로 분류했다.

6. 이규선 등은 유아의 입체표현능력 발달단계를 탐색적 유희기, 평면적 상징기, 입체적 탐색기, 입체적 사실기, 공간적 사실기로 분류했다.

7. 이길종은 유아의 입체표현능력 발달단계를 맹목적 조형기, 경단기, 상징기, 유발적 사실기, 분석적 사실기로 분류했다.

8. 가드너는 미적 인식발달단계를 지각의 단계, 상징인식의 단계, 사실적 단계, 탈사실적 단계, 예술적 위기의 단계 등 5단계로 구분했다.

9. 하우젠은 미술관의 프로그램과 관람객을 평가하기 위해 미적 발달단계를 설명단계, 구성단계, 분류단계, 해석단계, 재창조단계 등 5단계로 분류했다.

더 생각해 보기

1. 유아의 미술 작품을 수집하여 유아미술표현능력 발달단계 중 어디에 해당하는지, 어떤 표현 특성이 나타났는지 분석해 보세요.

2. 유아의 미술표현능력 발달에 영향을 미치는 긍정적 요인과 부정적 요인에 대해 토의해 보세요.

3. 감상활동에 활용할 수 있는 미술 작품을 선정하고, 감상활동 시 교사가 할 수 있는 적절한 질문을 만들어 보세요.

제5장

유아미술과(幼兒美術科) 교육과정

개관

　우리나라 유아교육기관은 국가수준 교육과정에 근거하여 유아미술교육의 체계를 갖고 이를 교육활동으로 제시한다. 따라서 유아교사는 우리나라 국가수준 교육과정의 체계를 아는 것이 매우 중요하다. 이 장에서는 우리나라 국가수준 교육과정인 0~2세 표준보육과정과 3~5세 연령별 누리과정에 제시된 유아미술과 교육과정에 제시된 목표, 내용을 중심으로 살펴보고자 한다.

학습목표

1. 0~1세 보육과정 예술경험영역의 목표와 미술교육 내용을 설명할 수 있다.
2. 2세 보육과정 예술경험영역의 목표와 미술교육 내용을 설명할 수 있다.
3. 3~5세 연령별 누리과정 예술경험영역의 목표와 미술교육 내용을 설명할 수 있다.

주요용어

　국가수준 교육과정/미술과 교육과정/제3차 어린이집 표준보육과정/보육과정 예술경험영역/3~5세 연령별 누리과정 예술경험영역 우리나라 국가수준 유아교육과정은 표준보육과정(0세에서 2세)과 누리과정(3세에서 5세)으로 나누어져 있다. 2013년 고시·발표된 제3차 어린이집 표준보육과정과 3~5세 누리과정의 유아미술교육은 예술경험영역에서 제시하고 있다(어린이집 표준보육과정은 0~2세 표준보육과정과 3~5세 연령별 누리과정을 통칭하지만 이 장에서는 이해를 돕고자 0~2세 표준보육과정과 3~5세 연령별 누리과정으로 구분하여 설명하겠다.). 예술경험영역은 '아름다움 찾아보기', '예술적 표현하기', '예술 감상하기'의 세 가지 내용 범주로 구성되어 있다. 이 세 가지 내용 범주는 구분되기보다 서로 밀접하게 연관되어 있다. 아름다움을 찾고 표현하며 감상하는 것이 서로 연계되고 순환되도록 함으로써 유아의 예술경험을 새롭게 재구성한다. 따라서 인위적인 구분에 따라 별개의 독립된 활동으로 다루기보다 유아가 일상생활 속에서 다양한 예술매체를 통해 아름다움을 찾고 표현하며 감상하는 활동들이 자연스럽게 통합되도록 한다.

표준보육과정과 누리과정에 제시된 예술경험영역의 목표와 내용 중 유아를 위한 미술교육과 관련된 부분을 살펴보면 다음과 같다.

1. 0~2세 표준보육과정의 미술교육

0~2세 표준보육과정은 기본생활영역, 신체운동영역, 의사소통영역, 사회관계영역, 예술경험영역, 자연탐구영역의 여섯 가지 영역으로 구성되어 있고 0~1세 보육과정과 2세 보육과정으로 나뉜다.

1) 0~1세 보육과정 예술경험영역의 목표와 미술교육 내용

(1) 0~1세 보육과정 예술경험영역의 목표

0~1세 보육과정 예술경험영역은 영아가 자신의 신체와 주변의 감각 자극에 호기심을 가

지고 반응하고 다양한 방법으로 표현하기를 즐기며 자연물, 사물, 환경의 아름다움에 관심을 가짐으로써 아름다움을 즐기고 풍부한 정서를 경험하기 위한 영역이다. 예술경험영역은 영아가 친숙한 자연과 사물 및 주변 환경의 아름다움에 관심을 기울이고 반응하기를 즐김으로써 기초적인 심미적 경험을 목표로 한다.

0~1세 보육과정 예술경험영역의 목표는 다음의 세 가지이다. 첫째, 자신의 신체와 주변의 감각 자극에 호기심을 가지고 반응한다. 둘째, 소리와 움직임으로 반응하고, 단순한 미술을 경험하며, 모방 행동을 즐긴다. 셋째, 친근한 소리나 노래를 즐겨 듣고, 자연물, 사물, 주변 환경에 관심을 가진다.

(2) 0~1세 보육과정 예술경험영역의 미술교육 내용

예술경험영역은 '아름다움 찾아보기', '예술적 표현하기', '예술 감상하기'의 세 가지 내용 범주로 구성된다. '아름다움 찾아보기'는 예술적 요소에 호기심을 가지는 내용으로 '예술적 표현하기'는 리듬 있는 소리, 움직임으로 반응하고 단순한 미술을 경험하며 모방 행동을 즐기는 내용으로 구성되어 있다. '예술 감상하기'는 아름다움을 경험하기 위한 내용으로 구성되어 있다. 내용 범주별 미술 관련 내용을 살펴보면 다음 〈표 5-1〉과 같다.

〈표 5-1〉 0~1세 보육과정 예술경험영역 미술 관련 내용 체계

내용 범주	내용	1수준	2수준	3수준	4수준
아름다움 찾아보기	예술적 요소에 호기심 가지기	주변 환경에서 색, 모양에 호기심을 가진다.			
예술적 표현하기	단순한 미술 경험하기			감각적으로 단순한 미술 경험을 한다.	
예술 감상하기	아름다움 경험하기	일상생활에서 자연이나 사물의 아름다움을 경험한다.			

① 예술적 요소에 호기심 가지기

'예술적 요소에 호기심 가지기'는 0~1세 영아가 오감을 통해 주변 생활이나 환경의 예술적 요소에 호기심을 갖는 태도를 증진시키기 위한 내용이다. 내용 범주별 내용은 연령, 발달, 개인차 등을 고려하여 1~4 수준으로 나누어 제시하고 있다. '예술적 요소에 호기심 가지기'의 세부 내용은 〈표 5-2〉와 같다.

〈표 5-2〉 0~1세 보육과정 예술경험영역 '예술적 요소에 호기심 가지기' 세부 내용

내용	1수준	2수준	3수준	4수준
예술적 요소에 호기심 가지기	주변 환경에서 색, 모양에 호기심을 가진다.			

'주변 환경에서 색, 모양에 호기심을 가진다.'는 영아가 일상적인 환경에서 볼 수 있는 색과 모양을 통한 시각적 자극에 대하여 심미적인 요소에 관심을 가짐으로써 점차 아름다움을 인식하는 과정으로 발전시켜나가는 내용이다. 영아가 시각적인 자극에 주의를 기울이는 것은 탐구적인 태도를 형성하는 데 중요하고 색이나 모양이 주는 시각적이고 형태적인 아름다움을 인식하는 데에도 중요하다. 교사는 일상생활에서 영아가 자연스럽게 주변 환경의 색과 모양에 관심을 갖도록 상호작용한다. 예를 들면 "○○이가 빨간색 꽃이 그려진 치마를 입고 왔구나!", "○○아 동그란 숟가락으로 맘마 먹어 볼까?"와 같은 상호작용을 해 준다. 걷지 못하는 영아도 실외 환경에서 색, 모양에 호기심을 가질 수 있도록 유모차, 돗자리 등을 준비하여 주변 환경을 탐색할 수 있는 기회를 제공한다. 영아에게 여러 가지 색과 모양의 놀잇감이나 촉감책, 생활용품을 제공해 주며, 색과 모양에 호기심을 가질 수 있도록 개방적인 분위기를 조성하고 영아가 관심을 보이는 대상을 유심히 관찰하여 민감하게 파악할 수 있도록 지원한다. 영아에게 색과 모양의 이름을 알게 하기 위해 교사가 주도적으로 강요하지 않도록 주의한다.

블록의 색깔과 모양을 탐색하는 모습 　과일의 모형을 보고 같은 색깔 　모양 맞추기 활동을 하며 색깔과
　　　　　　　　　　　　　　　　을 찾는 모습　　　　　　　　　모양을 탐색하는 모습

② 단순한 미술 경험하기

'단순한 미술 경험하기'는 영아가 감각을 통해 미술표현을 시도하고 즐기는 내용이다. 미술 자료를 탐색하여 미술 자료에 익숙해지고, 그것을 이용하여 자신이 표현한 흔적을 보고 기뻐하여 표현을 반복함으로써 미술 표현능력의 기초를 마련하게 된다. '단순한 미술 경험하기'의 세부 내용은 〈표 5-3〉과 같다.

〈표 5-3〉 0~1세 보육과정 예술경험영역 '단순한 미술 경험하기' 세부 내용

내용	1수준	2수준	3수준	4수준
단순한 미술 경험하기			감각적으로 단순한 미술 경험을 한다.	

3~4 수준으로 제시된 '감각적으로 단순한 미술 경험을 한다.'는 영아가 감각을 이용하여 단순한 미술 경험을 하는 내용이다. 교사는 다양한 미술 자료를 쥐어 보고, 누르고, 던지고, 뜯어 보고, 문지르고, 비벼 보는 등 촉감을 사용한 다양한 질감 놀이를 즐길 수 있도록 격려한다. 탐색과 놀이의 반복을 통해 영아가 자연스럽게 미술 경험을 시도하도록 지원한다. 예를

들면 "손가락으로 꼭꼭 누르니 쏘옥 들어가네.", "밀가루 반죽을 아주 작게 뜯고 있구나! 이것으로 무얼 만들까?"와 같은 상호작용이 필요하다. 교사는 영아와 함께 단순한 미술 경험을 하며 영아의 행위와 자료의 변화에 대해 구체적인 언어로 묘사해 준다. 교사의 언어적 자극에 따라 영아는 감각자극을 즐기며 놀이를 할 수 있다. 예를 들면 "밀가루 반죽을 주물주물~", "종이가 쭉쭉 찢어지네~"와 같은 언어적 자극을 줄 수 있다. 토마토나 삶은 국수, 두부 등과 같이 영아가 감각을 활용하여 주변 사물을 탐색할 기회를 제공하여 탐색놀이가 자연스러운 미술경험으로 확장될 수 있도록 지원한다.

두부로 감각 놀이를 하는 모습

깨끗한 비닐 위에서 삶은 국수로 감각 놀이를 하는 모습

양 그림에 흰색 종이를 구겨서 붙여보는 모습

③ 아름다움 경험하기

'아름다움 경험하기'는 0~1세 영아가 일상생활에서 접할 수 있는 자연이나 사물의 아름다움을 경험하는 것으로 영아의 심미적 감수성을 증진시키도록 구성되었다. '아름다움 경험하기'의 세부 내용은 〈표 5-4〉와 같다.

〈표 5-4〉 0~1세 보육과정 예술경험영역 '아름다움 경험하기' 세부 내용

내용	1수준	2수준	3수준	4수준
아름다움 경험하기	일상생활에서 자연이나 사물의 아름다움을 경험한다.			

영아가 자신의 주변 환경에서 아름다움을 찾을 수 있고 관심을 가지며 경험하는 것은 감상 영역에서 중요한 부분이다. 예술 감상의 경험이 작품을 통해서만 제공되는 것이 아니므로 교사는 일상생활에서 아름다움을 느낄 수 있는 상황을 언어로 표현해 줌으로써 영아가 익숙한 환경 속에서 아름다움을 찾아내고 관심을 가질 수 있도록 격려한다. 또한 일과 중 실외놀이 시간에 영아가 자연물이나 자연현상에서 아름다움을 직접 느낄 수 있는 기회를 마련해 준다.

신문지로 물감 찍기를 하고 감상하는 모습   비눗방울 놀이를 하며 비눗방울의 색을   전시된 모형물을 감상하는 모습
                                      보고 있는 모습

2) 2세 보육과정 예술경험영역의 목표와 미술교육 내용

(1) 2세 보육과정 예술경험영역의 목표

2세 보육과정 예술경험영역은 주변 생활에서 예술적 요소를 탐색하고 즐기며 리듬이나 노래, 움직임, 자발적인 미술활동, 모방 행동을 자유롭게 시도해 봄으로써 아름다움에 관심을 가지고 예술경험을 즐기기 위한 영역이다. 2세 보육과정 예술경험영역의 목표는 '아름다움에 관심을 가지고 예술경험을 즐긴다.'로 구체적 목표는 다음과 같다. 첫째, 주변 생활에서 예술적 요소를 발견하고 흥미롭게 탐색한다. 둘째, 간단한 리듬이나 노래, 움직임, 자발적인 미술활동을 자유롭게 시도하고 모방이나 상상놀이로 표현한다. 셋째, 주변의 환경과 자연 및 다

양한 표현에서 예술적 요소를 관심 있게 보고 즐긴다.

(2) 2세 보육과정 예술경험영역의 미술교육 내용

예술경험영역은 '아름다움 찾아보기', '예술적 표현하기', '예술 감상하기'의 세 가지 내용 범주로 구성된다. '아름다움 찾아보기'는 예술적 요소를 탐색하는 내용이며, '예술적 표현하기'는 간단한 리듬이나 노래, 움직임, 자발적인 미술활동을 자유롭게 시도하고 모방이나 상상놀이로 표현하는 내용으로 구성되어 있다. '예술 감상하기'는 일상생활 속에서 아름다움을 즐기기 위한 내용으로 구성되어 있다. 내용 범주별 내용 중 미술 관련 내용을 살펴보면 〈표 5-5〉와 같다.

〈표 5-5〉 2세 보육과정 예술경험영역 미술 관련 내용 체계

내용 범주	내용	1수준	2수준
아름다움 찾아보기	예술적 요소 탐색하기	주변 환경에서 색, 모양을 탐색한다.	
예술적 표현하기	자발적으로 미술활동하기	자발적으로 그리기, 만들기를 한다.	
		간단한 도구와 미술 재료를 다룬다.	
예술 감상하기	아름다움 즐기기	일상생활에서 자연과 사물의 아름다움에 관심을 가지고 즐긴다.	
		자신과 또래가 표현한 노래, 춤, 미술품 등에 관심을 가지고 즐긴다.	

① 예술적 요소 탐색하기

'예술적 요소 탐색하기'는 2세 영아가 익숙한 환경에서 새롭게 발견하는 것에 대해 관심을 갖고 예술적 요소를 흥미롭게 탐색하는 것에 대한 내용이다. 예술적 탐색은 익숙한 것에서 새로움에 관심을 가지고, 주의 깊게 바라보며 변화의 차이를 발견하고 즐거워하는 경험이 중요하다. 이를 통해 영아의 탐색능력이 증진되고 심미감 및 인지적 발달의 기초를 형성하게 된다. '예술적 요소 탐색하기'의 세부 내용은 〈표 5-6〉과 같다.

〈표 5-6〉 2세 보육과정 예술경험영역 '예술적 요소 탐색하기' 세부 내용

내용	1수준	2수준
예술적 요소 탐색하기	주변 환경에서 색, 모양을 탐색한다.	

    2세 보육과정 예술경험영역의 내용은 연령, 발달, 개인차 등을 고려하여 1·2수준으로 구분되어 있다. 2세 영아의 경우 2세 내용의 1·2수준을 기본으로 하되, 발달이 느린 영아의 경우 0~1세 내용의 4수준으로 적용할 수 있다.

    '주변 환경에서 색, 모양을 탐색한다.'는 영아가 여러 가지 예술적 요소로 가득 차 있는 일상에서 이전 시기보다 다양하고 적극적으로 다양한 색과 모양을 탐색하는 내용이다. 교사는 영아가 나름대로 탐색해 보도록 영아의 행동을 말로 표현해 준다. 또 일상생활에서도 자연스럽게 탐색이 이루어질 수 있도록 영아의 반응에 관심을 갖고 "○○이랑 □□이랑 똑같이 빨간색 양말을 신었구나!"와 같이 상호작용한다. 또한 교사는 주변 환경에서 보이는 색과 모양을 적극적으로 탐색할 수 있도록 개방적인 분위기를 조성하고, 주변 사물이나 환경에서 보이는 색과 모양에 대해 정교한 언어로 반응해 준다.

눈을 관찰하는 모습

물 위에 떠 있는 나뭇잎을 관찰하는 모습

나뭇잎을 관찰하는 모습

② 자발적으로 미술활동하기

'자발적으로 미술활동하기'는 2세 영아가 미술 재료를 활용하여 자발적으로 그리기와 만들기를 시도하며 간단한 미술 자료를 다루는 경험에 관한 내용이다. '자발적으로 미술하기'는 '자발적으로 그리기와 만들기', '간단한 도구와 미술 재료를 다루기'로 구성되어 있다. 이를 통해 자유롭고 창의적인 영아의 표현능력 증진과 소근육 조절 능력을 신장시키며, 자신의 결과물을 통해 긍정적인 자아인식과 성취감을 갖도록 한다. '자발적으로 미술활동하기'의 세부 내용은 〈표 5-7〉과 같다.

〈표 5-7〉 2세 보육과정 예술경험영역 '자발적으로 미술활동하기' 세부 내용

내용	1수준	2수준
자발적으로 미술활동하기	자발적으로 그리기, 만들기를 한다.	
	간단한 도구와 미술 재료를 다룬다.	

'자발적으로 그리기, 만들기를 한다.'는 영아가 자발적으로 시도하고 즐기며 그리기와 만들기를 하는 내용이다. 교사는 영아가 미술활동을 자발적으로 시도하고 즐길 수 있도록 영아의 미술표현에 대해 적극적으로 격려한다. 영아가 결과물의 완성보다 그리기와 만들기 과정을 자유롭게 표현하는 과정에 만족감과 성취감을 느낄 수 있도록 지원한다.

'간단한 도구와 미술 재료를 다룬다.'는 영아가 미술활동을 하는 과정에서 미술활동에 사용할 수 있는 그리기용, 만들기용 도구와 재료들을 다룰 수 있도록 하는 내용이다. 영아가 조작이 쉬운 재료나 도구를 선택하고 사용하는 경험을 갖는 것이 중요하다. 미술활동 과정에서 영아가 도구와 재료를 자발적으로 선택하고 자신의 생각과 느낌을 자유롭고 창의적으로 표현할 수 있도록 개방적인 분위기를 조성한다.

사인펜으로 그림을 그린 후 분무기로 물을 뿌리는 모습	사인펜으로 그림을 그리는 모습	라이트 박스 위의 물감을 손으로 섞어 색이 변하는 것을 관찰하는 모습

③ 아름다움 즐기기

'아름다움 즐기기'는 2세 영아가 주변 환경이나 자연 속에서 발견되는 예술적 요소에 관심을 가지며, 자신과 또래가 표현한 미술품을 즐기는 태도와 관련된 내용이다. '아름다움 즐기기'는 '일상생활에서 자연과 사물의 아름다움에 관심을 가지고 즐기기' 그리고 '자신과 또래가 표현한 노래, 춤, 미술품에 관심을 가지고 즐기기'로 구성되어 있다. 이를 통해 영아가 예술을 즐기는 태도를 기르도록 한다. '아름다움 즐기기'의 세부 내용은 〈표 5-8〉과 같다.

〈표 5-8〉 2세 보육과정 예술경험영역 '아름다움 즐기기' 세부 내용

내용	1수준	2수준
아름다움 즐기기	일상생활에서 자연과 사물의 아름다움에 관심을 가지고 즐긴다.	
	자신과 또래가 표현한 노래, 춤, 미술품 등에 관심을 가지고 즐긴다.	

'일상생활에서 자연과 사물의 아름다움에 관심을 가지고 즐긴다.'는 영아가 자주 접하고 일상적으로 경험할 수 있는 자연이나 생활 속의 사물에서 아름다움을 찾아보고 이에 관심을 가지고 즐기도록 하는 내용이다. 영아가 자연의 변화와 사물의 상태에 대한 예술적 요소에 관심을 기울이며 주변 환경을 경험하는 것이 중요하다.

'자신과 또래가 표현한 노래, 춤, 미술품 등에 관심을 가지고 즐긴다.'는 영아가 자신과 또래가 표현한 결과물을 감상하는 내용이다. 교사는 실내·외 모든 활동에서 영아가 색과 모양 등 예술적 요소에 관심을 갖도록 언어로 격려한다. 또한 영아 자신과 또래의 미술품에 관심을 갖고 아름다움을 느끼고 공감할 수 있도록 언어적으로 자주 표현해 주도록 한다. 예를 들면(영아가 자동차 바퀴를 물감에 묻혀 전지 위에 굴려 보는 미술활동을 하고 있을 때) "○○이 자동차가 지나간 자리에는 초록색 줄무늬가 생겼네~"와 같이 표현해 주도록 한다. 그리고 영아의 작품을 게시하여 영아의 표현을 존중하는 모습을 보여 줌으로써 영아들이 예술을 대하는 태도를 모델링하도록 한다.

산책 시 길가에 핀 꽃을 감상하는 모습　　눈사람을 만들며 눈의 다양한 느낌을 즐기는 모습　　미술관에 전시된 작품을 관찰하는 모습

2. 3~5세 연령별 누리과정의 미술교육

1) 3~5세 연령별 누리과정 예술경험영역의 목표

3~5세 연령별 누리과정 예술경험영역은 유아가 친근한 주변 환경에서 색과 모양 등의 미

술요소에서 아름다움을 느끼고 또래와 교사, 부모, 지역사회의 주민이나 작가가 표현한 예술 작품을 가까이 접하면서, 이를 탐색하고 창의적으로 표현하는 것을 즐기며 감상하기 위한 영역이다.

3~5세 연령별 누리과정 예술경험영역의 목표는 '아름다움에 관심을 가지고 예술경험을 즐기며, 창의적으로 표현하는 능력을 기른다.'로 미술교육과 관련된 구체적 목표는 다음과 같다. 첫째, 자연과 주변 환경에서 발견한 아름다움과 예술적 요소에 관심을 갖고 탐색한다. 둘째, 자신의 생각과 느낌을 미술을 통해 창의적으로 표현하는 것을 즐긴다. 셋째, 자연과 다양한 예술 작품을 감상하며 풍부한 감성과 심미적 태도를 기른다.

2) 3~5세 연령별 누리과정 예술경험영역의 미술교육 내용

3~5세 연령별 누리과정 예술경험영역의 내용 범주는 '아름다움 찾아보기', '예술적 표현하기', '예술 감상하기' 세 부분으로 구분된다. 내용 범주에 따른 내용 중 미술교육과 관련된 내용은 미술적 요소 탐색하기, 미술활동으로 표현하기, 통합적으로 표현하기, 다양한 예술 감상하기, 전통예술 감상하기로 구성되어 있다. 3~5세 연령별 누리과정 예술경험영역의 내용 범주와 내용은 〈표 5-9〉와 같다.

〈표 5-9〉 3~5세 연령별 누리과정 예술경험영역의 미술 관련 내용체계

내용 범주	내용
아름다움 찾아보기	· 미술적 요소 탐색하기
예술적 표현하기	· 미술활동으로 표현하기 · 통합적으로 표현하기
예술 감상하기	· 다양한 예술 감상하기 · 전통예술 감상하기

(1) 미술적 요소 탐색하기

'미술적 요소 탐색하기'는 유아가 자연과 사물에서 접하게 되는 다양한 미술적 요소에 대해 주의를 기울이고 반응하면서 아름다움을 느끼고 미술적 요소가 갖는 특징을 발견하고 탐색하는 능력을 기르기 위한 내용이다. 자연과 사물에서 색, 모양, 질감, 공간 등의 미술적 요소를 탐색하는 유아의 능력은 자연과 사물의 아름다움을 발견하고 인식할 수 있도록 할 뿐만 아니라, 동시에 이를 표현하고 감상할 수 있는 능력을 기르는 데 기초가 된다. '미술적 요소 탐색하기'의 세부 내용은 〈표 5-10〉과 같다.

〈표 5-10〉 3~5세 연령별 누리과정 예술경험영역 '미술적 요소 탐색하기'의 세부 내용

내용	3세	4세	5세
미술적 요소 탐색하기	자연과 사물의 색, 모양, 질감 등에 관심을 갖는다.		자연과 사물에서 색, 모양, 질감, 공간 등을 탐색한다.

'자연과 사물의 색, 모양, 질감 등에 관심을 갖는다.'는 만 3, 4세 유아가 자연과 사물의 고유한 색에 관심을 가지고, 자연과 사물의 다양한 윤곽에서 모양에 주의를 기울이고, 자연과 사물의 독특한 재질에서 질감을 느끼도록 하는 내용이다. 유아는 꽃과 열매에서 고유한 색을 찾을 수 있고, 나뭇잎에서 다양한 모양을 발견한다. 또한 부드러운, 까끌까끌한, 울퉁불퉁한, 뾰족뾰족한, 미끌미끌한 등의 독특한 질감을 느낄 수 있다. 교사는 '돌멩이를 만져 보니 어떤 느낌이 드니?', '진흙을 만져 보니 어떤 느낌이 드니?'와 같은 언어적 지원을 할 수 있다. 유아가 자연과 사물의 미술적 요소를 다양한 미술품에서도 관심을 가지고 주의를 기울일 수 있는 기회를 제공해 준다.

'자연과 사물에서 색, 모양, 질감, 공간 등을 탐색한다.'는 만 5세 유아가 자연과 사물에서 경험했던 미술적 요소인 색, 모양, 질감을 자유롭게 실험하고 조합하며 상하, 좌우, 앞뒤, 여백 등의 공간이 주는 느낌을 탐색하도록 하는 내용이다. 유아는 자연과 사물에서 색의 다양함을 발견할 수 있고 차이점을 이야기할 수 있으며, 나뭇잎과 같은 자연과 사물에서 다양한 모양을 발견하고 그 차이를 구별할 수 있다. 교사는 '(다양한 모양의 돌과 나뭇잎을 제공하고) 어떻게 다르니? 이 두 가지를 이용해서 아름답게 만들어 볼까?'와 같은 언어적 지원을 해 주며, 자연과 사물이 만들어 내는 질감을 구별하고 그 차이를 이야기할 수 있다. 예를 들면 도구를 사용하여 찰흙이나 유토로 만들 수 있는 다양한 모양을 탐색해 보고 자연물과 같은 다른 재료를 함께 자유롭게 조합해 보게 할 수 있다. 또한 사물의 상하, 좌우, 앞뒤 공간이 만들어 내는 아름다움의 차이를 구별할 수 있고, 동양화에서 여백 등의 공간이 주는 느낌을 발견하고 여백이 만들어 내는 아름다움을 탐색할 수 있다. 자연과 사물에 깃들어 있는 미술적 아름다움을 발견하기 위해서는 교사가 먼저 미술적 요소에 대해 이해해야 한다.

나뭇잎의 모양과 색 등을 탐색하고 구성하는 모습　　　　민들레와 나비의 색과 모양을 관찰하는 모습

(2) 미술활동으로 표현하기

'미술활동으로 표현하기'는 다양한 미술활동을 통해 유아가 자신의 생각과 느낌을 자발적이고 창의적으로 표현하도록 하는 내용이다. 미술활동은 재료와 도구를 가지고 유아가 알고

있는 것, 본 것, 느낀 것을 자유롭게 표현할 수 있는 기회를 제공할 뿐만 아니라, 표현과정에서 즐거움을 느끼며 만족감과 자신감을 경험하고 미적 감각과 창의성을 발달시킨다. 3~5세 연령별 누리과정 예술경험영역의 '예술적 표현하기' 내용 범주 중 '미술활동으로 표현하기'의 세부 내용은 〈표 5-11〉과 같다.

〈표 5-11〉 3~5세 연령별 누리과정 예술경험영역 '미술활동으로 표현하기' 세부 내용

내용	3세	4세	5세
미술활동으로 표현하기	다양한 미술활동을 경험해 본다.	다양한 미술활동으로 자신의 생각과 느낌을 표현한다.	
		협동적인 미술활동에 참여한다.	협동적인 미술활동에 참여하여 즐긴다.
	미술활동에 필요한 재료와 도구에 관심을 가지고 사용한다.	미술활동에 필요한 재료와 도구를 다양하게 사용한다.	

'다양한 미술활동을 경험해 본다.'는 만 3세 유아가 주변의 친숙한 대상에 관심을 갖고 감각과 신체를 이용하여 만지며 느끼는 다양한 미술 경험을 하도록 하여 창의적인 미술표현을 위한 기초능력뿐 아니라 자신감을 기르도록 하는 내용이다. 교사는 "밀가루 점토를 주물러 보자. 어떤 느낌이 드니?", "조개껍질 위에 색칠할 때는 어떤 느낌이 드니?"와 같이 상호작용한다. '다양한 미술활동으로 자신의 생각과 느낌을 표현한다.'는 만 4, 5세 유아가 다양한 미술활동을 통해 자신의 생각과 느낌을 능동적이고 창의적으로 표현하는 능력을 기르도록 하는 내용이다. 유아가 일반적인 재료와 표현 방법 이외에도 다양한 재료를 이용한 찢기, 오리기, 붙이기, 모자이크, 판화 등 새로운 표현 방식의 변화를 경험할 수 있도록 한다.

'협동적인 미술활동에 참여한다.'는 만 4세 유아가 또래와 함께 하는 미술활동에 참여하는 과정에서 서로 생각과 느낌의 차이가 있음을 알고 이를 나누도록 하는 내용이다. '협동적인

미술활동에 참여하여 즐긴다.'는 만 5세 유아가 또래들과 협동적인 미술활동을 통해 서로의 느낌과 생각 그리고 미적 감각과 취향을 나누면서 공동 미술표현을 즐기도록 하는 내용이다. 만 4세 유아에게는 또래와 함께 공동으로 꾸며 보는 경험을 제공하여 자신의 생각과 느낌을 나누고 협동하면서 활동에 적극적으로 참여하도록 한다. 만 5세 유아는 또래와의 공유된 목표를 가지고 협의하여 미술 작품을 완성해 가는 과정에 참여하며, 결과물에 대한 성취감을 느끼고 즐길 수 있도록 한다. 집단의 크기는 2~3명의 소집단에서 더 큰 집단으로 확장해 가는 등 다양하게 구성한다.

'미술활동에 필요한 재료와 도구에 관심을 가지고 사용한다.'는 만 3세 유아가 미술활동에 필요한 재료와 도구에 관심을 가지고 자유롭게 사용하도록 하는 내용이다. '미술활동에 필요한 재료와 도구를 다양하게 사용한다.'는 만 4, 5세 유아가 미술활동을 하면서 다양한 재료와 도구들을 새롭고 독창적인 방법으로 경험하도록 하는 내용이다. 만 3세는 평면적인 재료, 입체 구성을 위한 재료, 소근육을 발달시킬 수 있는 재료와 도구를 일상적으로 제공해 주어 유아가 언제든 자신이 원하는 바를 표현하도록 한다. 만 4, 5세는 보다 다양한 미술 재료와 도구를 활용하여 자신만의 새로운 방법으로 탐색하고 사용해 볼 수 있도록 격려하며 생활 주변의 모든 사물이 미술활동 자료가 될 수 있음을 알려 줌으로써 유아에게 창의적 표현의 기회를 제공한다.

협동으로 미술활동을 하는 모습

손바닥 찍기로 공동 작품을 만드는 모습

여러 가지 꽃잎으로 표현하는 모습

(3) 통합적으로 표현하기

'통합적으로 표현하기'는 유아가 참여하는 다양한 표현활동이 서로 통합적으로 이루어지도록 하기 위한 내용이다. 유아는 음악, 움직임과 춤, 미술, 극놀이를 통합적으로 경험할 때 자신의 경험을 조직적이고 종합적으로 표현할 수 있게 되며 더욱 풍부한 표현력을 가질 수 있게 된다. 또한 이러한 경험이 일상생활 속에서 반복되면서 유아는 예술활동 전반에 대해 지속적으로 흥미를 가지고 창의적 표현과정을 즐기게 된다. 3~5세 연령별 누리과정 예술경험영역의 '예술적 표현하기' 내용 범주 중 미술교육과 관련 있는 '통합적으로 표현하기'의 세부 내용은 〈표 5-12〉와 같다.

〈표5-12〉 3~5세 연령별 누리과정 예술경험영역 '통합적으로 표현하기' 세부 내용

내용	3세	4세	5세
통합적으로 표현하기		음악, 움직임과 춤, 미술, 극놀이 등을 통합하여 표현한다.	
	예술활동에 참여하여 표현과정을 즐긴다.		예술활동에 참여하여 창의적으로 표현하는 과정을 즐긴다.

'음악, 움직임과 춤, 미술, 극놀이 등을 통합하여 표현한다.'는 각각의 표현활동을 통합된 전체로서 경험해 보도록 하는 데 초점을 맞춘 내용이다. 음악, 움직임과 춤, 미술, 극놀이 등의 각 표현활동을 예술영역 내에서의 통합, 두 가지 이상의 예술영역 간의 통합, 감상과 표현활동의 통합으로 경험한다. 초기에는 예술영역 내에서의 통합으로 시작하여 점차 두 가지 이상의 예술영역이 통합된 활동을 제공한다. 예를 들어 "그림에서 움직임이 나타나는 부분을 찾아보자"와 같은 활동은 미술영역의 두 가지 측면인 감상과 표현이 통합된 활동이고 "이것은 무슨 색이니? 녹색을 보면 무엇이 생각나니? 녹색을 보고 생각난 것을 그려 보거나 몸으로 표현해 보자." 등은 미술영역과 움직임과 춤 영역이 통합된 활동이다.

'예술활동에 참여하여 표현과정을 즐긴다.'는 만 3세 유아가 예술활동에 지속적으로 관심을 가지고 참여하며 표현과정 자체를 즐길 수 있도록 하는 내용이다. 주제 전개 시 다양한 예술 활동들이 여러 흥미 영역과 다양한 형태의 대소집단 활동, 개별 활동으로 통합되어 전개될 수 있도록 한다. '예술활동에 참여하여 창의적으로 표현하는 과정을 즐긴다.'는 만 4, 5세 유아가 다양한 예술활동을 통합적으로 표현해 보는 경험을 통해 자신의 생각과 느낌을 창의적으로 표현하는 과정을 즐기도록 하는 내용이다. 다음은 영화와 그림책을 감상한 후 미술활동으로 통합적 표현활동의 예시이다.

로봇이 등장하는 영화를 본 후 재활용품으로 로봇을 만드는 유아의 모습   이글루가 나오는 그림책을 읽고 눈으로 이글루를 만드는 모습

(4) 다양한 예술 감상하기

'다양한 예술 감상하기'는 유아가 미술 작품 등을 보고 즐기는 활동을 통하여 아름다움을 느끼고 각자의 표현을 존중하며 예술 감상에 지속적인 관심과 흥미를 갖도록 하는 내용이다. 3~5세 연령별 누리과정 예술경험영역의 '예술적 감상하기' 내용 범주 중 '다양한 예술 감상하기'의 세부 내용은 〈표 5-13〉과 같다.

〈표 5-13〉 3~5세 연령별 누리과정 예술경험영역 '다양한 예술 감상하기' 세부 내용

내용	3세	4세	5세
다양한 예술 감상하기	다양한 미술 작품을 본다.	다양한 미술 작품을 보고 즐긴다.	
	나와 다른 사람의 예술표현을 소중히 여긴다.		

'다양한 미술 작품을 본다.', '다양한 미술 작품을 보고 즐긴다.'는 유아가 다양한 미술 작품을 접하면서 점차 미술 작품을 즐길 수 있는 기회와 환경을 제공해 주어야 함을 의미한다. 만 3~4세 유아에게는 일상생활과 관련된 것을, 만 5세가 될수록 점차 다양하고 상징적인 표현까지도 감상할 수 있도록 한다. 또한 유아의 관심을 지원하고 느낌을 서로 소통하고 공유할 수 있는 기회를 제공한다. 예를 들면 "(고흐의 〈아를의 반 고흐의 방〉을 감상한 후) 그림에서 어떤 것이 보이니? 가장 많이 보이는 모양/색은 무엇이니? 그림 중에서 어느 부분이 가장 마음에 드니? 이런 방에서 잠을 잔다면 어떤 느낌일까?"와 같은 발문을 할 수 있다.

'나와 다른 사람의 예술표현을 소중히 여긴다.'는 유아가 예술 작품이나 예술적 표현이 지닌 가치를 인식하고, 존중하는 태도를 갖도록 하는 내용이다. 다양한 예술 작품을 보고 느낀 점에 대해 토의하기, 전시회를 관람하기, 지역사회 내 예술가 초대하기, 명화 퍼즐을 통해 전체와 부분 등의 관계 알기, 미술적 요소에 따라 작품의 특징을 찾아보고 반응하기, 실제 작품 관람과 전시를 통해 작품에 대한 소중함 느끼기, 자신과 또래의 예술 작품 전시회하기, 예술 작품을 재구성하고 변형시켜 보기, 그림책에서 미술 특성을 찾아보기 등 다양한 방법으로 예술 작품을 듣고 보는 즐거운 경험을 제공한다. 예술 작품을 직접 가서 보고 느끼는 경험을 할 수 없을 경우에는 책자, 동영상, 오디오 등을 이용할 수 있으며 이때에는 작품의 특성을 잘 살리고 질 높은 감상이 가능한 매체를 선택하도록 한다.

손바닥 찍기로 만든 인형을 실외에 전시한   협동 작품을 실외에 전시한 모습   꽃잎으로 표현한 작품을 유아들이 줄에 걸어
모습   전시한 모습

(5) 전통예술 감상하기

'전통예술 감상하기'는 과거로부터 현재까지 전해져 내려오는 우리나라 고유의 전통예술
에 관심을 갖고, 이와 친숙해질 수 있도록 하는 내용이다. 유아기는 우리 전통예술에 관심을
갖고 받아들이며 친숙해지는 중요한 시기이므로, 전통예술을 접할 수 있는 다양한 기회를 충
분히 제공해 주어야 한다. 그러기 위해서는 유아가 전통 물건이나 미술 작품 등을 자연스럽
게 경험해 볼 수 있도록 기회를 제공하는 것이 필요하다. 3~5세 연령별 누리과정 예술경험
영역의 '예술적 감상하기' 내용 범주 중 '전통예술 감상하기'의 세부 내용은 〈표 5-14〉와 같다.

〈표 5-14〉 3~5세 연령별 누리과정 예술경험영역 '전통예술 감상하기' 세부 내용

내용	3세	4세	5세
전통예술 감상하기	우리나라 전통예술에 관심을 갖는다.		우리나라 전통예술에 관심을 갖고 친숙해진다.

'우리나라 전통예술에 관심을 갖는다.'는 만 3, 4세 유아가 우리나라의 전통예술을 받아들
이고 관심을 갖도록 하는 내용이다.

| 색종이 접기로 한복을 접어 표현한 작품 | 먹물과 붓으로 동양화를 표현한 작품 | 신윤복의 〈미인도〉를 한지로 꾸민 작품 |

만 3세의 경우 우리나라의 다양한 전통 문양 사진, 영상 자료 등을 보며 그와 관련된 흥미 있는 이야기를 듣고, 전통 문양을 따라 그리거나 오려서 붙이기를 한 다음 감상할 수 있다. 만 4세는 사진, 영상 자료, 실물 등을 통해 우리나라 전통 문양과 전통 의상이 가지는 아름다움을 감상하며 미술요소를 찾아 보고 즐기고 난 후, 인형 크기의 한복 저고리와 치마 모양의 종이를 꾸미고 서로 감상해 보는 활동을 할 수 있다. '우리나라의 전통예술에 관심을 갖고 친숙해진다.'는 만 5세 유아가 우리 고유의 문화를 친근하게 느끼고 전통예술의 아름다움을 느껴 보도록 하는 내용이다. 유아가 실제 한복, 한복 사진, 한복 패션쇼 등의 영상 자료, 전통 문양이 있는 장신구 등을 통하여 우리나라 전통 문양과 전통 의상이 가지는 선과 색의 아름다움을 보고 느낀 다음, 3~4명이 함께 한지로 한복을 만들어 전시하고 또래, 만 3~4세 유아, 부모님에게 소개한다.

요약

유아미술과(幼兒美術科) 교육과정은 우리나라 국가수준 교육과정인 0~2세 표준보육과정과 3~5세 연령별 누리과정의 예술경험영역에 제시되어 있다. 예술경험영역은 '아름다움 찾아보기', '예술적 표현하기', '예술 감상하기'의 세 가지 내용 범주로 구성되어 있다. 각각의 내용 범주는 수준 및 연령별로 구분하여 제시되어 있는데 0~1세 보육과정은 1~4수준, 2세 보육과정은 2수준, 3~5세 연령별 누리과정은 3, 4, 5세로 구분되어 있다. 교사는 유아미술교육과 관련된 예술경험영역의 목표 및 미술교육 내용과 구체적인 지침에 대해 알아야 한다. 예술경험영역의 세 가지 내용 범주에 따른 내용을 별개의 독립된 활동으로 다루기보다 유아가 일상생활 속에서 다양한 예술매체를 통해 아름다움을 찾고 표현하며 감상하는 활동이 자연스럽게 통합되도록 하는 것이 중요하다.

더 생각해 보기

1. 제3차 어린이집 표준보육과정 내용에 기초하여 0~2세 영아를 위해 기관과 가정에서 할 수 있는 미술활동을 생각해 봅시다.

2. 0~2세 표준보육과정과 3~5세 연령별 누리과정의 예술경험영역에 제시된 '아름다움 찾아보기', '예술적 표현하기', '예술 감상하기' 내용 비교표를 작성해 봅시다.

3. 유아가 전통예술에 친숙해 질 수 있는 다양한 방법에 대해 토의해 봅시다.

제6장

유아미술교육 활동의 교수방법

개관

교육의 질은 교사의 질을 뛰어넘지 못하므로 아무리 교육적 환경과 교육 프로그램이 우수하여도 교사가 현장에서 제대로 활용하지 않으면 소용이 없다. 교육에서 교사는 중요한 기능과 역할을 한다. 교육은 유아, 교사, 교육내용 및 교수-학습방법 등에 의해 이루어진다. 이 장에서는 미술교육 활동의 지도방법인 직접적-교사 주도적 방법, 교사-유아 상호 주도적 방법, 간접적-유아 주도적 방법에 대해 알아보고, 미술교육 활동의 접근방법인 통합적 접근법, 레지오 에밀리아 접근법, DBAE(학문 중심의 미술교육), CBAE(커뮤니티 중심 미술교육)와 생태미술교육에 대해 살펴보고자 한다.

학습목표

1. 미술교육 활동의 지도방법인 직접적-교사 주도적 방법, 교사-유아 상호 주도적 방법, 간접적-유아 주도적 방법의 특징을 이해한다.
2. 미술교육 활동의 접근방법인 통합적 접근법, 레지오 에밀리아 접근법, DBAE, CBAE, 생태미술교육의 개념과 방법을 설명할 수 있다.

주요용어

직접적-교사 주도적 방법/ 교사-유아 상호 주도적 방법/ 간접적-유아 주도적 방법/ 통합적 접근법/ 레지오 에밀리아 접근법/ DBAE/ CBAE/ 생태미술교육

1. 미술교육 활동의 지도방법

미술교육 활동의 지도방법은 활동의 과정에서 교사와 유아 중 활동 진행의 비중이 어느 쪽에 더 놓이느냐에 따라 직접적 – 교사 주도적 방법, 교사 – 유아 상호 주도적 방법, 간접적 – 유아 주도적 방법으로 나눌 수 있다.

1) 직접적 – 교사 주도적 방법

직접적 – 교사 주도적 방법은 교사가 시범이나 설명을 통해 주요한 정보를 제공해 주는 교사 중심 전략으로 유아에게 사실이나 규칙, 활동의 순서 등을 가르치거나, 지식을 기반으로 기능을 숙달시키기에 적합한 방법이다. 교사가 유아에게 학습목표를 명확히 제시하고 목표 달성과정에 대한 구체적인 방법과 전략, 새로운 기술 등을 예시와 시범으로 보여 준다. 이때 교사는 단순한 기능을 훈련시키는 것이 아니라, 유아 스스로 문제를 해결하도록 기능학습의 기회를 제공함으로써 목표에 도달하도록 지도하는 것이다. 연구자들은 직접적 – 교사 주도적 방법이 문제 해결을 위한 추상적 사고나 창의성 지도에 효과적으로 적용할 수 있음(윤기옥, 2002; Borich, 2002)을 강조한다. 또한 직접적 – 교사 주도적 방법은 개념이나 절차 혹은 기술을 짧은 시간에 많이 이해하고 기억하는 학습에 효율적인 방법으로 널리 알려져 있다. 직접적 – 교사 주도적 방법의 일반적인 특징은 다음과 같다(김성숙, 2002).

- 추상적 사고나 창의성 지도 등의 목적에도 효과적으로 적용할 수 있다.
- 적용 대상의 제한이 없어 유아에게도 적용할 수 있다.
- 기본기능의 학습, 행동적인 기능이나 사고기능을 학습할 때 보다 효과적이다.
- 실제적인 학습을 강조한다.
- 수업진행의 중심은 교사이다.

직접적 – 교사 주도적 방법이 기본적인 기능의 학습에서부터 추상적 사고나 창의성 지도 등에도 효과적으로 적용할 수 있다고 할 수 있으나, 다음과 같은 경우에는 적용이 부적절한 것으로 보고되고 있다(Borich, 2000).

- 수업 목표가 사실이나 방식, 규칙 및 순서나 행동계열을 학습하는 것이 아닐 경우
- 인지적 영역에서 분석·종합·평가의 수업 목표를 위한 복잡한 자료를 제시하는 수업인 경우
- 장기간 배워야 할 내용을 제시할 경우
- 유아가 학습을 위한 기초지식과 과제에 관한 선행지식을 이미 알고 있는 경우

직접적 – 교사 주도적 방법이 효율적으로 사용되는 교수 상황은 다음과 같다. 첫째, 교사가 새로운 정보나 기술을 소개·설명하거나 조언할 때, 둘째, 질의응답을 통해 유아의 흥미를 불러일으키고자 할 때, 셋째, 다음 학습에 필수적이라고 생각되는 사실이나 방식, 순서나 행동계열 내용의 완전 학습이 필요할 때 등이다. 이러한 경우에는 시간을 효율적으로 사용하고 유아가 적극적으로 연습할 수 있는 기회를 제공해 줄 수 있는 직접적 – 교사 주도적 방법이 더 적절하다.

미술활동 시 직접적 – 교사 주도적 방법의 적용 가능성을 정리해 보면 다음과 같다(김성숙, 2002).

- 도입단계에서 교사가 수업 목표와 학습 과제에 대해 정확하게 제시한다.
- 미술 재료 및 미술 도구에 대한 이해와 이를 다루는 기능학습에 효과적이다.
- 교사의 시범을 통해 유아의 상상력과 표현 잠재력을 자극하여 창의적인 발상과 독창적인 표현을 이끌어 낼 수 있다.
- 구체적인 질의응답과 반복훈련, 그리고 적절한 피드백을 활용하여 유아의 수업 참여를 높인다.
- 전통회화(민화)의 표현이나 난이도가 높은 미술활동 시 구체적인 설명, 시범, 반복연습을 통해 유아의 학습흥미와 성취능력을 높일 수 있다.

- 교사의 풍부한 자료 제시, 시범, 발문과 상호 간의 질의응답은 미적 체험과 감상지도에 효과적이다.

직접적 – 교사 주도적 교수방법에는 강의법, 시범, 발문법이 있다(임정기 외, 2010).

강의법은 직접적 교수법에 가장 널리 사용되고 있는 방법으로 일정한 내용을 체계적으로 설명하여 가르치는 것이다. 교사가 주도하여 교수활동이 이루어지므로 적은 시간에 많은 양의 학습 자료를 다룰 수 있다. 가장 대표적인 방법인 설명적 강의에서 교사는 강의하고 유아는 듣는다. 따라서 다른 교수학습방법과 병행하지 않고 강의법만을 사용할 경우 유아와 교사 간의 의사소통과 상호작용이 제한적으로 일어날 수 있다. 따라서 강의법을 토론과 병행해서 사용하여, 교사의 강의에 대해 유아는 질문하고 간단한 논점에 대해 토론하기도 한다. 이 경우 토론과 질문은 주로 교사에 의해 이루어진다. 미술 수업에서는 유아의 흥미를 이끌어내기 위해 사진, 빔 프로젝터, 컴퓨터, 비디오 등의 교수매체를 강의법에 활용한다.

시범은 추상적인 개념이나 복잡한 과정을 설명하는 데 효과적이다. 교사는 사전에 기술을 익혀 능숙하게 시범을 보일 수 있어야 하며, 시범 보이기에 앞서 시범의 목적을 분명하게 밝히고, 적절한 단계에 따라 시범을 보여야 한다. 시범은 간단한 그림을 그리는 것에서부터 마블링이나 데칼코마니 등 좀 더 복잡한 미술기법, 미술사, 미술비평과 감상에 이르기까지 다양하게 적용되고 활용될 수 있는 방법이다.

발문법은 질문법 혹은 문답법이라고 하며, 유아에게 학습 동기와 참여를 고무시키며, 자기 의견을 발표할 수 있는 기회를 주는 수업방법이다. 교사는 발문을 통해 유아 개개인의 특별한 능력과 흥미를 파악할 수 있다.

직접적 – 교사 주도적 방법으로 이루어진 수업의 일반적인 절차는 도입, 교사의 설명, 교사의 시범, 교사의 질문과 학습자의 대답, 구조화된 연습, 학습자의 독립적 연습으로 이루어진다(윤기옥, 2002). 김성숙(2002)은 직접적 – 교사 주도적 방법으로 유아가 알아야 할 기본적인 미술 재료 및 도구의 사용법을 교사의 시범과 설명 그리고 질의응답의 과정을 통해 정확히

익힌 후 표현하였을 때, 유아의 표현력이 눈에 띄게 변화되었다고 보고하였다.

일반적으로 직접적 – 교사 주도적 방법은 창의적인 미술교육에 반하는 것으로 인식되는 경향이 있다. 하지만 앞에서 언급했듯이 미술교육에서 적절한 시범은 교사의 일방적인 설명을 넘어 유아에게 통합적이고 총체적인 지식이나 기능을 전달하여 학습의 효과를 높일 수 있다.

교사의 설명과 시범에 따라 선 그려 보기

교사: 붓으로 선을 그어 볼 거야. 먼저 선생님처럼 붓과 종이를 바른 위치에 놓아보자.

유아: (붓과 종이를 바른 위치에 놓는다.)

교사: 붓의 중간을 잡고 똑바로 세워서 선을 그어 보자.

유아: (연필 잡는 방법으로 붓을 잡아 선을 긋는다.)

교사: 붓을 잡는 방법은 연필 잡는 방법과 달라. 선생님이 잡은 것처럼 붓대의 중간보다 약간 아래를 잡고 똑바로 세워 움직여 보자(다시 붓으로 선 긋는 시범을 보여 준다.).

유아: (교사의 설명과 시범에 따라 다시 붓으로 선을 긋는다.)

2) 교사 – 유아 상호 주도적 방법

교사 – 유아 상호 주도적 방법은 교사와 유아 사이에서 일어나는 대화, 학습의 참여와 피드백, 동기 유발과 같은 형식으로 이루어진다. 교사는 유아의 말을 정리하여 설명하고, 격려하고, 잠시 기다려 주는 등 다양한 방법으로 상호작용한다. 교사는 주로 안내자, 지지자, 참여자, 촉진자, 평가자 등 다양한 역할을 수행한다. 이야기 나누기를 할 때 교사는 유아가 자발적으로 토의에 참여할 수 있도록 미리 과제를 주어 각자 알아온 정보와 과제실행 결과를 나눌 수 있도록 안내해 주어야 한다. 유아는 주제에 대해 이야기 나누고 새로운 정보를 발견하고 탐색하면서 흥미를 느끼고, 과제를 수행하면서 자신감이 생겨 긍정적인 태도를 가지게 된다.

교사 – 유아 상호 주도적 방법에는 토의법과 대화법이 있다(임정기 외, 2010). 토의법은 어떤 문제에 대해 검토하고 협의하는 것을 의미한다. 토의는 유아들이 서로서로 아이디어를 나누고 각자 알아온 정보를 창의적으로 교환하는 기회가 되므로 교사는 유아가 토의할 수 있도록 사전에 미술가 혹은 미술 작품에 대해 논쟁거리를 조사하여 계획해야 한다. 토의법은 미술활동과정에서 유아들이 서로의 의견을 충분히 나눌 수 있어 협동적 미술활동에 유용하다.

토의법의 학습 효과를 제시하면 다음과 같다(교육부, 2014).

첫째, 논리적 사고력 및 비판적 사고력을 신장시킨다.

둘째, 자료 조사 및 탐구능력을 향상시킨다.

셋째, 의사소통능력이 신장된다.

넷째, 문제 해결 능력을 키운다.

다섯째, 반성적 사고가 일어날 수 있게 한다.

여섯째, 자신의 생각을 언어적으로 표현할 수 있는 기회와 협동적 학습 활동 경험이 제공된다.

대화법은 유아에게 의견을 묻거나 가치판단을 내리도록 하는 교수방법으로 대표적인 예로는 소크라테스법(Socratic method)이 있다. 교사의 일방적인 강의는 유아의 흥미에 맞지 않거나 어려워 수동적인 학습을 이끄는 반면 대화법은 유아의 흥미나 요구에 적합한 질문이나 답을 하는 과정을 통해 능동적인 학습이 일어나도록 촉진시킨다. 또한 대화법을 통해 유아는 의사소통 기술을 기를 수 있는데 이때 교사는 유아 대답의 옳고 그름을 평가하는 것이 아니라 유아가 자신의 의견을 논리적으로 표현할 수 있도록 격려해야 한다.

유아들과 토의하여 복도에 전시된 작품

교사: '우리 몸 꾸미기'를 완성했는데 어떻게 전시할 수 있을까?

유아1: 세워요.

유아2: 세우면 너무 커서 넘어져요. 종이가 힘이 없어서 넘어져요.

교사: 종이를 세울 수 있는 방법은 없을까?

유아1: 박스, 벽, 의자에 붙여요.

유아2: 그리고 여러 사람이 볼 수 있게 전시하면 좋을 것 같아요.

유아3: 그럼 복도에 붙여요.

3) 간접적 - 유아 주도적 방법

간접적 - 유아 주도적 방법은 유아 스스로 지식, 가치, 기능을 끌어내도록 도와주는 것이다(권낙원, 2001). 즉, 유아 스스로 학습을 계획하고 실행하며, 평가하는 자기 주도적 학습에 기초한 교육이다. 간접적 - 유아 주도적 방법은 교사의 도움을 전혀 받지 않는 것이 아니라 필요한 경우 교사의 도움을 받을 수 있다. 간접적 - 유아 주도적 방법은 다음과 같은 특성을 가진다(이용일, 2005).

- 학습에 대한 욕구와 필요를 학습의 출발점으로 삼기 때문에 유아에게 의미 있는 학습이 될 수 있으며, 학습목표를 달성하면서 만족감과 자신감을 갖게 됨으로 목표 지향적인 수업이 될 수 있다.
- 유아 중심의 자기 주도적 학습은 지식이나 학습기능을 높일 수 있고, 교사 · 자원 인사 · 교재 · 교육기관 등 여러 조력자의 협력으로 다양한 교육이 가능하다.
- 유아의 자기 평가가 중시되며, 다양한 평가방법을 촉구한다.
- 문제 해결, 비판적 사고력, 사회적 의사소통기술 등과 같은 상위인지능력을 기를 수 있다.

간접적 - 유아 주도적 방법에는 탐구학습법, 창의적 문제해결법(synectics technique, 시네틱스 기법), 프로젝트법이 있다(임정기 외, 2010). 먼저, **탐구학습법**은 과학적 방법, 귀납적 사고, 비판적 사고, 발견학습과 같이 다양한 접근 방식의 적용이 가능하다. 이러한 과정에서 유아는 스스로 질문하고 가설을 세우고 관찰하고 문제를 해결하는 방법을 찾는다. 또한 정보를 발견하고 적용하는 방법과 스스로 생각하는 방법을 배우게 된다. 이 방법은 모든 연령의 유아에게 사용될 수 있으며, 강의와 시범, 토론, 그룹 혹은 개인 프로젝트, 게임 등과 병행하여 적용할 수 있다. 예를 들어 색의 혼합에 대해 교사가 설명하며 시범을 보인 후 유아들이 소그룹(혹은 혼자)으로 색의 혼합을 탐구해 볼 수 있다. 이후 색의 혼합에 대한 게임을 할 수 있다.

창의적 문제해결법은 시네틱스 기법(Synetics)이라고도 하는데 '관계가 없는 것들을 결부시킨다.'라는 의미의 그리스어에서 유래된 단어로, 같은 종류의 것 또는 비슷한 것에 기초해 다른 사물을 미루어 추측하게 함으로써 창의적인 아이디어를 생성하고 새로운 것을 창안할 수 있게 한다. 유아는 창의적인 사고를 그림으로 표현하고, 자신의 아이디어와 상상을 시각적으로 표현하는 과정에서 미술표현력이 향상될 수 있다. 창의적 문제해결법을 활용한 미술활동은 유아스스로 문제해결에 적극적으로 참여하며 주도적으로 활동할 수 있도록 격려하여 창의적 발상에 효과적이다. 예를 들어 『손바닥 동물원』 그림책을 읽고 자신만의 다양한 손바닥 동물을 창의적으로 떠올려 본 후 유아 스스로 다양한 소재를 선택하여 손바닥 동물을 표현해 보는 것이다.

『손바닥 동물원』 (한태희 글 · 그림, 예림당, 2002)

그림책에 표현된 여러 가지 동물의 모습

프로젝트법은 유아나 교사의 제안으로 주제를 선정하여 조사와 탐색을 통해 발견한 아이디어를 표현하고 종합하여 정리하는 접근법이다. 프로젝트법은 유아가 정보를 조직하고 적용하며, 주도적으로 학습해 나가는 과정에서 의미를 이해하도록 돕는다. 프로젝트법은 개인또는 소집단, 대집단으로 이루어질 수 있으며 교사는 유아와 함께 주제를 정하고, 조사, 실험, 관찰, 견학, 자원 인사 초청 등을 통해 쓰기, 그리기, 극놀이, 구성하기 등의 다양한 표상활동으로 아이디어를 표현한다. 작품의 결과보다는 제작 과정에 초점을 두며, 통합적인 학습이이루어질 수 있도록 하는 데 유용하다.

미술교육 활동은 유아의 흥미와 선택권이 인정되고, 개별화가 이루어지는 만큼 유아 중심의 자기 주도적 활동이라고 할 수 있다. 교사는 유아가 어떤 활동을 할 것인지 격려하고, 유아는 스스로 선택할 수 있다. 미술활동의 구조성은 대체로 낮은 편이기 때문에, 표현능력이 풍부한 유아는 좋아하지만 그렇지 못한 유아의 경우 참여를 어려워할 수 있다. 따라서 교사는 유아가 관심 있는 주제를 선정하고 이에 적절한 표현 방법, 표현 재료를 선택할 수 있도록 미술활동을 구성해야 한다.

『할머니의 조각보』(패트리샤 폴라코 글·그림, 미래아이, 2003) 그림책을 감상한 후 함께 조각보 꾸미기

교사: 『할머니의 조각보』 그림책에서 무엇이 인상적이었니?

유아1: 조각보요.

유아2: 조각보를 만들어 보고 싶어요.

유아1: 그럼 조각보를 얼마나 크게 만들어 볼까?

유아2: 앉을 수 있을 정도로 크게 만들어 보자.

유아1: 동그랗게 만들면 좋겠다.

유아3: 좋아. 그런데 무엇으로 조각보를 꾸밀까?

유아1: 다양한 재료를 모두 사용하자.

(계속)

유아3: 한지, 빨대, 수수깡으로 꾸며 보자.

유아2: 끈과 구슬도 사용하자.

2. 미술교육 활동의 접근방법

1) 통합적 접근법

유아미술교육에서는 미술교육 내용 영역 간의 통합, 미술과 다른 교과와의 통합, 주제 중심의 통합(이정욱, 임수진, 2010)과 미술요소 중심의 통합 등 네 가지 유형의 통합이 가능하다. 이에 대해 알아보면 다음과 같다.

(1) 미술교육 내용 영역 간의 통합

미술교육 내용 영역 간의 통합은 탐색하기, 표현하기, 감상하기의 통합이다. 3~5세 연령별 누리과정의 예술경험영역은 '아름다움 찾아보기', '예술적 표현하기', '예술 감상하기'의 세 가지 내용 범주로 구성되어 있다. 유아기 예술경험은 이 세 가지 내용이 구분되기 보다는 서로 밀접하게 연관되어 있다. 아름다움 찾아보기, 예술적 표현하기, 예술 감상하기는 서로 연계되고 순환되면서 유아의 예술경험을 새롭게 재구성한다는 특징이 있다. 따라서 인위적인 구분에 따라 별개의 독립된 활동으로 다루기보다 일상생활에서 다양한 예술 매체와의 친숙한 경험을 통해 아름다움을 찾고 표현하며 감상하는 활동이 통합되도록 하는 것이 중요하다(교육과학기술부, 보건복지부, 2013).

유아미술교육에서 탐색, 표현, 감상은 서로 분리되기보다는 밀접한 관련 속에서 통합적으로 이루어져야 한다. 즉, 탐색과정에서 감상이 이루어지기도 하고, 감상활동과정에서 느끼고 이해한 것을 표현할 수도 있다.

실외에서 나무를 직접 관찰한 후 그린 그림

(2) 미술과 다른 교과와의 통합

유아는 사고와 감정을 표현하고, 자신과 타인의 경험을 나누는 의사소통을 할 때 미술을 이용하고, 생각과 느낌을 시각적 매체로 표현함으로써 자신에 대해 유능함을 기르며, 세상을 이해하게 된다(Smith & Lord, 1993). 미술은 유아의 의사소통 매개가 될 뿐 아니라, 전인발달의 매개가 되므로 미술과 다른 교과의 통합은 미술 이외의 교과 내용을 습득하는 데 효과적이다 (Schirrmacher & Fox, 2009).

미술과 다른 교과를 통합하는 방법은 두 가지로 생각할 수 있다(이정욱, 2003). 첫째, 미술이 다른 교과를 가르치기 위한 수단으로써 통합되는 것이다. 교사는 다른 교과의 내용을 가르치기 위해서 미술활동을 구성하므로 미술이 다른 교과를 가르치기 위한 수단이 된다. 예를 들어 유아가 자기 이름에 관심을 갖도록, 교사는 이름을 디자인해 보는 미술활동을 계획할 수 있다. 둘째, 미술과 다른 교과 간에 중복되는 원리나 개념에 기초하여 교과목을 통합하는 것이다. 예를 들어 대칭은 미술과 수학에서, 패턴은 미술, 음악, 수학, 과학에서 중요하게 다루어지는 개념이므로 이들을 통합하는 활동으로 구성할 수 있다.

다음은 미술과 수학에 공통적으로 포함된 '대칭개념'을 기초로 교과목을 통합한 예이다.

피카소의 〈거울 앞의 소녀〉를 감상한 후 절반의 그림이 제시된 종이 위에 대칭이 되도록 그림

활동명: 거울에 비친 소녀 그려 보기
활동 자료: 피카소의 〈거울 앞의 소녀〉 작품, 도화지, 색연필

누리과정 관련 요소: 예술경험 〉 예술적 표현하기 〉 미술활동으로 표현하기
　　　　　　　　　　　 자연탐구 〉 수학적 탐구하기 〉 공간과 도형의 기초개념 알아보기
활동 방법:
- 피카소의 〈거울 앞에 소녀〉를 감상하면서 이야기를 나눈다.
  ― 소녀는 무엇을 하고 있니?
  ― 거울 앞에 비친 소녀의 모습은 어떤 모습이니?
  ― 거울에 비친 소녀의 모습과 거울 앞에 서있는 소녀의 모습을 비교해 보자.
  ― 이 작품에서 볼 수 있듯이 오른쪽과 왼쪽의 모습이 똑같은 것을 대칭이라고 해.
- 주변에서 대칭을 이루고 있는 것을 찾아본다.
  ― 우리 교실에서 대칭을 이루고 있는 물건을 찾아보자.
- 〈거울 앞에 비친 소녀〉를 그려본다.
  ―이제 피카소가 되어서 비어 있는 공간에 거울 앞에 비친 소녀를 그려 보자.
- 〈거울 앞에 비친 소녀〉를 어떤 모습으로 그렸는지 완성된 작품을 소개하고 감상한다.

(3) 주제 중심의 통합적 미술교육

주제 중심의 통합적 미술교육은 주제를 탐구하고 학습하는 과정에서 여러 교과를 통합하여 미술이 다른 예술 분야뿐 아니라 다른 교과영역과 연계된다. 또한 유아의 흥미에 기초하여 교사가 선정한 주제나 유아와 함께 선정한 주제를 중심으로 실시된다.

주제 중심의 통합적 미술교육과정의 진행방법은 주제 선정, 개념 및 소주제 조직, 관련 미술활동 계획, 교과영역의 연결로 이루어진다(Koster, 2001).

첫째, 주제 선정하기: 유아의 흥미와 발달 특성을 고려하여 지식의 확장을 도모할 수 있는 주제를 선정하되 개념 확장의 가능성, 활용 가능한 인적·물적 자원 및 충분한 시간을 고려한다.

둘째, 개념 및 소주제 조직하기: 주제에서 다루어질 개념 또는 소주제를 선정하여 주제망을 구성한다.

셋째, 관련 미술활동 계획하기: 선정한 개념 또는 소주제와 관련된 탐색, 표현, 감상 등 다양한 미술활동을 구성한다.

넷째, 교과영역 연결하기: 구성한 미술활동은 주제 중심으로 각 교과영역의 활동과 통합적으로 이루어지도록 연계하여 진행한다.

주제 중심의 통합적 미술교육을 실시할 때 고려해야 할 원칙을 살펴보면 다음과 같다(이진이, 1997).

첫째, 유아가 확산적 사고의 과정을 경험할 수 있도록 기회를 제공한다.

둘째, 유아가 미술활동을 통해 미술의 기본요소와 구성원리를 발견할 수 있도록 새롭고 다양한 미술 재료를 제공한다.

셋째, 유아가 자신의 감정과 사고를 표현하고, 내적 긴장을 해소시킬 수 있도록 창작활동의 경험을 제공한다.

넷째, 유아의 모든 아이디어를 수용적인 태도로 받아들인다.

다섯째, 유아가 창의적인 표현 방법을 탐색할 수 있도록 기회를 제공한다.

'나무' 주제를 중심으로 통합적 미술교육 활동을 구성하면 다음과 같다.

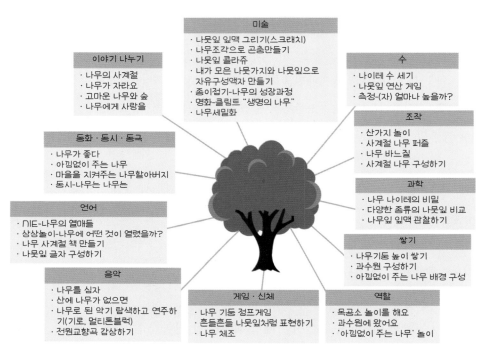

미술
· 나뭇잎 잎맥 그리기(스크래치)
· 나무조각으로 곤충만들기
· 나뭇잎 콜라쥬
· 내가 모은 나뭇가지와 나뭇잎으로 자유구성액자 만들기
· 종이접기-나무의 성장과정
· 명화-클림트 "생명의 나무"
· 나무세밀화

이야기 나누기
· 나무의 사계절
· 나무가 자라요
· 고마운 나무와 숲
· 나무에게 사랑을

수
· 나이테 수 세기
· 나뭇잎 연산 게임
· 측정-(자) 얼마나 높을까?

동화 · 동시 · 동극
· 나무가 좋다
· 아낌없이 주는 나무
· 마을을 지켜주는 나무할아버지
· 동시-나무는 나무는

조작
· 산가지 놀이
· 사계절 나무 퍼즐
· 나무 바느질
· 사계절 나무 구성하기

언어
· ㄱㄴㄷ-나무의 열매들
· 상상놀이-나무에 어떤 것이 열렸을까?
· 나무 사계절 책 만들기
· 나뭇잎 글자 구성하기

과학
· 나무 나이테의 비밀
· 다양한 종류의 나뭇잎 비교
· 나뭇잎 잎맥 관찰하기

음악
· 나무를 심자
· 산에 나무가 없으면
· 나무로 된 악기 탐색하고 연주하기(기로, 멀티톤블럭)
· 전원교향곡 감상하기

쌓기
· 나무기둥 높이 쌓기
· 과수원 구성하기
· 아낌없이 주는 나무 배경 구성

게임 · 신체
· 나무 기둥 점프게임
· 흔들흔들 나뭇잎처럼 표현하기
· 나무 체조

역할
· 목공소 놀이를 해요
· 과수원에 왔어요
· '아낌없이 주는 나무' 놀이

'나무' 주제 중심의 통합적 미술교육 활동

'나무' 주제 중심의 통합적 미술교육 활동을 하는 모습

(4) 미술요소 중심의 통합적 미술교육

유아는 미술요소에 대한 관심과 이해를 통해 미술요소를 볼 수 있는 눈을 갖게 되며, 미술요소가 이룬 미적 질서를 경험함으로써 미적 안목을 높일 수 있다(Mulcahey, 2002). 교사는 유아의 발달수준과 미적 반응 및 표현 능력을 고려한 체계적인 미술활동을 제공해야 하며 미적 어휘를 사용함으로써 유아가 미술요소를 주의 깊게 관찰하는 습관을 기르도록 격려해야 한다.

미술요소는 우리 주변의 자연환경에서도 쉽게 발견할 수 있다. 김선월(2012)은 자연에서 발견할 수 있는 미술요소를 생활 주제와 통합하여 자연의 미적 요소에 기초한 유아미술교육을 개발하였다.

이 프로그램은 '자연과 교감하기', '자연의 특성과 가치 인식하기'를 공통 내용으로 하고 있다. 구체적인 내용 체계는 〈표 6-1〉과 같다.

〈표 6-1〉 자연의 미적 요소에 기초한 유아미술교육 프로그램의 내용 체계

미적 요소	영역	교육내용
선	탐색	– 자연물 선의 종류와 특징 탐색하기 – 선으로 이루어진 자연물 수집하고 오감으로 탐색하기
	표현	– 선으로 이루어진 자연물을 활용하여 창의적으로 표현하기 – 선의 특징이 잘 드러난 자연물 작품 꾸미기
	감상	– 자연물 선의 아름다움 감상하기 – 자연물 선으로 표현한 작품 감상하기
색	탐색	– 자연의 색깔 종류와 특징, 변화 탐색하기 – 자연물 색 수집하고 오감으로 탐색하기 – 자연물 즙 색깔 탐색하기
	표현	– 자연물 색으로 표현하기 – 자연물 즙 색깔로 표현하기 – 자연물 색깔을 적절히 활용하여 표현하기

(계속)

	감상	– 자연물 색깔의 아름다움 감상하기 – 자연물 색으로 표현한 작품 감상하기
모양	탐색	– 자연물의 모양 종류와 특징 탐색하기 – 반복적이고 규칙적인 자연물 모양과 패턴 탐색하기 – 자연물 모양 수집하고 오감으로 탐색하기
	표현	– 자연물 모양과 연관된 사물 연상하고 적절히 표현하기 – 자연에서 발견한 모양으로 패턴 꾸미기 – 여러 모양의 자연물로 작품 구성하기
	감상	– 자연물 모양의 아름다움 느끼기 – 자연물 모양으로 구성한 작품 감상하기
질감	탐색	– 손으로 자연물의 질감 느껴 보기 – 질감이 다양한 자연물 수집하여 오감으로 탐색하기 – 눈으로 보이는 자연물의 질감 특성 탐색해 보기 – 형태와 색깔에 따른 자연물의 질감 특성 탐색해 보기
	표현	– 자연물 질감에 대한 느낌을 시각적으로 표현하기 – 질감 특성이 나타나는 자연물 작품 꾸며 보기 – 질감이 다양한 자연물로 창의적으로 표현하기
	감상	– 자연물 촉감 느껴 보기 – 질감 특성을 표현한 자연물 작품 감상하기
공간	탐색	– 위치와 방향, 거리에 따른 자연물의 색깔 · 크기 · 모양 등의 특징과 그 차이 탐색하기 – 도구를 활용하여 자연의 공간적 특성 탐색해 보기
	표현	– 자연물의 전체적인 형태 구성해 보기 – 자연물의 부분을 확대하여 표현하기 – 입체적으로 자연물 작품 구성해 보고 다양한 각도에서 평면적으로 그림 표현하기
	감상	– 공간적 특성에 따른 자연의 아름다움 감상하기 – 도구를 활용하여 자연물 작품 감상하기

자연의 미적 요소에 기초한 활동 내용의 일부를 제시하면 〈표 6-2〉와 같다.

〈표 6-2〉 자연의 미적 요소에 기초한 유아미술교육 프로그램 활동

미적 요소	활동명	자연물	매체	교수 -학습과정	활동 내용
선	나뭇잎의 미로	나뭇잎	실물	인식하기	– 자유롭게 나뭇잎 수집하면서 잎맥선 탐색하기 – 오감으로 나뭇잎의 잎맥선을 자유롭게 탐색하면서 잎맥선에 대한 생각과 느낌을 자유롭게 표현하기
				탐색하기	– 나뭇잎의 잎맥선 미로 찾기 놀이를 하면서 선과 선이 만나 어떤 모양을 이루었는지 주의 깊게 살펴보기 – 종이 틀을 이용하여 구멍 사이에 보이는 나뭇잎의 잎맥선이 만들어 낸 디자인의 특징과 그 아름다움을 느껴 보고, 나뭇잎에서 발견된 디자인을 그대로 종이에 본뜨면서 탐색하기
				표현하기	– 잎맥선이 만들어낸 각각의 모양 칸에 색깔을 칠하면서 멋지게 색 디자인해 보기 – 선으로 이루어진 여러 가지 자연물(나뭇가지, 풀잎대, 솔잎 등)을 수집한 후 닥종이 죽으로 만든 대형 나뭇잎이나 투명 필름 판에 잎맥선 구성해 보기
				감상하기	– 유아들이 구성한 나뭇잎 디자인 그림과 대형 나뭇잎 작품을 감상하면서 느낌 표현하기

2) 레지오 에밀리아 접근법과 유아미술교육

레지오 에밀리아 접근법은 미리 정해진 교육 목적이나 교육 목표가 없이 프로젝트의 주제가 선정되면 교사가 교육 목적을 세우고 활동에 대한 여러 측면을 준비한다. 이렇게 준비된 활동 내용과 방법은 교사와 유아에 의해 끊임없이 조정되어 실행된다. 이러한 이유로 레지오 에밀리아의 접근법을 '모델(model)'이라기보다는 '프로젝트(project)' 또는 '경험(experience)'이라고 칭한다(Edward et al., 1993).

프로젝트 접근법과 레지오 에밀리아 접근법은 유아 중심적·과정 중심적이라는 특징을 갖고 있으나 프로젝트 접근법은 유아가 구성적 갈등을 통해 스스로 문제를 해결해 가는 학습 원리를 따르고, 레지오 에밀리아 접근법은 상징적 표상을 학습 수단으로 활용한다는 차이가 있다. 이 장에서는 레지오 에밀리아 접근법의 미술교육과 관련된 부분을 중심으로 알아보도록 하겠다.

(1) 레지오 에밀리아 접근법의 교육과정 운영의 특징

레지오 에밀리아 접근법의 교육과정은 발현적 교육과정, 상징화 주기, 다상징화, 다양한 매체의 사용, 사회적 상호작용과 기록화 등의 특징을 가지고 있다(김은희, 2000; 서영숙, 서지영, 2002; 오문자, 2000; 유승희, 2007). 유아는 다양한 상징으로 자신의 가설을 표상하기 때문에 이러한 과정에서 대상물과 개념을 표현하는 방식을 자연스럽게 발달시키게 된다. 또한 유아는 자신의 아이디어와 사고에 대한 정보를 언어, 그림, 음악, 동작으로 표상하고, 이를 재방문하는 과정을 통해 자신의 사고를 재구성하는 기회를 가지게 된다. 레지오 에밀리아 유치원은 미술 활동을 위한 공간인 '아틀리에'에 다양한 미술 자료가 가득 채워져 있고, 유아의 미술 작품이 자유롭게 전시되어 있어 미술관을 연상시킨다. 레지오 에밀리아 접근법의 특징을 설명하면 다음과 같다.

첫째, 발현적 교육과정(emergent curriculum)은 미리 계획된 교육과정이 아닌 유아가 흥미를 갖는 주제나 대상에 관해 심도 있게 탐색해 가는 가운데 자연스럽게 발현되는 교육과정을 말한다. 교사가 일반적인 목표를 세워 놓지만 세부 목표는 미리 세우지 않으며, 과거의 경험과 유아에 대해 알고 있는 것을 기초로 가설을 세우고, 유아의 욕구와 흥미에 따라 융통성 있는 목표를 세워 프로젝트를 진행시켜 나간다.

둘째, 상징화 주기(cycles of symbolization)는 주제에 대해 언어로 토의하고, 그림으로 표현하고, 가상의 모델을 만드는 등의 과정을 순환하면서 유아 자신의 이론, 가설, 아이디어를 세우고 표상, 재표상, 고찰, 재고찰 및 재방문을 통해 주제를 심화시켜 나가는 것을 말한다.

셋째, 다상징화는 언어, 그림, 기호, 모형, 음악, 동작과 같은 상징적 표상을 말한다. 다양한 매체를 사용하여 표상활동을 하면 한 가지 상징체계로만 표상할 때 발견하지 못했던 개념들을 발견할 수 있다. 왜냐하면, 각각의 매체는 가용성, 변조성, 지속성, 변화에 대한 반응성 등 다른 표상적 잠재력이 있기 때문이다. 유아는 학습과정에서 다양한 인지과정을 경험하게 되고 나아가 대상물이나 개념을 보다 깊게 분석할 수 있게 된다.

넷째, 환경을 제3의 교사라고 생각하여 만남과 의사소통을 격려하도록 공간을 구성하고 활용한다. 유치원에서 공간은 유아가 자유롭고 안전하게 활동할 수 있도록 공간마다 각각의 특징을 지니며 질서와 아름다움을 유지하고 있다. 환경의 교육적 가치를 인식하며 그 속에서 일어나는 다양한 관계들을 유지시키는 의미 있는 환경이라고 볼 수 있다.

다섯째, 사회적 상호작용은 성인과 유아, 유아와 유아 간의 상호작용으로 중요한 학습 수단이다. 교사는 학습과정을 관찰하여 유아의 근접발달영역에 적절한 비계를 설정하여 지원해 주는 역할을 담당한다.

여섯째, 기록화는 교사가 유아의 활동과정에서 일어나는 토의내용을 녹음하거나 슬라이드, 사진기, 비디오 등으로 찍고 유아의 표상물을 수집하여 전시하는 것을 의미한다. 유아는 자신의 아이디어와 사고에 대한 정보와 언어, 그림, 음악, 동작을 통한 상징적 표상에 대한 기록을 재방문하게 되면서 변화하는 사고과정이나 이해 정도에 대해 스스로 통찰할 수 있는 기회를 가지게 된다.

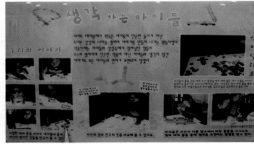

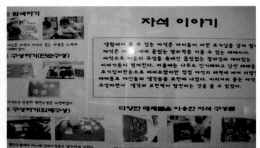

유아의 활동과정에 대한 기록화

(2) 레지오 에밀리아의 미술교육 환경

① 미술교육을 위한 물리적 환경

레지오 에밀리아의 미술환경은 제3의 교수자로 인식될 만큼 교육의 핵심요소가 된다. 레지오 에밀리아 유치원의 가장 큰 특징 중 하나는 유아가 자신의 생각을 직접 실험해 볼 수 있는 작업 공간인 아틀리에(atelier)가 있다는 것이다. 아틀리에에는 다양한 미술 자료가 풍부하게 준비되어 있어 유아가 표상활동을 하는 데 도움을 준다. 교실에도 작업대와 다양한 자료가 비치된 선반, 이젤 등이 있는 미니 아틀리에를 구성하여 소집단 프로젝트가 가능하도록 구성한다.

다양한 미술 자료가 풍부하게 준비되어 있는 물리적 환경

② 미술교육을 위한 인적 환경

아틀리에스타(atelierista)는 미술 전공자로서 교사와 협력하여 유아교육과정을 바탕으로 미술교육과정을 개발하고 미술 방법과 기술을 실제에 적용한다. 교사들 사이에서 아이디어를 교환하기로 하고 특정 자료나 기술을 제안하기도 한다. 또한 프로젝트 활동에 직접 참여하여 유아들과 상호작용하면서 프로젝트를 기록하고 전시한다.

3) DBAE

DBAE(Discipline Based Art Education, 학문 중심 미술교육)는 기존의 창의성 중심 미술교육에 대한 비판과 대안으로 대두되었다. 미국 교육자들은 각 교과의 검토를 통해 미술교과가 작품제작 위주로 구성되고 미술교과의 학년별 체계성이 없음을 발견하였다(Duke, 1988). 이에 미술교육 전문가는 창의성 중심의 미술교육이 지닌 한계를 극복하고 미술교과의 학문적 체계를 구성하기 위해 게티 미술교육센터의 연구와 개발을 중심으로 DBAE, 즉 학문 중심 미술교육을 확립하였다. 클락, 데이와 그리어(Clark, Day, & Greer, 1987)가 제시한 DBAE의 특징은 다음과 같다.

- DBAE의 목적은 미술을 이해하고 감상할 수 있는 학생의 능력을 개발하는 데 있다. 이는 미술 이론에 대한 지식과 미술품의 시대적 배경에 대한 이해 및 미술을 창조하고 감상하는 능력을 포함한다.
- DBAE의 학습내용은 미술제작, 미술사, 미술비평, 미학의 4영역으로 구성되고 통합적으로 운영되어야 한다. DBAE의 학습내용의 4영역은 미술제작을 위한 과정과 기술, 미술 작품이 창조된 시대 상황, 미술감상과 평가를 위한 기초, 미술에 대한 개념 탐구를 포함하여야 한다. 학습내용은 광의적 의미의 미술로부터 추출되고, 대중미술, 응용미술, 순수미술을 포함하며, 미술 작품이 교육과정 구성의 중심이 된다. DBAE의 모든 학년을 포함하며, 교육과정은 연속적이고 체계적이며 학습자의 발달 수준에 맞게 구성되어야 한다. 지역 단위에 근거해 미술교육 전문가, 지역 행정가의 협조와 적절한 학습 자료를 통해 운영되어야 한다.
- DBAE의 평가는 미술 프로그램의 질에 대해 체계적인 방법으로 이루어져야 한다.

DBAE에서 강조하는 4영역의 학습내용인 미술제작, 미술사, 미술비평, 미학을 살펴보면 다음과 같다.

미술제작은 언어로 표현할 수 없는 경험을 다양한 방법을 이용해 시각적으로 표현하는 창조의 과정이다. 따라서 유아가 다양한 매체를 사용하여 시각적 이미지를 표상할 수 있도록 가르친다.

미술사는 미술문화의 계통적인 전개과정을 분석, 종합, 정리하는 것이다. 따라서 유아가 역사·문화적 맥락에서 미술 작품을 감상하고 토론하도록 한다. 미술의 역사에 대한 탐구는 유아에게 미술 대상과 미술 사상 및 미술환경과 문화에 대한 이해를 가능하게 하고 미적 대상을 감상하기 위한 기초영역이다(Smoke, 1988).

미술비평은 미술에 대해 이야기하는 것이다(박휘락, 2003). 따라서 유아 자신의 작품 또는 다른 사람의 작품을 평가하기 위해 유아에게 시각 형태의 특성을 분석, 설명, 판단할 수 있는 능력을 길러 주어야 한다.

미학은 미술 존재론에 관한 형이상학적 문제를 다루고, 미술의 가치 판단에 관한 인식을 다루는 것이다. 따라서 유아가 미적 대상을 지각하고, 이해하고, 감상할 때 의문을 제기해 보고 판단의 준거를 갖도록 한다(Battin, 1988).

학문 중심이며 교과 중심인 DBAE는 미술교육을 미술에 대한 지식만을 전달할 수 있다는 점에서 많은 미술교육자의 비판을 받았다. 예컨대 그린버그(Greenberg, 1988)는 DBAE를 매우 지루한 미술교육으로 표현하기도 하였으며, 현장의 미술교사는 미술교육에서 창작활동의 시간이 줄어든 것에 불만을 표현하였다. 그러나 DBAE는 창작 위주의 미술교육에서 소홀히 다루어졌던 미술의 개념과 기초적인 이해교육을 부각시켰다는 점에서 긍정적인 평가를 받는다. 즉, 미술교육의 내용을 작품 제작에서 벗어나 미술사, 미술비평, 미학으로 확대시켜 통합적으로 운영한다는 점, 미술교과 내의 통합 뿐 아니라 다른 교과와의 통합이 가능하도록 하였다는 점에서 의의가 있다고 할 수 있다. 오늘날 DBAE는 미술학교 교육의 교사 양성, 교과과정 개발, 교육지침 학습, 평가 등 대부분의 미술교육과정을 위한 바탕이 되고 있다.

백영애(2006)는 DBAE에 기초한 통합적 미술 프로그램을 개발하고 그 적용을 통해 유아의 미술능력과 창의성에 미치는 영향을 밝혔다. DBAE에 기초한 통합적 접근의 미술 프로그램의 활동 모형은 다음과 같다.

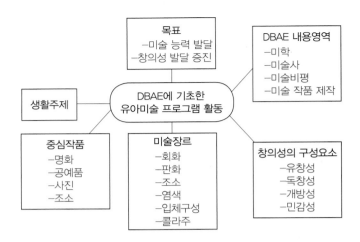

DBAE에 기초한 통합적 유아미술 프로그램 활동의 근원

4) CBAE

CBAE(Community-Based Art Education, 커뮤니티 중심 미술교육)는 지역사회 중심의 미술교육, 지역사회에 기초한 미술교육, 지역사회 미술교육, 지역 중심 미술교육, 공동체 중심 미술교육 등 다양한 용어로 불린다.

마체(Marche, 1998)는 CBAE을 다음과 같이 정의했다.

- CBAE는 유아를 둘러싼 자연과 주변의 사물, 이야기, 그리고 경험을 미술교육에 접목할 수 있는 교수법이다.
- CBAE는 유아가 살고 있는 지역의 다양한 문화와 인종 그리고 공예품과 전통 생활용품을 포함한 다양한 예술을 배우는 접근법이다.
- CBAE는 지역사회에 연계된 미술 프로그램을 통해 유아와 지역사회 주민이 사회와 자연의 주체임을 인식시키고 자긍심을 심어 준다. 즉, 유아 스스로 지역사회의 전통문화와 자연을 보호하고 사회를 발전시켜 의미 있는 삶을 영위해 갈 수 있도록 지역사회와 민족 공동체의 문화 공간

을 만들어 주는 미술교육 중심의 교육실천 방법이다.

CBAE는 미술교육의 내용을 표현기법의 학습, 작품 감상에 머무르는 것이 아니라, 유아 삶의 전반으로 확장시켜 지역사회와 미술교육을 연계하고자 한다. CBAE의 목적은 기본적으로 개인의 삶과 밀접한 지역사회를 소재로 현상을 접하게 하여, 미술의 본질적인 가치를 느끼게 하고, 미술에 대한 경험과 안목을 깊게 해 주는 것이다(제보람, 2016).

정현일(2009)은 CBAE를 지역사회 중심의 미술교육, 생태학 중심의 미술교육, 민족공동체 중심의 미술교육, 사이버공동체 중심의 미술교육 등 네 범주로 분류하였다. 각각의 내용을 살펴보면 다음과 같다.

- 지역사회 중심의 미술교육은 미술 프로그램을 통해 공동체 집단을 보다 활력 있게 만들고 민주 시민의식을 고양시키는 것, 어떤 사람이나 집단에 특별한 미술재능을 심어주거나 미술지식을 전달하는 것을 목적으로 한다.
- 생태학 중심의 미술교육은 우리가 살고 있는 지역의 산과 바다, 숲, 강, 냇가, 저수지, 습지 등을 포함한 모든 물리적 자연환경과 사회적 환경을 학교 미술교육에 활용하고 접목하는 교수방법이다.
- 민족주의 중심의 미술교육은 특정한 민족이 살고 있는 지역의 문화와 풍습 그리고 사회 물리적 환경에 대한 지식을 촉진시키기 위한 것으로 소외된 계층이나 민족에게 활기를 증진시켜 주고, 개개인의 정체성과 그들만의 공동체적 뿌리를 일깨우고 찾아 주는데 중요한 역할을 하는 사회 재건주의적 미술 방법론으로 인식된다(Stephens, 2006).
- 사이버공동체 중심의 미술교육은 인터넷의 급속한 확산으로 사이버 공간에 대한 관심과 그 공간을 통해 이루어지고 있는 유아의 삶과 미술교육에 대한 관심이 높아지고 있기 때문에 하나의 범주로 분류된다. 다양한 미술교육이론과 실천들을 포함하고, 우리의 삶과 밀접한 생활환경을 교육장소로 활용하며, 다양한 예술 장르의 가치를 동일하게 중요시하는 공동체 중심 미술교육의 특성을 보여 준다.

CBAE의 커뮤니티 중심의 미술교육 범주를 그림으로 나타내면 다음과 같다.

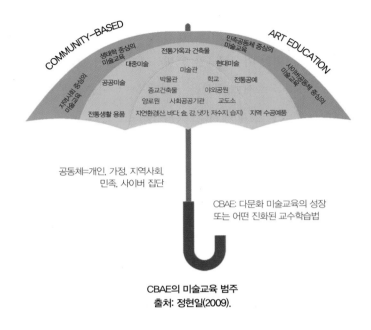

CBAE의 미술교육 범주
출처: 정현일(2009).

5) 생태미술

생태라는 용어인 '에코(eco)'는 희랍어 '오이코스(oikos)'에서 왔으며 집을 의미한다. 반면 환경은 일본인이 영어의 '인바이러먼트(environment)'를 번역한 용어로 그 중심어인 '인바이런(environ)'은 '둘러싸고 있는'이란 뜻이다. 즉, 생태는 사람과 자연을 하나로 보는 일원론적인 사상을 담고 자연 지향적, 자연 중심적, 생명주의적 사상을 가지고 있고 환경은 인간과 자연을 분리해서 보는 이원론적 사상을 담고 인간 지향적, 인간 중심적, 물질주의적 사상을 가지고 있다(임재택, 2008).

생태미술교육이란 유아가 보고, 만지고, 듣고, 맛보고, 냄새 맡는 세상의 모든 것을 미술활동으로 표현하며 자연과 인간의 관계를 발견하고 스스로 삶의 주체가 되어 자연과 인간의 관계를 자유롭게 표현하는 것을 말한다(김용권, 김윤희, 2010). 그러나 일부 교사들은 자연을 교육에 필요한 도구로 인식하고 생태미술교육이 미술활동에 단순히 자연의 재료만을 사용하면 된다고 생각한다. 이는 생태(生態, eco)라는 용어를 환경(環境, environment)이라는 용어에 더 가깝게 이해하고 있기 때문이다.

생태미술교육의 목적은 '살림교육'이고, 교육내용은 직접적인 자연의 체험을 통한 '직접 체험', 아름다움에 눈을 뜨는 '미적 인식', 자연 – 인간 – 우주 속에서 영성을 깨닫는 '영성자각'으로 구분된다. 자연과 환경에서 직접 체험한 것, 자기 마음에 다가오는 아름다운 것, 철학적 사고를 통해 깨달은 영성을 다양한 방법으로 표현하는 것이다(장연자, 2006).

생태미술교육은 생태적인 삶의 철학이나 방식을 추구한다. 구체적으로 생태미술교육은 교사 및 유아의 관계, 인간과 자연과의 관계, 세계와의 관계, 교과별 상호연관성에 대한 폭넓은 이해를 바탕으로 한다. 생태미술교육에서 제시하는 교수 – 학습 방법은 다음과 같다(김성숙, 임광철, 김계영, 2012).

- 자신을 중심으로 그물망처럼 연결되어 있는 주위 인간과 사물, 지역사회, 자연, 세계와의 연관성을 깨닫게 하는 '관계성'에 기초한 미술교육을 지향해야 한다.
- 서로가 한 몸처럼 연결되어 생태계에 끊임없이 순환되는 에너지의 본질이 서로를 살리는 '생명의 원동력'임을 깨닫고, 맥락적 탐구를 통해 삶 속에서 상생하는 지혜와 힘을 육성해 주는 생명미술교육을 지향해야 한다.
- 풍요로운 발상과 사고의 확장을 통해 창의적 상상력을 현실화할 수 있는 내면적 · 주관적 체험능력을 육성하는 미술교육을 해야 한다. 이를 위해 적합한 표현 재료 · 도구 · 표현 방법 등에 대한 이해 및 탐색과 새롭고 다양한 시도가 필요하다.
- 미술활동을 통해 각자 속에 잠재된 예술혼을 일깨우고, 자유로운 상상력을 발휘하게 하여 유아의 꿈의 세계를 물리적으로 가시화, 현실화할 수 있도록 창의적 자아 표현 역량을 길러 주어야 한다.

- 미술활동을 통해 건강한 인성과 생기를 회복하고 삶의 '균형과 조화'를 이룰 수 있도록 유아에게 문제해결력을 신장시켜 주어야 한다.
- 이 모든 요소가 서로 순환하고 융합하여 최대의 시너지 효과를 낼 수 있도록 배려심과 공감 능력, 사랑의 마음을 길러 주어 유아에게 자신과 주위, 나아가 자연생태계와도 소통할 수 있는 통합적 소통능력을 함양해 주어야 한다.

장연자(2006)는 현대 문명사회 속에서 잃어 가고 있는 감각, 정서, 영혼을 되찾아 조화로운 발달과 통합을 이루는 생태학적 미술교육과정을 개발하였다. 그는 생태학적 미술교육과정을 한 그루의 나무에 비유하고, 생태학적 미술교육의 기본 체계를 다음과 같이 제시하였다.

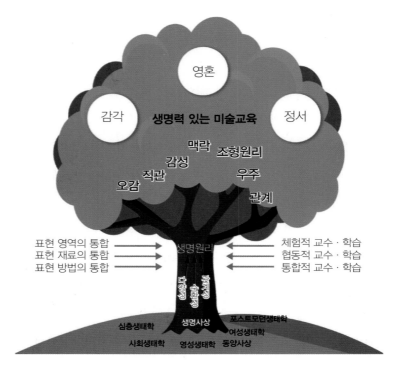

생태학적 미술교육과정의 기본 체계도: 생명나무

앞의 생명나무는 땅에 뿌리를 박고 다양한 생태철학과 생명의 원리에 의해 자라나 생명력 넘치는 나무로 성장한다. 그림에 제시된 생명사상은 심층생태학, 사회생태학, 영성생태학, 동양사상, 여성생태학과 포스트모던생태학으로 구성되어 있다. 생명사상을 상세히 살펴보면 다음과 같다. **심층생태학**은 생태계 위기의 근본 원인이 모든 자연의 가치를 인간적 측면에서 평가하고 자연을 인간의 욕망을 충족시키기 위한 자원으로 파악하는 인간 중심적 사고방식에 있다고 보는 입장이다. 생태계 위기를 해결하기 위해서는 생태 중심적 세계관으로 전환되어야 한다고 본다. **사회생태학**은 생태계 위기의 근본 원인이 사회 내의 위계적 지배관계에서 비롯된다고 보는 입장으로 이들은 한 부류의 인간이 다른 부류의 인간을 지배하고 통제하는 사회구조는 평등한 사회구조보다 자연을 파괴할 가능성이 높다고 본다. 따라서 인간과 자연이 공존하는 사회가 되기 위해서는 왜곡된 사회 구조가 변화되어야 한다고 본다. **영성생태학**은 환경보호, 지구 보존과 관련된 문제는 영적인 측면과 관련이 있다고 보는 입장이다. 자연을 보존하기 위해서는 생태학적 문제에 대한 인식과 참여를 이끄는 종교, 영성이 필요하다고 본다. **동양사상**에서는 삶에 대한 태도가 자연과 화해적 태도를 나타내며 자연과 우주가 조화를 이루는 평화적이고 유연성 있는 자유를 최고의 가치로 삼는다. 따라서 동양사상은 생태학적 개념으로 적절히 설명될 수 있는 것으로 본다. **여성생태학**은 현대의 환경위기가 인간에 의해 자연이 지배당하면서 생기는 것일 뿐 아니라 남성에 의해 여성이 지배당하는 것에 의해 촉진된다고 본다. 이런 이유로 자연이 인간에 의해 파괴되는 사회현상은 여성이 사회에서 남성에 의해 무시 받고 억압받는 사회현상과 같다고 주장하는 이론이다. 따라서 인간과 자연의 조화와 공생을 주장하는 생태주의는 여성주의와 결합되어야 한다고 본다. **포스트모던생태학**에서는 환경오염의 원인을 산업혁명과 과학기술의 발달에 의한 것이라고 보고 생태위기를 극복하기 위해서는 인간 삶과 자연 또는 지구와의 관계를 조화시키는 생태철학이 적합하다고 보고 있는 입장이다.

생명원리는 '관계성', '순환성', '다양성'의 세 가지로 볼 수 있다. **관계성**은 세상의 모든 것이 다른 모든 것과 연결되어 있어 서로 밀접한 상호 의존 관계를 갖는다는 것을 의미한다. **순환**

성은 생태계가 영양분을 지속적으로 재생하는 경로를 가지고 있어 구성요소들 간에 어떤 에너지가 순환됨을 의미한다. **다양성**은 생태계가 다양한 성질을 가진 구성요소들로 이루어져 있음을 의미한다.

이러한 생명원리를 바탕으로 표현 영역을 통합하여 다양한 표현 재료와 표현 방법을 이용하여 '체험적 교수－학습', '협동적 교수－학습', '통합적 교수－학습'의 방법을 활용하여 '오감', '직관', '감성', '맥락(미술환경)', '조형원리', '우주', '관계'와 같은 교육내용을 교수학습 한다. 이러한 과정에서 '감각', '정서', '영혼'의 조화로운 발달과 통합을 통해 생명력 넘치는 미술교육이 이루어진다.

따라서 생태미술에서는 교사가 먼저 생태라는 용어를 이해하고 유아와 자연을 하나로 생각하면서 자연에 포함된 유아와 유아의 관계, 유아와 자연의 관계, 유아와 세상과의 관계와 같은 모든 생명공동체로부터 생태미술교육을 실행을 강조한다.

요약

1. 미술교육 활동의 지도방법은 직접적-교사 주도적 방법, 교사-유아 상호 주도적 방법, 간접적-유아 주도적 방법으로 나눌 수 있다.

2. 직접적-교사 주도적 방법은 미술교과의 시각에서 보면 교사 중심의 적극적인 수업운영과 유아의 반복 훈련 및 피드백이 중시되는 교수전략이다. 직접적-교사 주도적 방법에는 강의법, 시범, 발문법이 있다.

3. 교사-유아 상호 주도적 방법은 교사와 유아 사이에서 일어나는 대화, 학습의 참여와 피드백, 동기 유발과 같은 형식으로 이루어진다. 교사-유아 상호 주도적 방법에는 토의법, 대화법이 있다.

4. 간접적-유아 주도적 방법은 유아에게 지식, 가치, 기능을 전달하는 것이 아니라, 유아로 하여금 지식, 가치, 기능을 이끌어 내도록 도와주는 교육이다. 간접적-유아 주도적 방법에는 탐구학습법, 창의적 문제해결법, 프로젝트법이 있다.

5. 유아미술교육에서의 통합적 접근법은 미술교육 내용 영역 간의 통합, 미술과 다른 교과와의 통합, 주제 중심의 통합과 미술요소 중심의 통합 등 네 가지 유형의 통합이 가능하다.

6. 레지오 에밀리아 접근법은 발현적 교육과정에 따라 실행되고 상징화 주기, 다상징화, 제 3의 교사인 환경, 사회적 상호작용과 기록화의 특징을 가지고 있다.

7. DBAE(학문 중심 미술교육)는 미술을 이해하고 감상할 수 있는 유아의 능력을 개발하는 데 있다. DBAE의 학습내용은 미술 작품 제작, 미술사, 미술비평, 미학의 네 가지로 구성되고 통합적으로 운영된다.

8. CBAE(커뮤니티 중심 미술교육)는 기본적으로 개인의 삶과 밀접한 지역사회를 소재로 한 현상을 접하게 하여, 미술의 본질적인 가치를 느끼게 하고, 미술에 대한 경험과 안목을 깊이 있게 해 주는 것을 목적으로 한다.

9. 생태미술교육은 유아가 경험하는 모든 것을 미술활동으로 표현하며 자연과 인간 관계 속의 질서를 발견하고 삶의 주체가 되어 발견한 질서를 자유롭게 표현하도록 돕는 것을 말한다.

더 생각해 보기

1. 동일한 미술활동을 직접적 – 교사 주도적 방법, 교사 – 유아 상호 주도적 방법, 간접적 – 유아 주도적 방법으로 교사와 유아 간의 상호작용을 각각 구성해 보세요.

2. 미술과 다른 교과 간에 중복되는 원리나 개념을 찾아 실제 활동을 구성해 보세요(예: 미술, 음악, 수학에서의 패턴).

제7장

유아미술교육 활동의 실행

개관

    교사가 수행하는 여러 가지 역할 중에 교수자로서의 역할은 매우 중요하다. 교사는 자신이 담당하는 유아를 충분히 이해하여 미술교육 활동을 계획하고 실행해야 한다. 유아교육의 특성상 유아교육현장에서의 수업은 즉흥적으로 이루어질 수도 있으나 사전에 충분한 계획이 있어야 효율적으로 수업을 실행할 수 있다. 또한 유아교육에서의 수업은 유아의 흥미와 요구, 반응에 따라 어디로 튈지 모르는 예측이 불가능한 부분이 있기 때문에 교육활동의 단계를 숙지하는 것이 매우 중요하다. 또한 미술활동 결과물을 전시하는 방법을 숙지하므로써 유아의 작품이 돋보이게 할 수 있다.

    이 장에서는 유아미술교육 활동을 계획하고 적용하는 과정과 평가 그리고 전시단계의 중요성과 유의점에 대해 구체적으로 살펴보고자 한다.

학습목표

1. 유아미술교육 활동 계획의 중요성에 대해 안다.
2. 유아미술교육 활동 적용단계의 절차와 방법에 대해 안다.
3. 유아의 미술활동 결과물을 효과적으로 전시하기 위한 방법을 안다.

주요용어

유아미술교육 활동 / 계획 / 적용 / 마무리 / 전시

1. 유아미술교육 활동의 준비

1) 유아미술교육 활동의 계획

(1) 미술교육 활동 계획의 개념

계획(計畫)은 목적을 수행하기 위하여 앞으로 할 일에 대한 방법이나 절차를 미리 생각하여 나타낸 단계 목록이나 도표 및 내용을 말한다(위키백과, 2017. 04. 20. 인출). 교육을 계획한다는 것은 교육대상인 학습자에게 교육 목적을 수행하기 위한 교육방법과 절차를 미리 생각하고 그 내용을 기록한다는 것을 의미한다. 교육계획은 효율적이고 매력적인 수업을 하기 위한 교사의 의무이자 권리이며 교육현장의 변화를 주도하는 가장 중요한 일 중의 하나이다(이경희, 2002). 교육계획과 수업은 이원화된 과정이 아니라 실제 수업에서 교육계획의 미흡한 점을 지속적으로 수정·보완하는 체계적인 순환의 과정이므로 수업의 다양한 상황을 고려한 교육계획은 반드시 필요하다(김재환, 금미숙, 2012). 그리고 교육(수업)계획은 학습자인 유아가 수업의 목표에 도달할 수 있도록 프로그램을 실천적으로 운영하기 위한 중요한 요소 중 하나로(이은화, 김영옥, 2008), 교사가 전문적 내용을 학습자가 쉽게 이해할 수 있도록 계획하고 준비하는 과정이다(Shulmam, 1986). 이러한 내용을 고려할 때, 교육계획은 교육활동의 실행을 위해 반드시 거쳐야 하는 과정이라고 볼 수 있다.

유아교육현장에서 교사가 미술활동을 계획하기 위해서는 유아의 연령, 주제, 집단의 크기(개별, 대집단, 소집단), 활동 시간, 활동 장소, 활동 자료 등을 고려해야 한다. 예를 들어 '교통기관'을 주제로 기차 꾸미기를 진행한다고 가정했을 때, 몇 세를 대상으로 할 것인지, 자유선택 활동 시간에 미술영역에서 진행할 것인지, 한 번에 몇 명의 유아를 지도할 것인지, 활동에 대한 소개는 대집단으로 자유선택 활동 시작 시에 알려 줄 것인지, 미술영역에 준비하여 소집단으로 진행할 것인지, 어떤 재료를 사용할 것인지, 재료는 기관에서 준비할 것인지 가정에서 협조를 받을 것인지 등을 고려해야 한다. 또한 협동 작품을 제작할 때에는 모든 유아가 참여할 수 있도록 역할을 나누어 계획한다.

(2) 미술교육 활동 계획의 중요성

유아교육은 수업의 통합성, 융통성, 우연성과 같은 특성으로 인해 교사가 의도한 대로 수업이 진행되지 않는 경우가 있다. 그래서 수업을 계획하는 과정을 통해 교사는 자신이 이 수업을 왜 하려고 하며 그 가운데 무엇을 강조하고, 하루 일과 혹은 그 주, 같은 주제의 다른 교육 내용과 어떻게 관련이 있으며, 이를 위해서는 어떤 방법을 활용해야 효과적인가를 고려할수 있다(김영옥, 2001). 그러나 교사의 교수활동이 교육의 질을 결정하는 중요한 요인임에도 불구하고 체계화된 수업이 유아의 흥미를 저해할 것이라는 잘못된 인식으로 계획된 교육과정의 필요성을 외면해 왔다(조부월, 2004). 교사가 어떤 수업을 할 것인가에 대해 구체적이고 철저한 준비를 하지 않는다면 유아의 발달과 흥미를 고려한 활동을 진행하기 어려울 뿐 아니라수업의 목표를 잃을 수 있다. 예를 들어 교통기관을 주제로 '신호등의 색깔을 정확하게 인지하기' 라는 수업 목표를 가지고 이야기를 나눈 후 미술활동으로 '신호등 꾸미기'를 실시할 때 24색 크레파스를 제공한다고 가정하자. 분홍색을 사용하기를 즐기던 유아가 평소처럼 분홍

색으로 신호등을 색칠한다면 교사는 어떻게 해야 할까? 교사는 유아가 수업 목표를 인지하도록 안내하고 본래의 신호등 색을 사용하도록 제안해야 한다. 분홍색으로 신호등을 색칠하는 유아를 그냥 둔다면 교사가 계획한 본래의 수업 목표에 도달하지 못하는 것이다. 반대로 교사가 신호등에서 사용하는 빨간색, 초록색(때에 따라서 노란색을 추가하여)으로 색을 한정짓되 모자이크, 콜라주, 몽타주 기법 등을 이용하여 표현하도록 제안한다면 유아는 신호등의 색을 명확하게 인지할 뿐 아니라 크레파스로 색칠하기와는 다른 다양한 표현기법을 접하는 기회를 갖게 될 것이다.

교육계획의 중요성은 다음의 다섯 가지로 정리할 수 있다.

첫째, 교육계획은 수업이 나아가야 할 방향을 제시한다. 교실에서 발생하는 거의 대부분의 활동은 교사의 계획을 통해 이루어지며, 교육계획안은 수업의 흐름이나 진행 방향을 제시해 주는 지침서의 구실을 한다(김승호, 2011). 또한 학습자에게는 적절한 경험을, 교사에게는 명확한 역할을 제시함으로써 효과적인 수업이 가능하도록 돕는다(오숙현, 2004). 건터, 에스테스와 슈왑(Gunter, Estes & Schwab, 2003)은 본질적으로 좋은 수업을 위한 고정된 절차나 원리는 존재하지 않지만 교수설계를 통해 보다 효과적인 수업을 실시할 수 있다고 하였다.

둘째, 교육계획은 수업의 자율적이고 융통적인 운영을 가능하게 한다. 누리과정이 국가수준 교육과정으로 개발되어 고시되었다 하더라도 전국의 모든 유아교육기관에서 획일적으로 적용되어야 한다는 것은 아니다. 교육계획을 통해 지역적 특성과 여건, 유아교육기관의 실정, 교사의 자율성, 유아들의 특성에 따라 자율적으로 운영되어야 한다. 이러한 이유로 각 시·도의 교육지원청에서는 국가와 사회의 요구를 분석하고 시사점을 반영하되, 교원·유아·학부모·지역사회의 요구를 반영하고, 자율성·다양성·창의성을 발휘하여 교육과정을 편성하고 운영할 것을 강조한다. 자율적이고 융통적인 수업을 위한 교사의 교육계획은 국가수준 교육과정 교사용 지도서에서 제시하는 활동의 똑같은 구조와 패턴화가 복잡한 유아교육 현장의 현실을 단순화시킬 수 있다는 지적(이부미, 2009)으로부터 탈피할 수 있도록 한다.

셋째, 교육계획은 수업의 오류나 실패 확률을 줄여 준다. 수업에서의 오류나 실패는 쉽게 교정하거나 되돌리기가 어렵다(김인식, 최호성, 최병옥, 2000). 교육이 제대로 이루어지기 위해서는 무엇보다 교육과정을 잘 계획할 필요가 있다. 잘 계획하지 않은 교육과정이 잘 실천되고 실현되기를 기대하는 것은 불합리하다(전일우, 2004). 교사는 완성도 높은 수업을 위하여 미리 학습자의 수준을 파악하여 목표를 설정하고 적절한 환경을 구비하는 등 수업에 필요한 철저한 준비를 해야 한다.

넷째, 교육계획은 효율적인 수업을 가능하게 한다. 수업을 효율적으로 실행하기 위해서는 수업의 목표를 명확히 하고, 목표를 달성할 수 있는 수업 활동을 계획하고, 목표 달성을 평가할 수 있는 방안을 모색하고, 마지막으로 평가 결과에 따라 수업을 수정하는 네 가지 원리를 따라야 한다(Dick & Reiser, 1989). 또한 투입과 산출의 측면에서 투입은 가능한 한 적게 하고 산출을 최대한으로 높이기 위해서 어떤 방법과 자료를 이용하여 어떠한 절차에 따라 수업을 진행할 것인가를 충분히 계획해야 한다(김인식, 최호성, 최병옥, 2000). 이때 교육계획안은 교실 환경, 학습자 수준, 교수자료 등을 종합적으로 고려하여 교실 수업을 실행하는 데 도움을 주며, 시간 및 자원의 낭비 없이 학습자의 수업 참여를 증진시킬 수 있는 효과적인 도구가 된다(정한호, 2009).

다섯째, 교육계획은 교육과정 평가에 중요한 근거 자료가 된다. 교육과정 평가에서 가장 우선적인 평가의 영역은 교육과정 문서 자체이며(Worthen, Sanders, & Fitzpatrick, 1997) 유아교육 특성상 교육계획안은 실제 교수·학습 과정을 반영하는 유일한 자료이다(김성희, 2004). 유아교육기관에서 교사가 작성하는 교육계획은 그 기관의 교육과정을 이해하는 데 중요한 자료이다(최미숙, 박영미, 2002). 3~5세 연령별 누리과정(교육과학기술부, 보건복지부, 2013)의 평가 지침에서도 교육계획안 분석을 중요한 평가 방법의 하나로 보고 있다. 또한 유치원 교원능력개발평가를 시범적으로 적용해 본 결과, 유치원 교사의 교육계획안은 자기 평가와 동료 평가의 준거로 가장 많이 활용되었으며 계획안을 잘 쓰는 것이 교사의 전문성을 향상시키는 방법으로 드러났다(이경화, 김연진, 2013).

2) 미술교육 활동 계획의 유형

미술교육 활동 결과물은 활동의 주제와 자료, 표현 방법을 교사가 어떻게 계획하고 지도하느냐에 따라 모든 유아의 결과물이 똑같이 나올 수도 있고, 한 명 한 명이 모두 다를 수도 있다.

첫째, 주제, 자료, 표현 방법을 교사가 모두 결정하였을 경우이다. 이때, 교사가 결과물을 미리 제시하거나 만드는 과정을 시범 보일 경우 유아들은 모두 동일한 결과물을 만들 수 있다. 예를 들어 겨울이라는 주제에 따라 종이컵으로 산타클로스를 만들 때, 교사가 완성된 종이컵 산타클로스를 제공하거나 만드는 과정을 시범 보이면 유아들은 교사가 제시한 결과물과 똑같은 형태의 산타클로스를 만들게 될 가능성이 있다.

둘째, 주제와 자료, 표현 방법 중 두 가지를 교사가 결정하는 경우이다. 예를 들어, 산타클로스 만들기라는 주제와 종이컵이라는 똑같은 자료를 제공하고 어떻게 만들지 유아가 결정하거나, 유아 스스로 재료를 선정한 후 교사의 안내에 따라 산타클로스를 꾸며 볼 수 있다.

셋째, 주제, 자료, 표현 방법 중 한 가지를 교사가 결정하는 경우이다. 교사는 주제만을 제시하고 유아가 다양한 자료를 이용하여 자기 마음대로 표현하도록 하거나, 자료만을 제공하고 주제와 표현 방법을 유아가 선택하거나 표현 방법만을 제시하고 주제와 자료를 유아가 선택할 수 있도록 한다. 이 경우는 유아 중심의 활동에 가깝고 융통성을 가질 수 있다는 장점이 있으나 교사는 유아의 선택을 최대한 확장시켜 줄 수 있도록 교육활동을 체계적으로 계획해야 한다.

넷째, 주제, 자료, 표현 방법 모두를 유아가 결정하는 경우이다. 대부분 유아가 자유선택 활동 시간에 자유롭게 그리기를 하는 경우이다. 유아에 따라 거침없이 자유롭게 표현하기도 하고 머뭇거리며 시도를 하지 못할 수도 있다. 따라서 교사는 유아의 생각이 자유롭게 표현되도록 안내하고 도와주는 역할을 해야 한다.

미술활동이 더 재미있어지는 7가지 방법

다음은 미술활동을 계획할 때 유용한 7가지 팁을 정리한 것입니다. 활동을 계획할 때 참고해 보세요.

① 미술활동 장소 바꾸기

미술활동을 교실 내 미술 영역에서만 한다는 편견은 No, No! 바깥 놀이터에 돗자리를 깔고 누워서 자연을 관찰해 보세요. 그리고 바깥 놀이터에 이젤, 칠판을 설치하여 유아들이 자유롭게 그릴 수 있는 환경을 만들어 주세요. 유아의 창의력이 쑥쑥!

② 활동 통합하기

유아들이 좋아하는 활동과 통합해 보세요. 과학 활동을 좋아하는 우리 반 유아들을 위하여 스핀아트[1]! 그동안 그렸던 방식을 벗어나 팽이로 그림을 그려 보는 건 어떨까요?

③ 다른 사람과 함께 하기

친구, 선생님과 함께 그리기뿐 아니라 동생과 함께 미적 요소 탐색하기, 표현하기를 할 수 있어요. 부모님과 함께 하는 미술활동도 좋아요. 부모님과 함께 하는 미술활동은 부모참여수업에서만 할 수 있는 건 아니에요. 작품을 만들 때, 부모님과 미리 의논해 오기, 교실에서 완성하지 못한 것을 부모님과 함께해 보기 등 다양한 방법으로 적용해 보세요.

④ 다양한 자료 활용하기

일반적인 미술활동 자료 이외에 다양한 자료를 활용해 보세요. 영아의 촉감을 발달시킬 수 있는 자료를 활용해 보세요. 혹은 교실에 제습 효과를 주기 위해 두었던 숯을 이용해 그리기, 진흙을 이용해 그리기, 파리채를 이용한 물감 뿌리기! 우리 주변의 모든 자료를 활용해 보세요.

⑤ 현대미술 분야 적극 활용하기

현대미술은 유아 미술 분야 중 유아의 특성과 가장 맞닿은 분야라고 할 수 있어요. 온몸을 이용한 퍼포먼스, 공간과 재료에 구애받지 않는 현대미술은 유아의 상상력을 자극할 수 있어요.

⑥ 미술관에서 하는 체험활동 활용하기

많은 미술관에서 유아들을 대상으로 하는 다양한 체험활동을 운영하고 있어요. 특히 교사가 잘 모르는 미술감상활동을 잘 배울 수 있답니다. 참! 미술관이 없다고 걱정하지 마세요. 우리에게는 인터넷이 있잖아요. 많은 미술관에서는 유아들과 함께 할 수 있는 자료를 홈페이지에 제공하고 있으니 적극적으로 활용해 보세요.

⑦ 외부 인사 초청하기

우리 동네 숨겨진 화가의 캘리그래피 선생님 등 외부 인사를 적극 활용해 보세요. 유아뿐 아니라 선생님도 즐거운 시간이 될 수 있어요.

---

1) 스핀아트: spin art, 스핀페인팅(spin painting)이라고도 하며 고속으로 회전시킨 원형의 캔버스에 물감을 부어 제작한다.

3) 미술교육 활동의 매체

미술교육 활동에서 사용할 수 있는 매체의 범위는 상당히 넓다. 예를 들어 얇고 가는 사인 펜과 굵은 목탄이 주는 이질적인 매체의 특성은 표현하고자 하는 내용을 매우 다르게 나타낸다. 따라서 유아는 가는 사인펜과 굵은 목탄 중 자신의 생각과 느낌, 경험을 보다 잘 표현할 수 있는 매체를 선택하여 세상과 소통하게 되는 것이다. 물론 유아가 직접 다양한 매체를 선택하고 능숙하게 사용하는 데에는 많은 제한이 따르므로 교사는 유아에게 다양한 매체를 제공하여 매체 선택의 폭을 넓혀 주어야 할 것이다.

미술교육 활동에서 매체를 제시할 때 고려 사항은 다음과 같다(이정욱, 임수진, 2010).

- 자연에서 수집한 것, 예술 작품, 우리의 문화적·역사적 뿌리를 반영하는 장식품을 포함하여 제공한다.
- 흥미로운 한두 개의 미술 작품이나 공예품에서 시작하여 점차 다양한 시대, 나라, 주제, 매체와 기법, 양식을 균형 있게 제공한다.
- 유아가 이해하기 쉽고 흥미를 불러일으킬 수 있는 주제나 의미, 장소를 담은 미술 작품을 선택하는 것이 좋다(예: 사람 얼굴, 아이의 모습, 움직이는 사람, 동물, 자연의 풍경 등). 유아가 미술 작품 속의 모든 상황을 경험하고 이해할 필요는 없지만 유아는 자신의 경험과 관련되거나 이해할 수 있는 요소가 포함된 미술 작품을 좋아한다.
- 유아가 다양한 미술 작품과 친숙해지도록 가르치기 이전에, 교사 자신이 다른 사람의 미술 작품에 대해 관심을 가지도록 한다.

(1) 자연물 및 실물

우리 주변에는 아름다운 자연물이 많다. 자연은 그 자체로서 아름다울 뿐 아니라 독특하고 고유한 특성을 지니고 있기 때문에 자연물은 우리의 오감과 감성을 일깨워 무엇인가를 표현하고자 하는 욕구를 표출시키도록 한다.

유아교육기관에서는 유아가 동식물을 직접 길러 보게 하거나, 돌, 나뭇잎, 낙엽, 열매, 조개껍데기 등의 자연물을 비치하여 탐색해 보는 기회를 제공한다. 자연물은 계절에 따라 색과 모양이 변하기도 하고, 볼 수 있는 종류가 달라지므로 시기별로 달리 자연물을 제공하여 유아들이 자연의 아름다움을 느낄 수 있도록 한다. 또한 유아가 여행 중 수집해 온 자연물을 다른 유아들과 공유하도록 함으로써 유아의 주변뿐 아니라 다른 환경에서 볼 수 있는 자연물도 경험하도록 한다. 이때, 유아가 자연물의 모양, 질감, 색 등을 탐색할 수 있도록 돋보기, 루페 등을 함께 비치할 수 있다. 그리고 여행이나 산책 때 수집한 자연물을 작은 쿠키 상자 안에 담아 액자 형태로 벽에 부착하면 전시 효과도 크다.

자연물과 실물의 전시 위치와 교사의 발문은 유아의 탐색 방향과 흥미에 영향을 미칠 수 있다. 예를 들어 화병에 꽃을 꽂아 창가에 두고, 햇빛의 방향에 따라 변하는 그림자를 관찰하고 그려 보도록 제안한다면 유아들은 화병에 꽂힌 꽃의 모습뿐 아니라 햇빛의 움직임에 따라 달라지는 꽃의 그림자에도 관심을 갖고 아름다움을 느낄 수 있다.

다음은 산책을 하면서 유아들이 수집한 나뭇잎을 색깔별로 분류한 후 어린이용 태블릿으로 관찰하고 손수건에 프로타주 활동을 한 모습이다.

산책 후 여러 종류의 나뭇잎을 수집하여 관찰하는 모습

수집한 나뭇잎을 색깔별로 분류한 모습

수집한 나뭇잎을 크레파스로 베껴내기(프로타주)를 하는 모습

완성된 유아들의 작품

Tip 산책을 할 때 볼 수 있는 나무와 꽃의 이름을 잘 모르겠다면 어떻게 해야 할까? 유아가 나무와 꽃 등의 이름을 꼭 알아야 하는 것은 아니나, 경우에 따라 교사가 나무와 꽃에 대한 정확한 정보를 제공하여 유아의 흥미를 끌어내고 유아의 미술적 요소 탐색을 격려해 주는 것도 필요하다. '다음(Daum)'에서 제공하는 꽃 검색 서비스나 '모야모(Moyamo)' 어플리케이션을 활용해 보자. 스마트폰으로 나무의 잎이나 꽃을 찍어 검색하면 명칭과 기르는 방법까지도 알 수 있다.

(2) 사진 및 동영상

사진은 유아가 아름다움을 느낄 수 있는 좋은 자료가 될 수 있다. 다양한 크기의 포스터, 잡지나 달력, 엽서 등을 게시하여 유아가 작품을 탐색하고 감상하게 한다. 유아들이 산책활동 때 찍은 사진을 게시할 수도 있다. 사진의 크기에 따라 벽에 게시하거나 개별 활동을 위한 자료로 활용할 수 있다.

또한 교사나 유아가 동영상을 만들어 감상하거나, 온라인상에 게시되어 있는 동영상을 활용할 수 있다. 동영상은 카메라나 휴대 전화를 이용하여 산책을 하면서 볼 수 있는 다양한 자연 풍경을 촬영하거나 무비메이커, 네이버 동영상 편집기, 다음 팟 인코더, 곰믹스 등의 무료 프로그램으로 편집하여 감상할 수 있다. 이러한 프로그램은 사진과 음악으로 쉽게 동영상을 만들 수 있으며, 자막이나 화면 효과를 다양하게 넣을 수 있다.

다음은 기존에 만들어진 다양한 동영상을 활용하는 방법이다. 유튜브사가 운영하는 동영상 공유 서비스인 '유튜브(youtube)'를 이용하면 비디오 클립, 뮤직비디오 등과 같은 동영상을 업로드하거나 재생, 공유할 수 있다.

매클레인(Mclean)의 〈빈센트(Vincent)〉 동영상을 본 후, 유아가 그림을 그리는 모습과 작품

또한 그림책을 동영상으로 제작하여 감상하거나 북트레일러(새롭게 출간된 책을 소개하는 동영상)를 감상 매체로 활용할 수 있다.

다음은 유준재의 그림책『균형』을 북트레일러로 제작한 것이다. 북트레일러 형식을 도입하여 평면적인 그림책 감상과는 다른 재미를 제공하고 있다.

그림책『균형』(유준재 글 · 그림, 문학동네, 2016)의 한 장면

『균형』 북트레일러의 한 장면

(3) 그림책

그림책은 다양한 미술 표현양식을 이용하여 표현하기 때문에 유아들에게 심미적 경험을 제공해 줄 수 있는 좋은 매체이다. 그림책을 읽으면서 유아는 그림책에 포함되어 있는 점, 색, 모양, 질감 등의 미술요소를 자연스럽게 탐색할 수 있다. 교사는 그림책에 나타나는 미술요소에 집중하여 유아에게 발문할 수 있다. 다음은 미술요소가 잘 나타나 있는 그림책의 예이다.

〈표 7-1〉 미술요소가 강조된 그림책 예

미술 요소	그림책	
선	『선을 따라 가요』(로리 리융크비스트 글·그림, 삐아제어린이, 2007)	『쌍둥이 빌딩 사이를 걸어간 남자』(모디캐이 저스타인 글·그림, 보물창고, 2004)
모양	『한조각, 두조각, 세조각』(김혜환 글·그림, 초방책방, 2003)	『무늬가 살아나요』(유문조 글, 안윤모 그림, 천둥거인, 2002)
색	『둥그렁 뎅 둥그렁 뎅』(전래동요, 김종도 그림, 창비, 2008)	『실 끝에 매달린 주앙』(로저 멜로 글·그림, 나미북스, 2014)

(계속)

질 감	 『눈을 감고 느끼는 색깔 여행』(메네다 코틴 글, 로사나 파리아 그림, 고래이야기, 2008)	 『나무들의 밤』(바주 샴, 두르가 바이, 람 싱 우르베티 글·그림, 보림, 2012)
공 간	 『구름 공항』(데이비드 위즈너 그림, 베틀북, 2012)	 『부엉이와 보름달』(제인 욜런 글, 존 쇤헤르 그림, 시공주니어, 2000)
명 암	 『코를 킁킁』(루스 크라우스 글, 마크 사이먼트 그림, 비룡소, 1997)	 『압둘 가사지의 정원』(크리스 반 알스버그 글·그림, 베틀북, 2002)

한편, 화가에 대한 정보 그림책이나 화가를 주인공으로 한 이야기 그림책은 유아가 화가를 친숙하게 받아들이고 명화 작품과 화가라는 직업을 이해하도록 한다. 또한 화가의 생애와 성장 배경을 이해하여 작품에 대해 보다 더 깊게 이해할 수 있다. 다음은 멕시코 화가 프리다 칼로(Frida Kahlo)와 미국 화가 장 미셸 바스키아(Jean-Michel Basquiat)에 관한 그림책의 예시이다.

〈표 7-2〉 화가를 주인공으로 한 그림책 예시

『프리다』(세바스티앵 페레즈 글, 뱅자맹 라콩브 그림, 보림출판사, 2017)

멕시코 화가 프리다 칼로(Frida Kahlo)는 어릴 적 소아마비에 걸려 한쪽 다리가 위축되는 증상을 갖게 되었고 18세 때는 교통사고로 철제 막대가 몸을 관통하는 사고를 겪게 되었다. 이로 인해 수차례 수술을 받으면서 침대에 누워 생활하는 무료한 시간을 보내기 위해 그림을 그리게 되었으며, 이후 수많은 자화상을 남겼다.

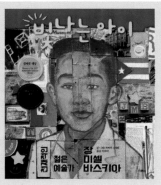

『빛나는 아이』(자바카 글 · 그림, 스콜라, 2016)

미국 흑인 예술가 장 미셸 바스키아(Jean-Michel Basquiat)의 삶을 다룬 그림책 『빛나는 아이』는 2017년 칼데콧 메달 수상작이다. 장 미셸 바스키아는 1980년대 신표현주의와 원초주의로 세계적인 성공을 거두었으며, 낙서, 인종주의, 해부학, 흑인 영웅, 만화, 자전적 이야기, 죽음 등의 주제를 다루었다.

교사는 유아에게 대집단으로 그림책을 읽어 줄 수도 있고, 언어영역이나 미술영역에 제시하여 유아가 그림책과 화가의 작품을 비교하여 감상하게 할 수도 있다. 언어영역이나 미술영역에 화가에 대한 그림책과 작품을 제시하여 작은 미술관처럼 구성해 줄 수 있다.

교사가 대집단으로 그림책 『프리다』를
들려주는 모습

친구와 함께 『빛나는 아이』를 보는 모습

언어영역에 명화와 관련된 동시와 그림책을 제시한 모습

　미술과 관련된 여러 종류의 그림책을 언어영역에 제시하여 유아들이 다양한 종류의 명화
에 친숙해지고 명화와 화가에 관련된 정보를 얻을 수 있도록 한다. 명화에 관련된 이야기를
담은 그림책은 유아들이 명화에 얽힌 이야기를 들으며 화가와 명화가 그려진 시대적 배경 등
을 자연스럽게 알 수 있게 한다.

많은 그림책 작가는 자신의 그림책에 명화를 복제(reproduction)하거나 변형(transfiguration)하기 그리고 양식화(stylization)의 방법으로 미술 작품을 인용(parody)합니다(Serafini, 2015). 앤서니 브라운(Anthony Browne) 그림책에 나타난 미술 작품을 살펴보세요. 어떤 모습이 비슷한가요?

『달라질거야』(앤서니 브라운 글 · 그림, 아이세움, 2003) 중 한 장면

고흐 〈아를의 침실 Musée d'Orsay Paris〉(반 고흐 미술관/유화/1888)

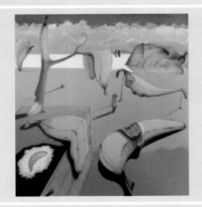

『꿈꾸는 윌리』(앤서니 브라운 글 · 그림, 웅진주니어, 2004) 중 한 장면

달리 〈기억의 지속 The Persistence of Memory〉(뉴욕 현대미술관/유화/1931)

(계속)

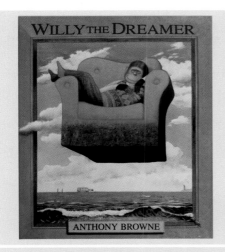

『꿈꾸는 윌리』(앤서니 브라운 글 · 그림, 웅진주니어, 2004) 표지

마그리트 〈피레네의 성 Le Château des Pyrénées〉(이스라엘 박물관/유화/1959)

『거울 속으로』(앤서니 브라운 글 · 그림, 베틀북, 2006)의 한 장면

마그리트 〈골콩드 Golconde〉(더 메닐 콜렉션/유화/1953)

　　유아는 명화를 패러디한 그림책 장면을 보면서 본래 명화와의 차이점을 비교해 보는 즐거움을 느낄 수 있다. 이러한 과정을 통해 유아는 명화 감상에도 흥미를 가질 수 있고 다양한 미술적 표현에 관심을 가질 수 있다.

(4) 명화

유아는 명화가 인쇄된 달력, 포스터, 명화에 관한 책 등을 통해 자연스럽게 명화를 감상할 수 있다. 교사는 명화가 그려진 자료를 교실에 게시함으로써 유아가 자연스럽게 명화를 접하도록 도와줄 수 있다. 최근에는 그림책의 원화부터 현대미술 작품까지 다양한 종류의 작품이 전시되는 등 미술관 프로그램이 이루어지고 있으므로 이를 잘 활용한다면, 유아가 명화 감상에 친숙해질 수 있는 기회는 물론 미적 감수성과 상상력을 키울 수 있는 기회를 제공할 수 있을 것이다.

전시회에서 그림책 원화를 감상
하고 있는 영아의 모습

대집단으로 미술 작품을 감상하는 유아의 모습

현대미술은 기존의 평면적 형태에서 벗어나 다양한 형태로 제작되고 전시되기 때문에 유아의 상상력을 증진시키는 데 유용하다. 1917년 마르셀 뒤샹(Duchamp, M.)이 남자 소변기에 'R. Mutt'라고 서명하고 '샘'이라는 제목으로 작품을 출품한 후, 많은 예술가는 회화와 같은 기존의 창작 방식과 형식에서 벗어나 다양한 오브제와 사물, 매체 등을 활용하여 작품을 창작하고 있다.

특히, 현대미술은 오브제로서의 작품이 아닌 아이디어와 과정 그 자체를 중요시 여기며, 때로는 작품의 제작 과정이나 관객 참여가 작품의 주요한 부분이 되므로(박혜훈, 2015) 유아가 작가와 함께 호흡하며 예술을 즐길 수 있도록 한다. 다음은 현대미술 작품을 감상하면서 유아가 친구와 대화하는 모습이다. 현대미술은 완성된 작품뿐 아니라 만들어지는 과정을 유아들이 감상할 수 있기 때문에 살아있는 예술을 느낄 수 있다.

"몸으로 그림을 그리나 봐"

"나비 같다"

"큰 동그라미가 여러 개 생기고 있어"

해더 한센(Heather Hansen)의 〈Emptied Gestures〉를 감상하는 유아의 모습과 반응

"와, 물감 분수다."

"저거 물감 맞아? 알록달록 예쁘다."

"계속 물감이 나오는 거야?"

홀튼 로워(Holton Rower)의 〈Tall Painting〉을 감상하는 유아의 모습과 반응

유아는 현대미술 작가의 표현 방식을 감상하면서 자신이 기존에 알고 있는 미술표현 방식과 다르다는 것을 발견하기도 하고 이미 알고 있는 익숙한 사물과 비교할 수 있다. 즉, 현대미술은 완성된 예술이 아니라 유아와 소통하면서 새로운 예술을 만들어 낼 수 있기 때문에 유아에게 적합한 미술 장르이고 유아교육기관에서 미술자료로 충분히 활용할 수 있다.

(5) 기타

　유아가 주변의 아름다움을 탐색하기 위하여, 혹은 미술적 요소를 탐색하기 위하여 다양한 자료를 활용할 수 있다. 먼저, 사용하지 않는 CD에 색상환을 부착하여 제공하면 유아가 주변의 다양한 색을 찾고, 색상환의 색과 비교할 수 있다. 색상환뿐 아니라 봄에 볼 수 있는 꽃의 사진을 라벨지에 프린트하여 목걸이 형태로 제공할 수 있다. 유아가 주변의 색과 자연물을 관찰할 수 있도록 교사가 자료를 제공하면, 유아는 주변의 아름다움에 더욱 관심을 가지며, 감상할 대상에 집중할 수 있다. 그리고 유아가 다양한 색을 탐색하고 색이 주는 느낌을 느껴볼 수 있도록 벨크로를 부착할 수 있는 우드락을 제공하여 벨크로 테이프로 구성해 보거나 여러 가지 모양 자석을 이용해 구성활동을 할 수 있다. 다음은 색상환으로 주변의 색을 탐색하고 벨크로판과 자석판을 이용해 구성활동을 하는 모습이다.

색상환을 이용하여 주변의 색을 탐색하는 모습

벨크로 우드락을 벽면에 부착한 후 벨크로 테이프를 이용하여 자유롭게 구성하도록 제시한 모습

자석판을 부착한 벽면에 모양자석을 이용하여 자유롭게 구성하는 모습

2. 유아미술교육 활동 적용

유아미술교육 활동은 활동의 시작을 알리고 유아의 흥미를 유발하는 도입단계, 활동의 목표를 전개하는 전개단계, 수업의 평가가 이루어지는 마무리단계로 구분할 수 있다.

1) 도입

도입단계에서는 단위활동의 첫 시작으로 학습자가 학습할 내용에 대해 관심을 갖고 참여하도록 이끌어야 한다. 또한 자료 제시와 활동 소개, 학습자의 관심을 끄는 주의 집중, 목표 제시, 선수학습 확인이 필요하다(윤관식, 2013). 도입단계는 유아들이 주제에 흥미를 가질 수 있도록 하는 것에 초점이 맞춰져야 하므로 너무 오랜 시간을 할애하지 않도록 한다. 40분 수업이라고 가정했을 때, 5~10분을 넘지 않도록 한다.

다음은 미술교육 활동의 도입단계에서 교사가 적용할 수 있는 전략이다.

첫째, 유아의 사전경험과 수업을 관련짓는다. 도입단계에서 제시되는 내용은 유아의 사전경험 혹은 사전활동과 관련되어야 하며 본래의 수업 목표와 관련지어 제시되어야 한다.

둘째, 학습목표를 알려 준다. 교사는 유아가 학습하게 될 정보나 기술을 간단히 알려 줄 수 있다. 색과 관련한 학습목표를 설정하였을 때 유아에게 "오늘은 우리 주변에서 볼 수 있는 다양한 색을 찾아보도록 해요."라고 이야기하거나 "밝은 색과 어두운 색이 주는 느낌을 이야기해 보아요."라고 제시해 줄 수 있다.

셋째, 유아의 관심을 끌어 학습 동기를 부여할 수 있는 활동을 제시한다. 예를 들어 나뭇잎으로 가을 곤충 만들기를 진행하기 전, 주변에서 볼 수 있는 가을 곤충 모형을 바구니나 교사의 주머니에서 꺼내 보여 주거나 가을 곤충과 관련된 수수께끼나 이야기를 들려줄 수 있다.

넷째, 유아가 할 것을 알려 준다. 예를 들어 "오늘은 지난번에 우리가 함께 만든 가을 동산위에 가을에 볼 수 있는 곤충을 나뭇잎으로 만들어 붙여 보도록 해요."라고 제시할 수 있다.

다섯째, 활동의 주제, 방법, 소요 시간 등 수업의 전체적 개요를 설명해 준다. "지금부터 20분 동안 도화지에 나뭇잎을 붙여서 가을에 볼 수 있는 곤충을 만들어 보도록 해요."라고 제시할 수 있다.

가을에 볼 수 있는 곤충과 나뭇잎을 보여 주며 유아의 흥미를 유발하는 모습

2) 전개

전개단계는 수업의 목표에 도달하기 위한 핵심 부분이고 교사와 유아가 다양한 상호작용을 하면서 목표를 달성하는 과정으로 주제나 환경 등에 따라 다양한 방법으로 전개할 수 있다. 특히, 수업 목표와 관련된 수업 활동이 이루어져야 하며 학습자에게 적절한 반응을 해야 한다(주삼환 외, 1998).

미술교육 활동에서 전개단계는 유아가 재료를 이용하여 표현활동에 참여하는 과정이므로, 유아에게 자료를 탐색할 수 있는 충분한 시간을 주고, 적용할 기법에 대해 이해시킨다. 이때 교사는 유아가 자신이 표현하고 싶은 주제를 잘 표현하도록 격려하고 상호작용한다.

또한 미술교육 활동은 활동의 유형이나 주제에 따라 개별 활동이나, 대·소 그룹의 협동 활동으로 진행할 수 있으며, 교사는 집단의 크기에 맞게 상호작용한다. 예를 들어 유아 혼자 활동에 참여할 경우에는 개별 유아의 속도에 맞춰 상호작용하고, 여러 유아가 함께 활동하는 협동 활동일 경우에는 유아가 서로 충분히 협의할 수 있도록 기다려 주고, 모든 유아가 각자 역할을 분배하여 참여할 수 있도록 격려한다.

나뭇잎을 탐색하고 가을 곤충을 구성하는 유아의 모습

협동적 미술교육 활동 전개방법의 유형은 다음과 같다.

첫째, 개별 유아에게 동일한 주제를 제시하고 완성된 작품을 모아 제시한다. 예를 들어 '꽃밭 꾸미기' 활동을 하기 위해 유아들에게 종이를 제시하고 스펀지 찍기로 꽃을 표현한 후 한데 모아 전시한다.

둘째, 구조물이나 전체 완성 작품을 제시하고 유아들이 함께 표현한다. 교사가 꽃밭을 구성한 후 유아들이 스펀지 찍기로 꽃을 표현하여 전시한다.

셋째, 하나의 주제를 표현하기 위해 유아들이 역할을 나누고 활동 과정에 참여한다. 꽃밭을 꾸미기 위해 몇몇 유아는 봄꽃을 그리고 몇몇 유아는 나비, 벌 등을 그린다.

넷째, 작품 전시 공간을 정한 후 유아들이 무엇을 표현할지 정한다. 예를 들어 복도의 전시 공간이나 교실 벽면 등 전시 공간을 정한 후 유아들이 '꽃밭 꾸미기' 활동을 제안하고 활동한다.

다섯째, 프로젝트 전개 과정처럼 유아들이 주제, 내용, 자료, 장소 등을 스스로 선택하고 의논한다. 예를 들어, 봄을 주제로 한 많은 미술교육 활동 주제 중 꽃밭 꾸미기를 선택하고 유아 스스로 이를 계획하고 실행한다.

앞에 제시한 네 번째와 다섯 번째, 방법에서도 유아들의 참여 방식은 달라질 수 있다. 모든 유아가 동일한 기법을 사용하여 역할을 분담할 수도 있고 각각의 유아들이 역할을 의논하여 서로 다른 역할을 수행할 수 있다. 예를 들어, '꽃밭 꾸미기'를 할 때 모든 유아가 합의된 표현 방법으로 똑같이 표현하거나 어떤 유아는 스케치를 하고 몇몇은 색종이로 나비를 접어 꾸미고 또 다른 유아는 색칠하는 역할을 할 수 있다.

유아가 혼자 각설탕으로 구성하는 모습

협동 작품으로 '우리 동네 그리기'를 하는 유아들의 모습

미술교육 활동에서 교사의 발문은 매우 중요하다. 교사의 발문은 학습자의 수준을 진단하고, 학습 참여를 유도하며, 지적 호기심을 자극하여 미술교육 활동에 대한 흥미와 관심을 촉진시킨다. 그리고 학습자의 이해 정도와 학습목표의 성취 정도를 평가할 수 있으며, 미적 지식의 재구성을 돕는다. 또한 유아의 미적 사고를 자극하여 학습 동기를 촉발시킨다.

유아를 위한 미술교육 활동에서 교사 발문의 요건을 살펴보면 다음과 같다.

첫째, 발문의 목표가 명확해야 한다. 어떤 목표나 방향이 없는 즉흥적인 발문은 사고를 촉진하기보다 오히려 사고를 저해하고 원활한 교수-학습의 진행을 방해할 수 있다. 그러므로 교사는 발문의 목표를 뚜렷하게 해야 한다.

둘째, 발문은 명료하고 간결해야 한다. 유아가 의미를 이해하기 어려운 애매모호한 발문, 중언부언하는 발문은 피해야 한다. 발문에 담긴 어휘의 수와 수준, 배열 순서 등을 고려하고, 한 번의 발문 속에 너무 많은 질문을 담지 않도록 한다(서강식, 1999). 이를 위하여 교사는 유아와 미술활동을 진행하기 전 실행 가능한 발문의 목록을 작성하고 순서를 배열해 보도록 한다.

셋째, 발문은 유아의 반성적 사고를 자극할 수 있어야 한다. 단편적인 사실을 물을 수도 있으나 가급적 반성적 사고를 자극하는 발문을 사용하도록 한다. 간단히 묻고 답하는 수렴적 질문과 다양한 생각을 이끌어 낼 수 있는 확산적 질문이 균형을 이루도록 발문을 계획한다.

넷째, 발문은 유아의 미적 발달 수준에 적합해야 한다. 발달 수준을 고려하지 않은 발문은 유아의 관심과 흥미를 이끌어 내지 못한다.

다섯째, 발문의 유형에 따라 적절한 반응을 준다. 단순한 기억을 요구하는 재생적 발문은 짧은 반응 시간을 주고 반성적 사고를 요하는 종합적 발문은 충분한 시간을 주도록 한다. 예를 들어 "여기 보이는 색은 무슨 색이니? 가장 많이 쓰인 색은 무슨 색이니?" 등의 발문은 유아가 즉각적으로 대답할 수 있으나, "화가는 왜 이 그림을 그렸을까? 무엇을 표현하고 싶었을까?" 등의 질문은 유아가 생각한 후 대답할 수 있도록 해야 한다.

3) 마무리

마무리단계는 유아가 활동 목표에 따라 지식이나 태도, 기술 등을 학습하였는지 알아보는 과정이다. 활동 내용을 종합하고 정리하며, 활동 결과를 확인하고, 다음 활동을 알려 준다(장연주, 2015). 미술교육 활동의 마무리단계에서는 유아에게 자신의 결과물을 발표하는 시간을 제공하고 다른 유아의 작품도 감상하도록 한다. 유아가 완성한 작품을 친구에게 소개하는 과정을 통해 다른 사람의 다양한 표현을 감상할 수 있으며, 표현의 차이를 인식할 수 있다. 이때, 유아에게 '무엇을 그렸니?' 혹은 교사가 'OO을 그렸구나' 등 유아의 표현을 단정하지 말고, '△△이가 표현한 것을 소개해 주겠니?'라고 이야기한다. 교사는 유아들의 작품에 대해 '잘했다.', '멋지다.' 등의 추상적인 표현보다는 자료나 기법 그리고 미적 요소를 구체적으로 묘사해 주는 것이 좋다. 예를 들어 '△△이는 나뭇잎을 길게 잘라서 잠자리의 날개를 표현했구나.', 'OO이는 빨간 나뭇잎을 이용해서 무당벌레의 모습을 표현했구나.' 등 자료, 기법, 미적 요소를 활용하여 이야기해 준다.

그리고 완성된 작품을 어디에 어떤 방법으로 게시할 것인지를 유아들과 협의하여 게시함으로써 미술교육 활동의 계획, 진행, 전시의 모든 과정에 유아들이 참여할 수 있도록 한다.

나뭇잎을 이용하여 다양한 동물을 구성한 모습

자신의 작품을 친구들에게 소개하는 모습

3. 유아미술교육 활동 평가 및 전시

1) 미술교육 활동의 평가

교사는 활동이 끝난 후 수업 현장을 기록하는 역할을 해야 한다. 수업 현장에서의 유아평가는 유아의 학습과 성취에 대한 교사의 의사결정을 돕기 위하여 정보를 수집하고 해석하여 활용하는 것으로, 학습과정 및 결과에서 나타나는 지식, 기능, 태도를 관찰하고 판단한다(배호순, 2000). 따라서 수업 현장에서의 유아평가는 활동을 마친 후에 지필 검사 등을 통해 부가적으로 실시하는 것이 아니라 수업의 모든 과정에 통합된 것이다.

미술교육 활동에서의 평가는 교사가 유아의 발달에 적합한 활동을 선정하였는지, 활동을 실행하는 과정에서 교수방법은 적절하였는지 등 미술교육 활동에 대한 평가와 교수자인 교사 자신과 학습자인 유아에 대한 평가로 나누어 실시할 수 있다. 유아와 교사에 대한 평가는 제9장에서 자세히 살펴보기로 하고, 이 장에서는 미술교육 활동에 대한 평가를 중심으로 알아보겠다.

미술교육 활동 평가는 교사가 자신의 수업 반성을 통해 수업을 개선하고 학습자인 유아에 대한 이해를 높이기 위한 목적으로 이루어진다. 김종한과 이종승(1988)은 수업을 평가하기 위한 구성요소로 수업 준비, 전문적인 지식과 기술, 학습자와의 관계, 수업의 단서, 동기 유발, 참여, 피드백으로 구분하였다.

- 수업 준비란 효과적[2]이고 효율적[3]인 수업을 위해 구체적인 수업목표와 체계적인 수업내용을 조직하고 개별 학습자의 능력을 파악하여 그에 알맞은 수업을 전개하고 수업 보조 자료를 제대로 갖추어 놓는 것이다. 예를 들어 그리기 활동을 위해, 영아에게는 크레용을 제공하고 유아에게는 목탄을 제공한다.
- 교사가 갖추어야 하는 전문적 지식과 기술은 교과에 대한 전문적 지식, 담당 교과 이외의 영역에 대한 일반적인 상식, 수업 내용을 유아의 수준에 맞게 전달할 수 있는 능력, 교수매체를 다룰 수 있는 능력 등을 일컫는다. 미술과 관련한 교수내용 지식을 알고 있는 것뿐 아니라 미술과 관

---

2) 효과적(effective): 어떤 목적을 지닌 행위에 의하여 보람이나 좋은 결과가 드러나는 것.
3) 효율적(efficient): 들인 노력에 비하여 얻는 결과가 큰 것.

련된 최근의 이슈나 OHP 기기를 사용할 때 사용법과 유의점을 알고 사용하는 것이다.

- 학습자와의 관계는 유아와 친밀한 관계를 유지하는 것이다. 유아와 정서적인 유대감을 형성하는 것은 매우 중요한데 유아와 친밀한 관계를 유지하여 정서적으로 안정된 분위기에서 활동을 진행하는 것이다.
- 수업의 단서란 수업의 중요한 내용과 개념을 잘 설명하여 유아의 이해를 돕기 위한 다양한 수업 방법을 사용하는 것이다.
- 동기 유발은 유아로 하여금 무언가를 더 알고 싶어하고 목표 지향적인 행동을 하도록 유발하는 것으로 유아에게 긍정적인 자극을 제공하는 것이다.
- 참여는 학습 과제를 이행하고 연습하고 질문하는 것 등 유아가 수업과정에 적극적으로 참여하는 것이다.
- 피드백이란 교사가 활동과정 중에 유아가 학습 목표를 달성했음을 확인해 주는 것이다.

2) 작품 전시

(1) 효과적인 작품 전시를 위한 고려

유아의 미술활동 결과물을 효과적으로 잘 전시해 줌으로써 교사는 미술활동을 마무리함과 동시에 유아들에게 미술활동의 즐거움을 깨닫게 해 줄 수 있다. 또한 유아들의 미술활동 결과물을 아름답게 전시하여 심미적인 교실 환경을 제공해 줌으로써 유아들에게 일상생활 공간에서 자연스럽게 아름다움을 탐색하고 감상하는 기회를 제공할 수 있다. 예를 들어 레지오 에밀리아 접근법에서는 유아의 작품을 그 성격에 따라 크고 작은 유리로 구성된 아틀리에 벽에 전시해 줌으로써 아틀리에 그 자체가 미술관 분위기를 제공하도록 한다(Lim, 2000). 그리고 작품이 전시된 유아뿐 아니라 다른 유아들 역시 친구의 작품에 대해 자연스럽게 이야기를 나누며 감상자의 자질을 기르게 된다(이영주, 2000). 이때 교사는 조력자의 역할을 하며 유아 스스로 작품 전시의 전 과정에 참가하여 결정할 수 있도록 한다.

이금희(2007)와 이원영, 임경애, 김정미, 강유진(2015) 등 여러 연구자가 제시한 내용을 근거로 하여 유아의 미술 작품을 효과적으로 전시할 때의 유의점을 살펴보면 다음과 같다.

첫째, 성인의 눈높이가 아닌 유아의 눈높이에 맞춰 작품을 전시하여 유아들이 작품을 감상하기 편하도록 한다. 벽면의 게시판을 유아의 눈높이를 고려하여 부착하고 기준점을 몰딩 처리하거나 나무 판넬을 부착하는 것도 한 방법이 될 수 있다.

하단에 나무 판넬을 부착한 교실 벽면의 예시

앞에 제시된 첫 번째 사진은 영아반 보육실의 모습이다. 나무 판넬이 부착된 부분은 영아의 눈높이를 고려하여 촉감판과 끼적이기판을 부착하였다. 오른쪽은 유아반 교실의 모습으로 나무 판넬 위쪽에 유아들의 작품을 게시할 수 있는 아크릴 판을 부착하였다. 영아와 유아 각각 눈높이를 고려하여 작품을 게시할 수 있다. 또한 나무 판넬은 교실의 분위기를 따뜻하게 조성하기도 한다.

둘째, 전시 공간의 크기를 고려하여 작품의 수를 조절한다. 한정된 공간에 지나치게 많이 전시할 경우 작품에 집중할 수 없고 혼란을 야기한다. 벽의 한 면에 한 가지 주제의 작품을 게시하여 통일감을 준다.

셋째, 대부분의 유아교육기관에서는 게시판에 유아의 작품을 전시하도록 하고 있지만 일부 유아교육기관은 교사의 작품(환경판)으로 채우기도 한다. 교사의 작품으로 채워진 게시판은 유아의 흥미를 불러일으키지 못함은 물론 미술활동에 대한 자신감을 저하시킬 수 있다. 따라서 전시 공간은 유아의 작품이 주가 되어야 한다.

넷째, 복도, 화장실, 실외 공간, 천장, 교실의 한쪽 코너 등 전시 공간을 다양하게 활용할 수 있다. 창문을 활용하여 전시할 경우에는 채광을 조절하여 전시의 효과를 부각시킬 수 있다. 예를 들어 투명한 OHP필름을 부착하여 바깥 풍경과 어울리도록 하거나 한지를 이용한 작품을 부착하여 햇빛이 비춰질 때의 색감과 아름다운 분위기를 제공할 수 있다. 그리고 유아들이 많이 왕래하는 곳에 전시할 때에는 손으로 만졌을 때 작품이 훼손되지 않는지를 고려하고 바닥에 떨어져 훼손되지 않게 고정시키도록 한다. 자석을 이용하여 게시하거나, 벽면에 투명아스테이트지를 부착한 후 비닐테이프를 이용해 작품을 게시하여 벽에 테이프 자국이 남지 않도록 한다.

다섯째, 유아의 작품이 돋보일 수 있도록 전시한다. 유아의 작품에 적절한 색의 배지(背紙)를 덧대어 작품을 돋보이도록 할 수 있다. 배지의 색은 작품의 색과 어울리되, 작품을 돋보이는 색을 선택한다. 또한 한 가지 색을 사용하여 통일감을 주도록 한다. 배지 대신 띠 골판지를 테두리에 붙이거나 액자틀을 활용할 수도 있다.

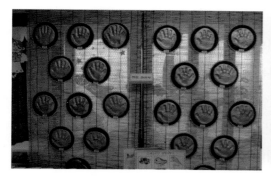
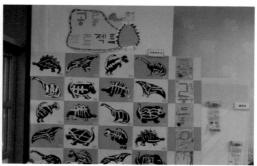

작품이 돋보이도록 검은색 색지로 배지를 한 모습 | 검은색 작품이 잘 보이도록 색지를 이용하여 배지를 한 모습

유아의 그림을 색 종이접시 뒷면에 붙여 전시한 모습 | 띠 골판지를 이용하여 액자틀을 만들어 구성한 모습

여섯째, 입체 작품도 전시한다. 교실 내 여유 공간이 충분하다면 별도로 책상을 배치하여 전시할 수 있으며 사물함 위, 창문 틀 등 다양한 장소에 입체 작품을 전시할 수 있다. 입체 작품을 전시할 때에는 작품의 크기, 무게를 고려하여 안전하게 전시하도록 한다. 곡식, 마카로니, 스팽글, 나무열매 등 입체적인 재료를 부착하여 만든 반입체 작품의 경우에는 재료가 떨어지지 않도록 작품에 접착 스프레이를 뿌려 고정시킨다.

일곱째, 작품의 종류 및 특성에 따라 전시 공간을 달리한다. 전시물이 과학에 대한 내용이라면 과학영역에 전시한다. 햇빛이 잘 드는 곳에 전시할 경우에는 햇빛에 의해 작품이 망가지지 않도록 하고 자주 교체해 준다. 세면기 등 물과 가까운 곳에 전시할 때에는 작품에 물이 닿지 않도록 전시한다.

여덟째, 전시물은 주기적으로 교체해 준다. 작품은 유아의 흥미와 생활 주제 등을 고려하여 주기적으로 교체한다. 또한 입학 첫날부터 교실의 모든 공간을 꽉 채운 전시를 하기 보다는 공간을 비워 두고 유아의 작품으로 채워질 것이라는 기대감을 주는 것이 좋다. 생활 주제가 바뀌어 작품을 교체할 경우에도 모든 작품을 한 번에 철수할 필요는 없지만, 교실이 전시물로 꽉 차있는 것보다는 비어 있는 공간을 보여 주는 것도 좋다.

앞에서 제시한 내용은 절대적인 원칙은 아니다. 따라서 교사는 앞에서 제시한 방법 외에도 유아의 작품이 돋보일 수 있도록 전시 방법을 고민하여야 한다.

활동해 보세요.

어떻게 전시해야 유아의 작품을 돋보이게 할 수 있을까요?
① 다양한 크기의 포스트잇(정사각형, 직사각형, 원형 등 다양한 모양)과 A3 용지 1장을 준비해 주세요.
② A3 용지를 가로로 놓아 교실 작품 게시판으로 가정하고 정사각형 포스트잇을 유아의 작품으로 가정하여 작품을 배열해 봅니다.
③ 작품 제목은 어디에 어떤 방식으로 쓰는 것이 좋을까요?
④ 2번과 같은 방법으로 직사각형, 원형 등의 포스트잇을 배열해 보고 친구와 비교해 봅시다.

---

(2) 작품 전시 방법

작품의 크기와 형태, 개별 작품인지 협동 작품인지, 입체 작품이나 모빌인지 평면 작품인지에 따라 전시 방법을 달리할 수 있다.

① 개별 작품

유아의 개별 작품을 전시할 때에는 각각의 작품을 그대로 게시하여 통일감을 주거나 개별 작품을 모아 전시하여 새로운 느낌을 줄 수 있다.

다음은 개별 유아가 각각 스텐실을 한 작품을 4~5개씩 모아 전시함으로써 또 다른 느낌의 작품이 되도록 전시한 것이다.

개별 유아가 스텐실을 한 후 4~5개의 작품을 하나의 작품으로 모아 전시한 모습

크레파스로 색칠한 바탕 위에 OHP필름에 인쇄한 자화상을 전시한 모습

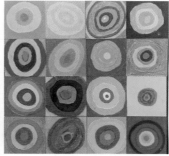

칸딘스키의 〈동심원〉을 감상한 후, 16개의 작품을 모아 함께 전시한 모습

같은 주제와 재료로 표현된 작품을 한데 모아 전시할 경우 통일감을 줄 수 있으며, 각각 작품을 따로 전시할 때와는 다른 아름다움을 준다.

또한 같은 주제와 재료로 표현된 작품을 전시할 때 교사는 유아의 작품 주제가 더 잘 드러나도록 게시할 수도 있다. 다음은 영아들이 베틱기법으로 표현한 작품을 교사가 오선지를 구성하여 전시한 모습이다.

음악을 들으며 흰색 크레파스로 그림을 그리고 물감으로 칠한 작품(베틱)을 오선지의 음표 모양으로 전시한 모습

유아들이 셀로판지 탈색 그림을 그린 후, 함께 모아 자동차로 구성하여 전시한 모습

이렇듯 교사가 작품 전시에 대한 구성을 계획하고 전시해 줌으로써, 유아들은 자신이 완성한 작품에 관심을 가질 뿐 아니라 개별 작품과는 다른 아름다움과 재미를 느낄 수 있다.

작품의 재료 및 주제에 따라 게시의 형태를 달리할 수도 있다. 예를 들어 우리나라 주제나 자연물을 이용한 작품의 경우 대나무 발 위에 게시하면 다른 분위기의 전시 효과를 낼 수 있다.

같은 작품이라도 작품의 재료와 바탕을 통일감 있게 하여 전시하면 작품을 더욱 아름답고 돋보이게 전시할 수 있다.

대나무 발을 벽에 붙이고, 곡식 모자이크 작품을 게시한 모습

나뭇잎으로 꾸민 리스와 전통 탈을 대나무 발에 붙여서 전시한 모습

또한 작품은 유아들 개별로 제작하고, 게시할 배경은 협동하여 함께 만들어 전시해 줄 수 있다. 예를 들어 유아들이 여름과 관련된 경험은 개별로 그리고 배경이 되는 그림은 협동하여 표현할 수 있다. 바닷 속 물고기는 개별로 거품 그리기를 하고 바닷속 배경은 아크릴 물감을 이용하여 함께 표현할 수 있다.

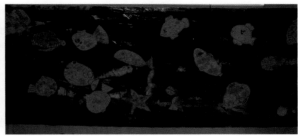

작품 게시를 할 배경을 협동화로 완성한 후 유아 개인의 작품을 게시한 모습

한편, 유아의 활동과정을 사진으로 찍어 함께 게시하는 방법도 있다. 이러한 전시는 활동 주제의 전개 과정이 자연스럽게 나타날 수 있으며, 유아는 자신이 활동에 참여하는 모습을 직접 살펴보게 되므로 활동에 대한 흥미와 동기를 높일 수 있다. 예를 들어 유아들이 미술활동에 사용하기 위해 낙엽을 줍는 모습이나 낙엽의 모양을 신체로 표현하는 등의 사전 활동 모습을 함께 게시할 수 있다. 이때, 유아들의 작품과 낙엽을 줍는 활동사진이 조화를 이루도록 구성하여 유아의 작품에 비해 사진이 지나치게 두드러지지 않도록 한다. 또한 전체 유아들의 모습이 골고루 나타나도록 주의해야 한다.

교실 벽면에만 게시할 경우 자칫 혼잡해 보일 수 있으므로 천장이나 코너, 복도 등의 공간을 활용할 수 있다. 다음의 사진은 '추석'을 맞이하여 유아들이 한복 접기를 한 후, 교실 코너를 활용하여 전시한 모습이다. 교실 코너에 부착하여 평면 작품인 한복 접기 작품이 입체 작품처럼 보이도록 하였다.

활동 사진과 작품을 함께 게시한 모습   유아들의 종이접기 작품을 교실 코너에 붙여 전
시한 모습

　또한 같은 연령이 여러 반일 경우 함께 사용하는 복도에 작품을 함께 게시하여 다른 학급,
연령의 유아들도 감상할 수 있도록 한다. 같은 주제를 다양한 방식으로 표현한 또래의 작품
을 보면서 나와 다른 사람의 표현 방식의 유사점과 차이점을 발견하고 표현의 다양성을 알
수 있다.

　창문에 게시할 경우에는 창문을 청결하게 하여 작품이 창문 밖의 풍경과 조화를 이룰 수
있도록 한다. 예를 들어 나뭇가지와 지끈을 이용하여 잠자리를 만들어 창문에 게시하면 파란
가을 하늘 풍경과 조화를 이루어 더욱 아름답게 보일 것이다. 창문에 부착할 때에는 물풀을
이용하거나 투명테이프를 붙인 후 그 위에 글루건을 붙여 부착한다. 다음은 한지를 이용한
조각보 작품, 색종이 접기 작품 그리고 지끈을 이용한 작품을 창문에 게시한 모습이다.

창문에 작품을 게시한 모습

창문에 붙인 작품을 제거할 경우에는 접착제의 성질을 고려해야 한다. 물풀을 이용하여 부착했을 경우 물티슈로 닦으면 깨끗이 제거되고, 투명테이프 자국이 남을 경우 시판용 접착 제거제를 이용하도록 한다.

② 협동 작품

유아들이 하나의 주제를 표현하기 위하여 역할을 분담하고, 완성된 작품을 게시한다. 예를 들어 『눈 오는 날』그림책을 감상한 후, 주인공 피터의 모습을 크레파스로 그리기, 눈 모양 스탬프 찍기, 가위로 색종이 오리기, 물감으로 채색하기 등의 역할로 나눠서 표현할 수 있다. 또한 그림책에서 마음에 드는 글을 써서 붙이거나 유아들의 겨울철 놀이 모습을 찍은 사진을 함께 게시할 수도 있다.

또한 재료의 특성을 고려하여 작품을 게시할 수 있다. 다음에 제시된 사진처럼 바닷 속 풍경을 대나무 발에 그린 후, 천장 혹은 문 가리개로 활용할 수 있다. 대나무 발은 저렴하고 손쉽게 구할 수 있으며 '여름', '우리나라' 등 다양한 주제에 사용할 수 있다.

『눈 오는 날』 그림책 감상 후 유아들의 작품과 사진으로 전시한 모습

대나무 발에 바닷속 풍경을 함께 그린 후 천장에 게시한 모습

③ 입체 작품

작품의 특성을 고려하여 반입체의 경우에는 벽에 그대로 부착하고, 완전 입체 작품은 책상, 창문틀을 이용하거나 복도, 계단에 비치된 별도의 전시 공간을 이용할 수 있다.

입체 작품은 교사와 유아가 함께 의논하여 전시할 공간을 정하고, 유아들이 작품 전시과정에 참여하도록 한다. 예를 들어 유아들과 함께 결정한 작품 전시 장소에 교사가 스티커로 표시해 주거나 라인테이프로 구역을 지정해 주면, 유아들이 자신의 작품을 놓고 싶은 장소에 배치한다.

별도의 책상 위에 작품을 전시한 모습

창틀에 작품을 전시한 모습

입체 작품이 두드러지게 별도의 공간을 활용하여 전시할 수 있다. 이때, 작품을 돋보이게 하기 위하여 다른 소품을 활용할 수도 있다. 예를 들어 갯벌을 다녀온 후 입체 작품을 만들고 색깔 돌, 조개 등의 소품을 함께 전시하여 주제와 작품을 돋보이게 한다. 또한 솔방울로 만든 트리를 전시할 때, 바닥에 굵은 소금을 깔아 눈이 온 것처럼 전시할 수 있다.

별도의 공간에 유아들의 작품을 전시한 모습

다음은 복도의 별도 전시 공간에 유아들이 몬드리안의 〈빨강, 노랑, 파랑의 구성〉 작품을 감상한 후 우유갑을 이용하여 작품을 만들어 게시한 것이다.

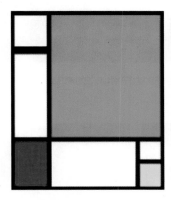

몬드리안의 〈빨강, 노랑, 파랑의 구성 Composition with red, blue and yellow〉(개인소장/캔버스에 유채/1930)
을 감상한 후, 다양한 높이로 자른 우유갑에 색지를 붙여 입체적으로 구성한 모습

이동이 어려운 작품은 언제까지 전시할 것인지를 의논하도록 한다. 예를 들어 해당 영역에 일정 기간 전시해 둘 수도 있으나, 공간이 여의치 않을 경우 사진으로 찍어서 게시해 줄 수 있다. 이때, 찍은 사진은 유아 작품 포트폴리오에 넣어 유아 평가 자료로 활용한다.

④ 모빌

완성된 작품에 줄이나 끈을 매어 천장에 부착하는 방법이다. 모빌걸이를 천장에 부착한 후 지끈이나 낚시줄을 이용하여 붙인다. 이때, 유아의 눈높이에 적합한지, 작품이 잘 보이는지를 고려하고 부착된 작품이 바닥으로 떨어졌을 때 작품이 훼손되지 않는지, 안전에 문제가 없는지 등을 고려하도록 한다. 따라서 모빌의 재료는 유리, 뽀족한 쇠 등을 이용해서는 안 되며, 영아반의 경우에는 스팽글, 반짝이 가루 등의 재료도 사용하지 않도록 한다. 다음은 다양한 작품을 모빌 형태로 게시한 예시이다.

열기구 책을 만든 후 모빌 형태로 게시한 모습

나를 소개하는 책을 열기구 형태의 모빌 책으로 구성하여 전시한 모습

타임캡슐을 만든 후 게시한 모습

습자지를 구겨서 모빌로 구성한 모습

눈 꽃송이를 접어 모빌로 구성한 모습

앞의 사진처럼 유아들이 직접 만든 모빌 작품은 천장뿐 아니라 교실 문에 게시할 수 있다.

4. 유아미술교육 활동계획안

1) 국가수준 교육과정에 기초한 미술교육 활동

국가수준 교육과정인 0~2세 표준보육과정과 3~5세 연령별 누리과정에 기초한 미술교육 활동을 중심으로 영아, 유아 대상의 미술교육 활동을 살펴보고자 한다.

먼저, 0~2세 표준보육과정에 제시된 1세의 끼적이기 활동과 2세의 미술교육 활동을 중심으로 살펴보면 다음과 같다.

〈표 7-3〉 1세를 위한 미술교육 활동의 예

활 동 명	움직이면서 끼적여요		
생활 주제	움직이는 것이 재미있어요 — 몸을 움직여요	활동 대상	1세
활동 유형	언어	활동 형태	실내 자유놀이
활동 목표	• 끼적이기를 반복하며 즐긴다. • 넓은 공간에서 움직이며 끼적인다.		
보육과정 관련 요소	• 의사소통 > 쓰기 > 끼적이기 • 신체운동 > 신체조절과 기본운동하기 > 대근육 조절하기		
활동 자료	• 큰 종이, 영아용 크레용이나 색연필, 테이프		
활동 방법	1) 크레용이나 색연필을 탐색한다. – 이것이 무엇일까? – 여러 가지 색의 크레용이구나. – 마음에 드는 크레용을 찾아보자. 2) 벽과 바닥에 붙여 놓은 종이에 영아들이 움직이며 끼적인다. – ㅇㅇ아, 여기 종이가 붙어있네. – ㅁㅁ이가 색연필로 줄을 쭉 그었네. – 움직이면서 그어 볼까? – 쭈욱, 긴 줄이 생겼네. – △△이가 팔을 크게 움직이며 선을 그었네.		

(계속)

활동의 유의점	아직 대소근육 조절이 미숙하므로 종이 밖으로 끼적이기가 나와도 허용해 주고 대신 그곳에 종이를 더 넓게, 길게 붙여 준다.

출처: 중앙보육정보센터(2013).

〈표 7-4〉 2세를 위한 미술교육 활동의 예

활 동 명	색깔 공을 굴려 그림 그리기		
생활 주제	알록달록 가을이에요-알록달록 색깔나라	활동 대상	2세
활동 유형	미술	활동 형태	실내 자유놀이
활동 목표	• 다양한 재료를 사용하여 미술활동을 한다. • 팔의 움직임에 따라 공의 그림을 탐색해 본다.		
보육과정 관련 요소	• 예술경험 > 예술적 표현하기 > 자발적으로 미술활동하기 • 예술경험 > 예술 감상하기 > 아름다움 즐기기		
활동 자료	• 바구니, 종이, 구슬 또는 탁구공, 물감		
활동 방법	1) 종이가 든 바구니와 탁구공을 탐색해 본다. - 여기 작은 공이 있네요? 만져 볼까요? - 어떤 느낌이 나니? - ○○가 작은 공을 굴리니 공이 굴러 가는구나. - 종이가 들어 있는 바구니도 있네. - △△이가 공을 바구니에 넣고 굴려 보는구나. 2) 공에 물감을 묻혀 바구니에 넣고 자유롭게 움직이며 굴려 본다. - ○○는 어떤 색 물감을 묻히고 싶니? - 물감을 묻히니 ○○색깔 공이 되었네. - 공을 움직이게 바구니를 움직여 볼까? 3) 공이 움직이면서 나타나는 물감의 모습을 살펴보며 보며 이야기해 본다. - ○○가 바구니를 움직이니 공이 움직이네. - 작은 공이 움직이니 그림이 그려지네. - 기다란 길이 만들어지네.		
활동의 유의점	1) 바구니는 공이 굴러 떨어지지 않을 정도의 높이가 있는 바구니를 사용한다. 2) 바구니가 없을 경우 두꺼운 종이로 여러 가지 모양의 바구니를 만들어 활동을 진행할 수 있다.		

출처: 중앙보육정보센터(2013).

다음은 '3∼5세 연령별 누리과정'에 기초한 4세 대상의 미술교육 활동이다.

〈표 7–5〉 4세를 위한 미술교육 활동(탐색)의 예

활 동 명	우리 주변의 색을 찾아요		
생활 주제	가을–가을의 색	활동 대상	4세
활동 유형	미술	활동 형태	대 · 소집단
활동 목표	• 주변에서 볼 수 있는 다양한 색에 관심을 가진다. • 계절에 따라 변화하는 색에 대해 안다.		
누리과정 관련 요소	• 자연탐구 > 과학적 탐구하기 > 자연현상 알아보기 • 예술경험 > 아름다움 찾아보기 > 미술적 요소 탐색하기		
창의 · 인성 관련 요소	• 창의성 > 인지적 요소 > 사고의 확장, 동기적 요소—호기심, 흥미		
활동 자료	• 색상환		
활동 방법	1) 우리 주변에서 볼 수 있는 색을 이야기한다. – 내 옷에서 찾을 수 있는 색은 무엇일까? 2) 변하지 않는 색과 계절에 따라 변하는 색을 이야기한다. – 우리가 볼 수 있는 색 중에서 변하지 않는 색은 무엇일까? – 우리 주변에서 볼 수 있는 색 중에서 변하는 색은 무엇일까? – 가을에 볼 수 있는 색이 있을까? 3) 색상환을 제시하고 색상환에 제시된 색을 찾아본다. – 색상환에서 볼 수 있는 색은 무엇이니? – 우리 주변에서 이 색상환에 있는 색을 모두 찾을 수 있을까? 4) 교실, 바깥 놀이터 등에서 자유롭게 색을 찾아본다. 색상환을 이용하여 주변의 색을 찾아보는 유아의 모습		

(계속)

활동의 유의점	1) 유아의 연령과 수준에 따라 색상환의 색상 수를 조절하여 제공한다. 2) 색상환을 CD에 붙여서 제공하거나 색상환을 코팅하여 제시하면 추후에 다시 활용할 수 있다.
활동 평가	1) 활동에 적극적으로 참여하는지 평가한다. 2) 주변에서 볼 수 있는 다양한 색에 관심을 갖는지 평가한다.
확장 활동	계절의 특성을 고려하여 비슷한 색의 계열로 색상환을 구성하여 비슷한 색을 명도와 채도에 따라 구별한다.

〈표 7-6〉 4세를 위한 미술교육 활동(표현)의 예

활 동 명	몸으로 함께 표현하는 우리들의 나무 이야기		
생활 주제	가을-가을의 색	활동 대상	4세
활동 유형	미술	활동 형태	대 · 소집단
활동 목표	• 나무의 구조 형태를 인식하고 몸으로 나무를 적절히 표현한다. • 몸으로 표현한 나무 구조에 잎사귀를 붙여서 나무를 창의적으로 꾸민다.		
누리과정 관련 요소	• 자연탐구 > 탐구하는 태도 기르기 > 탐구과정 즐기기 • 예술경험 > 예술적 표현하기 > 미술활동으로 표현하기		
창의 · 인성 관련 요소	• 창의성 > 동기적 요소 > 몰입 • 인성 > 협력 > 긍정적인 상호의존성		
활동 자료	• 나무 사진(또는 유아가 직접 자연 산책을 하면서 찍은 사진), 검정 도화지, 가위, 빔 프로젝트, 무독성 목공풀, 붓, 점토 등		
활동 방법	1) 나무의 형태를 탐색해 본다. – 나무는 어떤 모습을 하고 있을까? – 모든 나무는 다 같은 모양일까? – 사진 속의 나무는 어떤 모양을 하고 있는지 자세히 살펴보자. – 나무 모양은 무엇처럼 보이니? – 나무 모양을 보니 어떤 마음이 드니? 2) 몸으로 나무의 구조를 표현해 본다. – 우리가 몸으로 나무를 표현한다면 어떻게 표현할 수 있을까? – 내 몸으로 표현한다면 어떻게 표현할 수 있을까? – 친구와 함께 표현한다면 어떻게 표현하고 싶니?		

(계속)

활동 방법	– (대형 모니터로 나무구조 사진을 감상하며) 이 나무는 몸으로 어떻게 표현하면 좋을까? – 나뭇가지는 어떻게 표현하면 좋을까? 3) 몸으로 나무를 표현한 아이들의 사진에 나뭇잎을 붙여 나무를 꾸며 본다. – (나무를 표현한 아이들의 몸 사진을 보며) 이 사진은 나무를 표현한 너희들의 몸 그림자란다. 몸으로 표현한 나무의 모습이 어떻게 보이니? – 몸으로 표현한 나무 사진에 잎사귀를 붙여서 나무를 꾸며 보자. 활동 방법의 예 ① 몸으로 표현한 나무의 형태 탐색하기 ② 몸으로 표현한 나무에 말린 잎사귀를 본드로 붙여서 나무 꾸미기 ③ 점토로 받침대를 만들어 나무 세우기 ④ 유아들이 개별적으로 꾸민 나무를 책상 위에 적절히 배치하면서 숲 구성해 보기 ⑤ 나무숲 바닥에 풀잎이나 톱밥을 깔아 전시하기 4) 유아들이 꾸민 나무로 숲을 구성한 후, 그 아름다움을 느껴 본다. – 너희들이 함께 꾸민 나무숲이란다. 나무숲을 보고 숲 속에 어떤 아름다움이 숨겨져 있는지 살펴보자. – 숲에서 찾은 아름다움을 친구들에게 소개해 보겠니? – 나무숲을 산책하는 나의 모습을 상상하면서 숲의 아름다움을 느껴 보자
활동의 유의점	1) 몸으로 나무의 형태를 표현하기 전, 가능한 한 산책을 하면서 나무의 구조를 오감으로 탐색한 후에 표현하도록 한다. 2) 잎사귀의 종류와 크기, 수량 등을 유아들이 자유롭게 선택하여 표현할 수 있게 하여 유아들의 창의적인 표현을 격려하도록 돕는다. 3) 목공용 본드 사용 시 약간의 물을 섞어서 붓으로 칠하면서 붙이면 쉽게 사용할 수 있다.
활동 평가	1) 나무의 구조와 형태에 관심을 갖고 탐색하며 활동하는지 평가한다. 2) 자연 재료를 적절히 활용하면서 몸 나무를 창의적으로 표현하는지 평가한다.
확장 활동	1) 유아들이 각자 꾸민 몸 나무로 책상 위에 숲을 구성해 볼 수 있다. 2) 몸으로 나무 꾸미기 이외에 애벌레, 꽃, 달팽이, 개구리 등을 몸으로 표현해서 사진을 찍은 후, 자연물 꾸미기 활동을 전개해 본다.

출처: 보건복지부(2013).

〈표 7-7〉 4세를 위한 미술교육 활동(감상)의 예

활 동 명	울긋불긋 나뭇잎 그림		
생활 주제	가을-가을의 색	활동 대상	4세
활동 유형	미술	활동 형태	대 · 소집단 활동
활동 목표	• 자연물로 만들어진 아름다움을 발견하고 감상한다. • 자신의 생각을 말로 표현한다.		
누리과정 관련 요소	• 자연 탐구: 과학적 탐구하기 — 자연현상 알아보기 • 예술경험 : 아름다움 찾아보기 — 미술적 요소 탐색하기		
창의 · 인성 관련 요소	• 창의성: 인지적 요소 — 사고의 확장, 동기적 요소 — 호기심, 흥미		
활동 자료	• 바탕 종이, 여러 종류의 나뭇잎, 사진기		
활동 방법	1) 가을 풍경 사진을 보며 이야기 나눈다. – 가을이 되었다는 것을 어떻게 알 수 있니? – 나뭇잎의 색이 변하는 것을 본 적이 있니? 2) 앤디 골드워시 작품을 감상한다. – 어떤 느낌이 드니? 어떤 모양처럼 보이니? – 무엇으로 작품을 만들었니? – 앤디 골드워시라는 작가는 자연에서 볼 수 있는 막대기, 돌, 나뭇잎을 이용해서 주변 환경과 어울리는 멋진 작품을 남긴단다. – 이 화가는 왜 막대기, 돌, 나뭇잎을 이용해서 작품을 만들까? ┌─────────────────────────────────┐ **앤디 골드워시(Andy Goldsworthy)** 골드워시는 자연과 도시를 배경으로 조각 작업과 대지미술 작업을 해 왔다. 특히, 전 세계의 오지, 북극의 자연 속에서 작업하기도 하였으며 꽃, 나뭇가지, 물, 돌 등 일상적 사물에서 자연의 에너지를 느끼고 자연의 본성을 미술로 형상화하였다. 동일한 주제, 장소에서 계절에 따라 변화하는 자연을 기록하기도 하였다. └─────────────────────────────────┘ 3) 나뭇잎을 자유롭게 놓고 사진을 찍는다. – 여기 있는 나뭇잎을 어떻게 놓아볼까? 4) 유아들이 만든 나뭇잎 모양을 사진으로 찍어 출력하여 게시한다.		

(계속)

동그란 나뭇잎		나뭇가지와 나뭇잎

활동의 유의점	1) 유아의 독특한 표현을 격려한다. 2) 나뭇잎은 수분이 증발하면 말리므로 일반 나뭇잎과 낙엽을 함께 사용해서 활동한다.
활동 평가	1) 자연물이 놓여진 형태에서 아름다움을 발견하는지 평가한다. 2) 자연물을 이용한 다양한 놀이를 즐기는지 평가한다.
확장 활동	유아들이 만든 나뭇잎 작품을 책으로 만들어 제작하고 이야기를 구성해 본다.

2) 미술요소 중심의 통합적 미술교육 활동

미술요소 중심의 통합적 미술교육 활동은 유아가 일상생활 속에서 미술요소를 경험할 수 있는 기회를 제공하고 직접 경험을 통해 정서적 안정감 및 심미감을 기르도록 한다(김경희, 2011). 미술요소 중심의 통합적 미술교육 활동은 일반적인 미술활동보다 수업 단계별로 교사가 할 수 있는 미술요소에 관한 발문을 제시한다. 교사는 유아가 미술요소에 집중하도록 발문하기 때문에 유아가 미술요소를 알고 이를 중심으로 탐색, 표현하고 감상할 수 있도록 안내할 수 있다. 5세 대상의 '자연물 콜라주'라는 활동을 예로 살펴보면 〈표 7-8〉과 같다.

〈표 7-8〉 미술요소 중심의 통합적 미술교육 활동의 예

기존 활동명	나무와 숲: 자연물 콜라주	활동 유형	소집단	활동 영역	미술	연령	5세
수정된 활동명	자연물로 콜라주를 만들어요	주제	나무와 숲	소주제	나무와 숲 알기	일시	○○년 ○월 ○일

관련 미술 요소	점	선	면	모양	색	명암	질감	공간	관련성 정도: ● > ◎ > ○
			○	○			●	◎	

활동 목표	• 미술활동을 통해 자연물의 미술적 요소를 적극적으로 탐색할 수 있다. [예술경험 > 심미적 탐색 > 미술적 요소 탐색하기 > 자연과 사물에서 미술적 요소(색, 크기, 질감, 형태, 공간)를 적극적으로 탐색한다.] • 미술활동을 통해 자연물의 특성에 관심을 가짐으로써 색깔 및 생김새의 특성을 안다. [자연탐구 > 과학적 탐구 > 생명체와 환경의 관계 알기 > 주변 동식물의 기본 특성(소리, 움직임, 색깔, 생김새 등)에 관심을 가진다.]

활동 방법	활동 내용	수업 연구
사전 활동	■ 실외 활동—가을 숲 여행 가을 숲 여행 실외 활동을 통해 자연물의 특성에 관심을 가진다. [자연 탐구 > 과학적 탐구 > 생명체와 환경의 관계 알기 > 주변 동식물의 기본 특성(소리, 움직임, 색깔, 생김새 등)에 관심을 가진다.]	■ 핵심 내용 일반적으로 실외 활동은 활발한 신체운동으로 제한하여 생각하는 경우가 많지만, 운동적 기술의 발달 이외에 인지적 발달, 의사소통 능력의 확대, 사회적 기술의 향상, 독립성과 긍정적 자아개념을 형성하는 데 큰 몫을 담당하고 있다(노현주, 1994). 실외 활동도 선택영역을 구성하여 유아가 스스로 활동을 선택할 수 있는 기회를 제공함으로써 다양한 학습이 이루어지는 중요한 하루 일과이다(김원준, 2010).
활동 자료	• 여러 가지 자연물 재료(나뭇잎, 꽃잎, 솔방울, 열매깍지, 나무열매, 나뭇가지, 껍질 등) • 여러 가지 도구(목공용 본드, 셀로판테이프, 나무젓가락, 종이컵), 전지 크기 화판, 재료를 탐색할 수 있는 바구니 여러 개	

(계속)

도입	■ 숲을 산책했던 경험을 회상해 본다. • 숲에는 어떤 것들이 있었니? 나뭇잎도 보았고, 모양이 다른 여러 종류의 나뭇잎도 있었지? • 또 무엇을 보았니? • 길가에 떨어져 있는 울퉁불퉁한 형태의 솔방울이랑 길이가 다른 나뭇가지도 있었어. 모두들 잘 기억하고 있구나.	
전개	■ 유아와 함께 활동할 목표에 대해 이야기 나눈다. • 오늘은 산책에서 모아 온 여러 가지 자연물을 이용하여 콜라주를 만들어 볼 거야. • 여러 가지 자연물이나 사물을 풀이나 본드로 붙여 보는 것을 콜라주라고 한단다. ■ 산책하면서 모아 온 여러 가지 자연물을 자세히 관찰해 본다. • 산책을 하면서 어떤 자연물을 모아 왔는지 함께 관찰해 보자. • 여러 가지 색과 모양의 나뭇잎도 있고, 울퉁불퉁한 형태의 솔방울과 나무 열매도 있었지? • (여러 가지 자연물이 담겨 있는 바구니를 나누어 주며) 바구니 안에 산책에서 모아 온 여러 가지 자연물이 담겨 있는데 직접 관찰해 보자. • 손으로 나뭇잎의 면을 만져 볼까? 어떤 느낌이 드니? 나뭇잎의 뒷면도 한번 만져 보자. • 이번에는 여러 가지 크기의 울퉁불퉁한 솔방울을 관찰해 보자. • 솔방울마다 모양이 어떻게 다를까? • 솔방울의 크기는 큰 것도 있고, 작은 것도 있구나. 모양이 다 제각각이네.	●미술활동 목표–지적능력형성 > 재료 및 도구 탐색, 관찰력 및 탐구력 ○전개–재료 및 도구 탐색하기, 과정 중심 ■ 준비해야 하는 활동 자료 여러 가지 자연물(나뭇잎, 꽃잎, 솔방울, 열매깍지, 나무열매, 나뭇가지, 껍질 등), 자연물을 탐색할 수 있는 바구니 여러 개 * 관련 미술요소 — 질감, 면 * 관련 미술요소 — 형태

(계속)

	■ 여러 가지 자연물을 사용하여 콜라주를 만들어 본다. • 여러 가지 자연물로 무엇을 만들 수 있을까? • 멋진 숲을 꾸미고 싶구나. • 멋진 숲을 꾸미려면 어느 정도 크기의 종이가 있어야 할까? • 솔방울로는 무엇을 만들고 싶니? 솔방울이 얼마나 있어야 멋진 나무가 완성될까? • 나뭇잎으로 동물을 만들려면 나뭇잎을 어떻게 하면 좋을까? • 나뭇잎을 한 장 한 장 붙여서 동물의 몸을 만들 수 있겠다. • 나무 열매는 무엇으로 붙일 수 있을까? • 목공용 본드나 셀로판테이프를 사용하여 붙이고 싶은 곳에 붙여 보자. ■ 자연물로 콜라주를 만드는 활동을 격려한다. • 나뭇잎을 붙여서 호랑이의 얼굴을 만들었구나. • 평평한 도화지에 자연물로 콜라주를 완성하니 아주 입체적인 작품이 되었구나.	○ 전개–선택된 자료로 무엇을 만들 것인가? * 관련 미술요소 — 공간 * 관련 미술요소 — 질감, 면 ■ 핵심내용 여러 가지 자연물을 이용하여 유아들이 숲을 자유롭게 꾸며 볼 수 있도록 격려한다. ■ 유의점 나무 열매나 솔방울 등 입체적인 자연물들은 도화지에 붙일 때 유아가 고정시키기 어려울 수 있으므로 셀로판 테이프나 목공용 본드를 적절하게 사용하도록 돕는다.
마무리	■ 유아가 독창적으로 만든 자연물 콜라주를 함께 보면서 격려한다. • 너희들의 생각대로 독창적으로 만든 자연물 콜라주를 보면서 자연물이 어떤 형태로 바뀌어서 멋진 작품이 되었는지 이야기 나누어 보자. ■ 유아들이 만든 자연물 콜라주 작품을 사진으로 찍어 둔다. • 너희들이 만든 자연물 콜라주 작품을 사진으로 찍어 보도록 하자.	■ 핵심내용 마무리단계는 유아가 목표에 도달하였는지에 대한 도착점 행동을 알 수 있도록 발문한다. 만약 이러한 도착점 행동을 언어적 상호작용뿐 아니라 작품 분석을 통해 목표에 도달했는지 평가할 경우 사진을 찍어 둔다.

(계속)

	■ 모든 활동이 끝난 후 만든 작품을 전시한다. • 너희들이 만든 작품은 어디에 전시하면 좋을까? ■ 다음 활동을 안내한다.	
평가	• '자연물로 콜라주를 만들어요' 미술활동을 통해 자연물의 미술적 요소를 적극적으로 탐색할 수 있었는지 관찰 및 작품분석을 통해 평가한다. • '자연물로 콜라주를 만들어요' 미술활동을 통해 자연물의 특성에 관심을 가짐으로써 색깔 및 생김새의 특성을 알 수 있었는지 관찰을 통해 평가한다.	
유의사항	• 교사는 '자연물로 콜라주를 만들어요' 미술활동을 실행하기 전 어떤 미술요소가 포함되어 있는지 명확하게 인식한다. • 활동 실행 시 항상 활동 목표에 도달할 수 있도록 계획단계에서 목표에 도달할 수 있는 핵심발문을 가능한 한 상세히 기록하는 습관을 기른다. • 활동이 끝나면 손을 깨끗이 씻고 주변을 정리정돈한다.	
확장활동	'신체표현―나무와 바람' • 나무와 바람 신체표현 활동을 통해 친구들과 함께 집단으로 하는 활동에 적극적으로 참여할 수 있다. (신체운동 > 신체활동 참여 > 자발적으로 신체활동에 참여하기 > 집단으로 하는 활동에 적극적으로 참여한다.)	■ 핵심 내용 사전–본시–확장 활동은 위계적이면서 연계되는 것이 바람직하다. 본 활동계획안에 명시되어 있는 바와 같이 실외 활동으로 가을 숲길을 산책하는 경험을 통해 자연물의 특성에 관심을 가져 보고, 산책을 하면서 모아온 여러 가지 자연물(나뭇잎, 솔방울 등)을 탐색해 본다. 친구들과 함께 자연물로 콜라주를 만들어 보는 미술활동을 해 보며, 신체표현활동으로 나무와 바람이 되어 보는 활동은 활동 내용이 연계되고 통합될 수 있으므로 바람직하다.

요약

1. 유아미술교육 활동 계획단계에서 교사는 유아의 연령, 주제, 집단의 크기, 활동 시간, 활동 장소, 미술 자료 등을 고려하여 활동을 계획해야 한다. 유아미술교육 활동을 계획하는 것은 수업이 나아가야 할 방향성을 제시하며, 수업의 자율적이고 융통적인 운영을 가능하게 한다. 또한 수업이 오류를 범하거나 실패할 확률을 줄여 주고 효율적인 수업을 가능하게 하며 교육과정 평가에 중요한 근거가 된다.

2. 유아미술교육 활동의 적용단계는 활동의 시작을 알리고 유아의 흥미를 유발하는 도입단계, 활동의 목표를 전개하는 전개단계, 수업의 정리 및 평가가 이루어지는 마무리단계로 구분한다. 도입단계는 수업과 관련지어 유아에게 학습목표를 제시하고 학습 동기를 부여하게 되며, 수업의 전체적인 개요를 설명해 준다. 전개단계에서는 유아들이 자료를 충분히 탐색하고 기법에 대해 이해할 수 있도록 하며 유아들이 표현하고 싶은 주제를 표현할 수 있도록 격려한다. 마무리단계에서는 활동 내용을 종합하고 정리하며 다음 활동에 대해 알려 준다. 또한 유아의 작품을 공유하고 완성된 작품을 전시할 방법에 대해 이야기한다.

3. 유아미술교육 활동 평가 및 전시단계에서는 교사가 미술활동 계획 및 실행에 대한 평가를 실시한다. 교사는 수업 반성을 통해 수업을 개선하고 유아에 대한 이해를 높인다. 또한 유아의 미술활동 결과물을 효과적으로 전시하기 위하여 개별 작품인지 협동 작품인지, 입체 작품인지 평면 작품인지를 고려하며 유아의 작품이 돋보일 수 있도록 전시해야 한다.

더 생각해 보기

1. 미술활동을 꺼리는 유아들의 참여를 촉진할 수 있는 다양한 방법에 대해 토의해 보세요.
2. 교실의 벽면뿐 아니라 코너, 바닥, 천장 등 다양한 공간을 활용한 전시 방법을 생각해 보세요.

제8장

유아를 위한 미술교육 환경

개관

유아가 주변의 환경을 능동적으로 탐색하여 아름다움을 인식하고 자신의 생각, 느낌, 경험을 미술로 표현하며 나와 다른 사람의 미술 작품을 감상하는 것은 매우 중요하다. 이를 위하여 유아교육기관에서는 교실 안에 미술영역을 구성하여 유아들이 다양한 미술 자료를 탐색할 수 있는 기회를 제공한다. 따라서 교사들은 유아를 위한 미술영역을 구성하는 방법과 유아를 위한 미술 자료의 종류와 특성을 인식해야 한다. 이 장에서는 유아를 위한 미술교육 환경의 중요성에 대해 알아보고 물리적 환경으로서의 미술영역 구성과 미술 자료의 특성에 대해 구체적으로 알아보고자 한다.

학습목표

1. 유아미술교육 환경의 중요성에 대해 안다.
2. 유아를 위한 미술영역의 구성방법에 대해 안다.
3. 유아미술활동을 위한 자료의 종류와 특성에 대해 안다.

주요용어

유아미술 교육환경 / 미술영역 / 미술 자료

1. 유아를 위한 미술 환경 구성

1) 미술 환경 구성의 중요성

> 환경은 살아 있으며, 변화한다. 환경은 단순한 물리적 공간을 넘어서, 우리가 느끼고, 생각하고, 행동하는 것을 조정하며 우리의 삶의 질에 영향을 미친다. 우리가 살아 나가는 동안 환경은 우리에게 도움을 주기도 하고 해를 끼치기도 한다.
>
> —Greenman(1988)—

유아를 위한 미술활동은 도화지에 그리거나 채색하는 평면적인 미술활동 그 이상이다. 유아는 다양한 자료를 선택하고 구별하며, 만들고 다듬는 복잡한 예술활동에 참여하므로, 다원적인 미술활동을 시도할 수 있는 환경을 구성해주는 것은 매우 중요하다(이소은, 권기남, 2010).

환경의 사전적 의미는 생물에게 직·간접적으로 영향을 주는 자연적 조건이나 사회적 상황으로 정의된다. 유아에게 있어 교육 환경은 신체, 언어, 정서, 인지, 사회성 발달을 촉진하는 역할을 한다(박라미 외, 2004). 유아미술교육 환경은 유아와 교사 간 만남의 장이 될 뿐 아니라 유아의 미적 욕구와 미술행위를 이끌어 내고, 미술교육의 '질'을 규정하는 강력한 교육과정이 될 수 있다(임부연, 2006). 유수영(2008)은 현재 우리나라 미술교육 환경의 문제점으로 시각적 가치의 지나친 강조를 들고 있으며, 미술교육 환경이 유아의 능동적이고 자발적인 활동보다 지시적 활동의 이행 장소로 활용되고 있음을 지적하였다. 이와 관련하여 유아가 자발적으로 참여하고 잠재력과 창의성을 개발할 수 있는 유아미술 교육환경을 구성하기 위한 방안은 다음과 같다(유수영, 2008).

첫째, 공간의 자유로움이다. 유아미술교육을 위한 공간은 교실 한 편에 하나의 영역으로 구성되어 있는 것이 일반적이다. 그러나 실외 공간이나 실내 공간을 확장하여 유아의 다양한 사고를 이끌어 낼 수 있는 공간을 제공함으로써 유아가 자신을 자유롭고 다양하게 표현할 수 있도록 한다.

둘째, 다양하고 풍부한 자료와 선택의 자유가 필요하다. 유아가 미술활동을 할 때, 자료가 부족하거나 그 선택이 자유롭지 못하면, 유아의 표현은 방해를 받을 수밖에 없다. 따라서 풍부한 자료를 제공하고 자유롭게 선택하도록 하여 유아가 다양한 표현을 할 수 있도록 해야 한다.

셋째, 활동 결과물 즉, 작품을 볼 수 있는 전시 공간이 있어야 한다. 미술활동을 한 후 전시된 작품을 감상하며 유아가 스스로 반성하고 타인과 소통할 수 있는 기회를 제공하여야 한다. 미술 작품이 전시된 것을 감상하며 미술활동과 그 결과를 중요하게 인식하게 된다.

넷째, 소통이 가능한 공간이어야 한다. 소통을 할 수 있다는 것은 자유롭다는 것과 서로 간의 지식이 유동성을 갖는다는 것이다. 우리나라 교육 공간은 사방이 막힌 벽과 작은 창으로 구성되어 있어 다른 교실에서 이루어지는 활동은 볼 수도 알 수도 없다. 그러나 서로의 교육 공간을 공유하고 서로의 지식을 소통하는 것은 학습자가 자신의 지식을 더욱 발전시키고 견고하게 할 수 있다. 예를 들어, 레지오 에밀리아에서는 '아뜰리에' 공간을 기관의 중앙에 배치하고 어느 공간에서나 연결될 수 있도록 하며, 빛이 통과하는 유리창으로 구성한다.

다섯째, 오감각을 자극할 수 있는 공간이어야 한다. 유아미술교육을 위한 공간이 빛, 소리, 냄새 등 오감을 모두 충족시킬 수 있다면 유아들의 상상력을 자극하여 보다 풍부한 탐색과 표현이 일어날 수 있다.

여섯째, 미술의 특성에 맞는 공간이어야 한다. 미술은 다양한 특성의 자료를 사용하기 때문에 그 특성에 맞는 공간이 필요하다. 예를 들어 물을 사용하는 활동을 위해서는 수도시설과 청소가 용이한 바닥을 갖추어야 하고, 유아가 스스로 정리를 할 수 있는 정리 바구니와 작품을 보관하고 전시할 수 있는 공간이 필요하다.

2) 미술 환경 구성

(1) 미술영역의 위치

미술영역은 자연과 사물의 아름다움을 탐색하고, 그리기, 만들기, 꾸미기, 구성하기 등을 통해 자신의 느낌이나 생각을 자유롭게 표현하며 미적 아름다움을 감상하는 영역이다. 일반적으로 미술영역은 조용하고 밝은 곳이나 물을 사용할 수 있는 공간에 배치하나, 활동의 성격에 따라 종이 오리기는 조용한 공간에, 물감을 사용하는 놀이는 동적인 공간에 배치할 수 있다. 실내 미술영역을 배치할 때 고려할 사항은 다음과 같다.

첫째, 미술영역은 햇빛이 잘 드는 곳에 배치한다. 미술의 기본요소인 '색'을 충분히 느끼고 경험하기 위해서는 빛이 매우 중요하다. 가급적 자연채광이 충분한 곳에 미술영역을 배치하고, 여건상 자연채광이 충분하지 않은 환경이라면 조명을 적절히 사용하되 인공조명에 의한 그림자가 생기지 않도록 해야 한다.

둘째, 교실의 통로에서 멀리 배치한다. 통로에서 가까운 곳에 위치한 미술영역의 경우 놀이영역을 이동하는 다른 유아들의 방해를 받을 수 있고, 물을 많이 사용하는 미술활동의 특성으로 여러 가지 안전사고가 발생할 수 있다.

셋째, 물을 쉽게 쓸 수 있는 곳에 배치한다. 미술활동은 물을 사용하는 활동이 많고, 물감이나 풀을 사용하여 손이 쉽게 더럽혀질 수 있으므로 수도시설이나 화장실이 가까운 곳에 배치한다.

넷째, 충분한 크기의 공간을 제공한다. 미술영역은 많은 유아가 좋아하는 공간으로 활동의 종류와 관계없이 유아들의 자발적인 활동 참여가 빈번히 일어나는 곳이다. 협동적인 미술활동이 이루어지기도 하므로 충분한 크기의 공간을 제공하도록 한다.

한편, 국가수준 교육과정인 0~2세 표준보육과정과 3~5세 연령별 누리과정에서 제시하는 미술영역의 특징을 살펴보면 다음과 같다.

먼저 0~1세 영아를 위한 미술활동은 감각 및 탐색 영역에서 이루어지며 구체적인 미술 자료를 제시하지는 않는다. 다만 영아의 오감을 발달시키기 위하여 딸랑이, 쌓기상자, 모양 맞추기 통, 소리나는 놀잇감 등의 다양한 놀잇감을 제공한다. 소근육 발달을 위하여 벽면에는 끼적이기 판을 제공하여 영아들이 끼적이기를 할 수 있도록 한다. 다음은 교실 언어영역에 설치되어 있는 끼적이기 판과 1세 영아가 끼적이기 판에 끼적이기를 하는 모습이다.

1세반 언어영역에 구성된 끼적이기 판과 끼적이기를 하고 있는 영아들의 모습

2세 영아를 위한 미술영역은 세면대나 출입구 가까운 곳에 배치하고 아름다움을 감상할 수 있도록 공간을 제공한다. 2세는 교실 내 흥미영역으로 미술영역이 독립적으로 처음 구비되는 연령이다. 그러므로 영아들이 미술활동에 흥미를 가질 수 있도록 다양한 미술 자료를 제공하는 것이 중요하다. 다양한 크기와 모양의 종이, 구길 수 있는 자료, 크레용, 색연필 등 끼적일 수 있는 그리기 도구, 사진이 많은 잡지책, 모루, 수수깡, 빈 과자 상자나 봉투, 안전가위, 풀, 접착용 테이프, 밀가루 반죽, 도장, 스티커 등을 구비하도록 한다.

다음은 2세 영아를 위한 미술영역의 예시이다.

2세 영아를 위한 미술영역

3~5세 유아를 위한 미술영역은 미술 표현과 감상이 활발히 일어날 수 있도록 구성한다. 미술표현기법과 자료를 탐구할 수 있도록 다양한 종류의 자료를 제공하며, 작품전시와 감상을 위한 공간도 함께 제공한다. 만 3세는 소근육 발달이 미숙하므로 충분한 공간을 제공한다. 미술영역은 채광이 좋은 위치에 배치하며 미술활동 후 손을 씻을 수 있도록 세면대를 둔다. 다음은 유아를 위한 미술영역의 예시이다.

유아를 위한 미술영역

또한 미술영역에는 작품 전시대를 마련해 두어 유아가 작품을 완성한 후 게시할 수 있도록 하고, 유아가 시간 내에 완성하지 못한 작품을 보관할 수 있는 바구니를 제공해 주어 유아가 스스로 활동 시간을 조절할 수 있도록 한다.

작품 전시대를 이용하여 작품을 게시한 모습

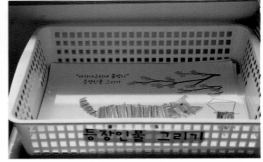
유아들이 활동지를 선택하거나 완성하지 못한 활동지를 보관하도록 바구니를 제공한 모습

미술영역에는 작업을 위한 책상뿐 아니라 유아들이 흥미를 갖고 탐색할 수 있는 라이트테이블을 배치하여 셀로판지, 반투명 색깔 교구, 여러 가지 블록, 자연물 등을 올려 두고 탐색하거나 구성하는 활동을 할 수 있다. 라이트 테이블 위에 셀로판지와 여러 자료를 올려두면 빛에 따른 색의 변화와 혼합 등을 탐색할 수 있다.

영아들이 라이트테이블 위에 여러 색의 셀로판지를 놓아 보며 탐색하는 모습

라이트테이블 위에 자연물(콩)과 동물 모형, 비즈를 이용하여 구성하는 모습

한편, 미술활동은 실내뿐 아니라 실외에서도 이루어질 수 있다. 제3차 어린이집 평가인증 통합지표(한국보육진흥원, 2017)에서도 실외 공간에 미술활동을 할 수 있는 작업영역을 구비하도록 하고 있고, 3~5세 연령별 누리과정에서도 물감으로 그림 그리기, 점토 놀이 등 다양한 주제와 활동으로 놀이를 할 수 있는 작업영역 구성을 제안하고 있다.

실외 공간의 작업영역에는 핑거 페인팅, 점토 놀이, 물감으로 그림 그리기 등을 할 수 있는 미술 자료(이젤, 종이, 그림 물감, 다양한 굵기의 붓, 그리기 도구, 목공도구, 비닐 옷, 종이 박스, 나무 박스, 점토류, 밀가루 반죽, 톱밥, 나무젓가락, 빨대, 고무 밴드, 스티로폼, 모루, 스펀지, 수수깡, 자연물 등)를 구비할 수 있다. 영아의 경우에는 실내에서 하기 힘든 탐색활동(예: 진흙놀이, 물감놀이)을 실외에서 할 수 있다. 실외에서의 미술활동은 영유아들에게 해방감을 준다. 유아의 경우 실외에서 흔히 볼 수 있는 자료를 이용하여 돌 위에 그림 그리기, 물감 흘려 벽화 꾸미기 등의 활동을 할 수 있다. 또한 친구와 함께 작업할 수 있는 공동 작업을 제공한다. 즉, 실외에서 미술활동을 진행할 때에는 실내 공간에서 진행하기 어려운 활동이나 실외 공간을 꾸미는 활동(예: 벽화 꾸미기, 바닥 그림 그리기 등)을 계획할 수 있다.

분필로 돌 위에 그림을 그리는 유아의 모습과 완성된 작품

다음 활동 사진은 유아교육기관 벽면에 칠판 시트지를 부착하여 유아가 자유롭게 분필 그림 그리기를 하는 모습이다. 인터넷에서 칠판 시트지나 칠판 페인트를 구매하여 벽면이나 나

무판 위에 부착하거나 칠하여 칠판을 쉽게 만들 수 있다. 색분필도 48색까지 다양한 색을 판매하므로 영유아들이 다양한 색을 경험할 수 있다. 또한 색분필은 자유롭게 그린 후 물로 쉽게 씻어낼 수 있어, 유아에게 실패에 대한 두려움 없이 자유롭게 그려 보는 경험을 제공할 수 있다.

실외에 설치된 칠판에 색분필 그림을 그리는 모습

실외 공간은 작품을 전시하는 공간으로 활용할 수도 있다. 크기나 부피가 큰 입체 작품을 실외 공간의 자연과 어울리도록 전시하면 작품이 돋보일 수 있으며, 작품을 제작한 유아 뿐 아니라 기관의 모든 구성원이 함께 작품을 감상할 수 있다. 다음에 제시된 사진은 유아들이 일상용품을 활용하여 만든 자전거와 가을 풍경 그림을 나무에 걸어 전시한 모습이다. 유아들은 자신의 작품과 주변 자연환경이 조화롭게 구성된 모습에서 또 다른 아름다움을 발견할 수 있다.

실외 공간에 작품을 전시할 경우에는 날씨에 따라 작품이 손상되지 않도록 유의한다. 또한 작품에 대한 설명을 담은 설명판을 함께 전시하여 다른 사람들의 작품 감상을 돕는다.

실외 공간에 일상용품으로 만든 자전거를 전시한 모습

가을 풍경을 그린 그림을 나무에 걸어 전시한 모습

(2) 자료의 배치

미술활동 자료는 유아의 표현 욕구를 충족시킬 수 있도록 가능한 다양하게 준비한다. 그러나 미술영역에 너무 많은 종류의 자료를 제시하면 유아가 선택에 어려움을 느낄 수 있다. 제3차 어린이집 평가인증 통합지표(한국보육진흥원, 2017)에서는 미술영역에 제시되어야 하는 활동 자료의 개수를 제시하고 있는데, 2세의 경우에는 미술활동 자료 3종, 유아의 경우에는 4종 이상을 구비하도록 제시하고 있다. 이 기준은 최소의 기준이므로 유아의 특성과 활동주제에 따라 교사는 융통성 있게 미술활동 자료를 제시해 주어야 할 것이다. 미술활동 자료의 종류나 양을 결정할 때에는 유아의 요구나 발달 수준, 흥미는 물론 자료가 제시되는 시기도 고려해야 한다.

① 미술영역 비치자료

교실에 제공되는 미술활동 자료는 생활 주제와 관련된 자료와 상시적으로 비치하는 자료로 구분할 수 있다. 먼저, 생활 주제(예: 교통기관)와 관련된 미술 자료를 비치할 경우 주제에 맞춰 장욱진의 〈자동차가 있는 풍경〉 명화를 전시하여 유아들이 감상할 수 있도록 하거나, 유아들이 찍기 활동을 할 수 있도록 교통기관 스펀지 도장이나 다양한 바퀴 모형을 비치해 둘 수 있다. 상시적으로 비치하는 자료는 주제와 관계없이 유아들이 활용할 수 있는 기본 자료로 사인펜, 색연필, 물감, 점토, 크기나 재질이 다른 여러 종이를 비치해 둔다.

연령별로 살펴보면 3세는 다양한 내용의 미술활동이 이루어질 수 있도록 여러 가지 모양과 색, 질감을 가진 종이류, 다양한 그리기 도구, 점토 종류를 포함하여 쉽게 이용할 수 있는 기본적인 미술 자료를 제시한다. 4세는 다양한 매체를 이용하여 자신의 생각과 느낌을 표현하는 작업 활동과 작품 전시 및 감상활동을 할 수 있는 기본적인 미술 자료 이외에도 일상용품이나 헝겊, 나뭇잎, 주변에 있는 물건 등 유아가 관심을 보이거나 새로운 활동 전개에 적절한 자료를 첨가해 줄 수 있다. 5세는 미술 표현과 자료의 탐구를 통해 창의적 표현력을 길러줄 수 있는 풍부하고 다양한 자료를 상시 비치하여 유아가 필요에 따라 사용할 수 있도록 한다. 미술활동 자료는 모양이나 크기, 재질 등이 매우 다양하므로 큰 자료와 작은 자료를 유아가 보기 쉽게 잘 분류하여 둔다.

② 미술 자료 배치 시 유의점

미술영역은 물을 포함하여 여러 가지 자료를 사용하는 곳이므로 다음과 같은 점에 유의하여 배치한다.

미술활동을 위해 책상 위에 PVC 필름(비닐)을 깔아 놓은 모습

첫째, 유아의 위생과 안전을 고려한다. 즉, 자료가 위생적인지, 청소가 용이한지 고려해야 한다. 미술영역에 비치된 책상 위에 PVC 필름(비닐)을 깔면 책상이 오염되는 것을 방지할 수 있으며, 미술활동 후 청소도 용이하다.

둘째, 유아의 연령을 고려하여 적절한 크기와 모양의 자료를 비치한다. 제3차 어린이집 평가인증 통합지표(한국보육진흥원, 2017)에 따르면 교실 내 모든 놀잇감은 거친 표면이나 날카로운 모서리, 파손된 부분이 없어야 하며 깨지거나 베일 수 있는 재질의 물건(예: 끝이 깨진 사기 그릇, 안전 처리되지 않은 깡통 등)은 피해야 한다. 조개껍데기 등의 실물자료를 제시할 경우 깨지거나 날카롭지 않아야 한다. 특히 영아반의 경우에는 영아가 삼킬 수 있는 크기의 자료(직경 3.5cm 이하)는 비치하지 않는다. 콩, 팥, 은행, 도토리 등의 작은 자연물을 직접 활동 자료로 제공해서는 안 되며, 탐색활동을 위해 제공할 경우에는 밀폐된 용기(영아가 열 수 없도록 마감 처리된 용기)에 담아서 제공한다.

셋째, 미술활동 자료로 제시한 자연물이 상하지 않도록 관리한다. 가을 산책 후 나뭇잎과 가을 열매 등을 주워 미술활동 자료로 제시할 경우, 통풍이 잘 되는 곳에서 충분히 말려 부패하지 않도록 관리한다.

넷째, 자료 보관 바구니를 청결하고 안전하게 관리한다. 미술영역에서 사용하는 자료를 유아들이 스스로 정리할 수 있도록 바구니를 제공하고, 주기적으로 세척하여 청결하게 관리하며 파손된 바구니는 즉시 교체하여 안전에 유의한다. 또한 같은 종류의 자료보관 바구니를 사용하여 통일성을 주고 같은 종류의 자료를 한 바구니에 모아 제시하여 영유아들이 쉽게 자료를 사용하고 정리할 수 있도록 한다.

같은 크기의 바구니를 사용하여 통일성 있게 정리한 모습

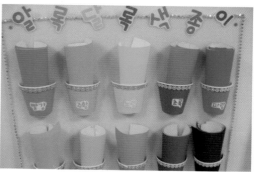

같은 종류의 자료끼리 모을 수 있는 정리함을 제공한 모습

다섯째, 유아의 신체 크기에 적합한 도구를 제공한다. 영아의 경우 칼, 성인용 가위, 송곳,

스테이플러, 칼날이 드러나 있는 테이프 커터기, 강력접착제, 목공용 본드, 글루건 등을 제공하면 안 된다. 가위 끝이 둥글게 되어 있거나 전체가 플라스틱으로 된 영아용 안전가위를 제공한다. 테이프 커터기는 칼날이 드러나지 않도록 다음 그림처럼 마개를 밀봉한다.

테이프 옆면과 바닥에 칼날이 숨겨져 있으므로 덮개를 테이프로 고정시켜 유아의 손이 칼날에 닿지 않도록 한다.

미술영역에 테이프 커터기를 제공한 모습(겉으로 드러나는 칼날이 없도록 덮개를 고정시켜서 제공해야 한다.)

여섯째, 자료의 크기와 무게를 고려하여 배치한다. 무겁고 크기가 큰 자료의 경우에는 교구장의 하단에 보관하여 안전에 유의하도록 한다.

무겁고 크기가 큰 자료를 교구장 하단에 배치한 모습

2. 미술활동을 위한 자료

1) 미술활동 자료[1]의 개념 및 중요성

> 유아미술활동에서 유아와 미술 자료의 소통과정을 교사가 이해하지 못한다면 유아가 물통에서 붓을 씻으면서 발견하는 혼색과 색의 번짐, 목탄이나 숯을 문질러 봄으로써 특성을 알 수 있는 과정, 찰흙을 물에 넣어 주물러 보거나 변화를 살펴보는 과정, 종이를 찢고 구기고, 날려 보는 이 모든 과정이 수업 이외의 다른 행동으로 간주될 수 있다.
>
> —서민주, 임부연(2014)—

유아는 미술활동 과정에서 주제, 자료, 표현 방법, 크기, 색깔, 질감 등을 선택하고, 다양한 자료를 다루면서 자료의 속성, 사용 방법 및 기술을 습득하게 된다(김경희, 2011). 다양한 자료를 가지고 무엇을 어떻게 표현하고 만들 것인지, 특정 도구는 어떠한 기능을 하는지를 탐색하고 사고하는 과정에서 유아의 창의성이 발현된다. 유아는 자료 탐색의 과정을 통해 자신만의 독특한 표현 방법을 찾게 되므로 다양한 종류의 미술 자료를 비치해야 한다(교육과학기술부, 보건복지부, 2013). 또한 유아는 다양한 자료를 탐색하면서 소근육이 발달할 수 있으나, 아직 소근육 사용이 미숙한 유아에게는 익숙하고 사용하기 쉬운 자료부터 새로운 자료 순으로 제공해야 한다.

아른하임(Arnheim, 1974)은 유아는 자신이 보고 있는 대상을 객관적이고 사실적으로 묘사하는 것이 아니라 자신의 경험이나 사용 가능한 자료에 의존하여 표현하는 경향이 있다고 하였다. 아이즈너(Eisner, 1972)는 미술표현 자료는 매우 다양할 뿐 아니라, 시각적이며 촉각적인 특성이 있으므로 이들과 어떻게 소통하느냐가 작품 완성에 영향을 미칠 수 있음을 강조하였다.

---

[1] 미술표현활동을 위한 재료와 도구, 탐색과 감상활동을 위한 자료 모두를 통칭하여 '자료'라고 칭하였다.

미술활동에서 제공되는 자료는 새로운 것일수록 유아의 호기심과 표현 욕구를 자극하여 풍부한 상상력을 불러일으킬 수 있다. 그러나 계속해서 새로운 자료만으로 활동을 도모한다면, 유아는 자료에 대한 충분한 탐색과 이해의 부족으로 표현하고자 하는 의도를 적절히 표현하기 어려울 수 있다. 따라서 교사는 유아의 발달, 흥미, 요구에 적합한지, 미술활동의 목표와 내용에 부합하는지 등을 고려하고 새로운 것과 익숙한 것을 균형있게 제공함으로써 유아의 표현을 도와야 한다.

로웬펠드는 유아에게 적절한 자료를 선택할 때에는 첫째, 유아의 발달 수준에 적합한 것, 둘째, 표현에 가장 적절한 것, 셋째, 위생적이고 안전한 것인지를 고려해야 한다고 하였다. 레지오 에밀리아 프로그램의 경우 자연물, 인공으로 변형된 자연물, 전통적인 관점을 벗어난 미술 자료 등 유아가 다룰 수 있고 흥미를 보이는 것은 무엇이든 표현의 자료로 제공한다. 교사는 전시 방법과 배열에서의 '심미성'을 최대한 배려하여, 유아들의 눈을 사로잡는 매혹적인 자료를 사용하도록 돕는다(임부연, 2006).

교사가 유아의 미술활동 자료를 선택할 때 고려할 점은 다음과 같다(박라미, 2004).

- 유아가 다양한 방법으로 활용하여 표현할 수 있는 자료가 바람직하다.
- 기존의 미술 자료뿐 아니라 일상생활 속에서 발견할 수 있는 모든 것을 미술 자료로 인식해야한다.
- 교사는 미술 자료에 대한 인식을 확대하고, 이미 사용해 온 자료일지라도 그 특성을 좀 더 이해할 수 있도록 지속적인 연구를 통해 새로운 안목으로 자료를 적용하는 방안을 모색하여야 한다.
- 미술 자료를 성인용과 유아용으로 구별하여 유아에게 성인용 미술 자료를 제공하면 안 된다고 간주할 것이 아니라, 유아의 발달 특성과 미술활동을 고려하여 적절한 적용방법을 찾는 것이 필요하다.
- 동일한 자료를 다수에게 일방적으로 제시하기보다는 유아 스스로 자유롭게 탐색하고 선택할 수 있도록 한다.
- 교사는 유아에게 미술 자료를 제시하기 전에 자료를 충분히 이해함으로서 유아의 시도와 발견

에 현명하고 지혜로운 조력자가 되어야 하며, 이를 위해 끊임없이 새로운 미술 자료에 관심을 기울여야 한다.

2) 유아미술활동을 위한 자료의 종류

미술활동을 위한 자료는 감각을 위한 미술 자료, 드로잉 및 평면 그리기 미술 자료, 입체 자료로 구분할 수 있으며, 영아기, 유아기, 초등 저학년기로 나누어 제시할 수 있다. 각 발달 단계에서 제시한 미술활동 자료에 대한 경험이 누적되면 다음 발달단계에서도 사용할 수 있으며, 구체적인 예시는 다음과 같다(박라미, 2004).

〈표 8-1〉 유아미술활동을 위한 각 발달단계별 자료의 종류와 활동 예시

분류	영아기	유아기	초등 저학년
감각을 위한 미술 자료와 활동	• 발달을 고려한 색 블록 • 각종 질감이 느껴지는 생활용품(수세미, 각종 곡식 판, 각종 섬유, 특색 있는 지류 등) • 신체의 촉각을 자극하는 물감류(밀가루와 같이 반죽한 흐르는 듯한 물감, 번짐을 위한 물감 스프레이, 자극이 없는 물감을 이용한 보디페인팅, 시각과 미각을 자극하는 여러 가지 색의 과일 음료, 찰흙 밟기 등 물감 공 굴리기 등을 이용한 즐거운 흔적 보기 등)	• 특수한 지류(골판지, 셀로판지, 다공지, 주름지 등)를 이용한 붙이기 작업 • 다양한 점토를 이용한 데코레이션 • 비누방울 물감놀이 • 사포지에 그려 보기 • 색 모래를 만들어 표현하기 • 찰흙판, 모래판을 이용한 긁어 표현하기 • 우연현상을 이용한 표현놀이(데칼코마니, 마블링, 자석그림 등)	• 감각으로 느낀 것을 조합하거나 유추 연상 등을 이용, 연역과 귀납으로 표현하기(철 수세미를 이용하여 다양한 모양 변형 꾀하기, 꽃잎을 뿌려 다양한 붓 자국으로 표현하기, 여러 지류를 이용한 지판화, 먹물 적신 타월을 이용한 한지 덮어 두드려 표현하기, 색지를 동일한 패턴으로 접어 나열한 후 조합하기)

(계속)

드로잉 및 평면 그리기 미술 자료	크레파스, 굵은 붓을 이용한 벽에 그리기, 사인펜, 색연필, 찍어 표현하는 야채, 적신 찰흙 분필, 물감을 타서 얼린 얼음물감, 야채 즙 만들어 그리기 등	퍼프, 콘테, 볼펜, 매직류, 불어 펜, 분필, 즙을 이용한 그리기, 채소, 칫솔 또는 다양한 특성과 크기의 붓으로 탐색하며 그리기, 부드러움이 강한 6B와 8B 연필로 그리기, 반발성을 이용하여 그리기 등	수채색연필, 파스텔, 포스터칼라 드라이 기법으로 그려보기, 다양한 굵어 그리기, 콜라주로 표현하기, 4B와 HB 연필, 유성 잉크와 펜, 색볼펜, 면봉을 이용한 드로잉 등
입체 자료	찰흙, 고무찰흙, 밀가루 반죽, 굵고 유연한 피복선, 쌓을 수 있는 상자 등	다양한 도형을 이용한 활동(여러 지류를 접어 표현하기, 각종 채소를 끼워 표현하기), 다루기 쉬운 폐품 활용하기, 손쉽게 하는 협동 작품으로 입체 활동하기	계획단계를 거쳐 입체미술활동으로 전개하기, 다양한 선재 구성과 면 구성으로 꾸미기, 자연물을 이용하여 묶어 표현하기, 간단한 목공용구 사용과 못 박기(공예망치 이용), 폐품을 이용한 만들기, 자연물과 주변 환경을 이용한 입체 협동 활동

출처: 박라미(2004).

유아미술활동에 사용할 수 있는 자료를 자연물, 종이류, 그리기 도구, 점토, 끈과 철사, 접착제, 기타로 나누어 살펴보면 다음과 같다.

(1) 자연물

유아들은 산책활동을 통해 계절의 변화를 느끼고 자연의 아름다움을 감상하게 된다. 또한 산책을 하면서 나뭇잎, 열매, 나뭇가지 등을 수집하여 미술활동에 활용할 수 있다. 미술활동에서 사용할 수 있는 자연물은 유아들이 흥미를 가질 수 있는지, 유아의 주변에서 쉽게 접할 수 있는지, 유아가 안전하게 수집하고 다룰 수 있는지, 미술활동에 효과적으로 사용할 수 있는지를 고려해야 한다(손혜경, 손은경, 2016).

유아교육기관에서 사용할 수 있는 자연물은 돌멩이, 곡식, 씨앗, 나뭇잎, 꽃, 솔방울, 나무껍질(나무 조각), 달걀껍질, 짚, 갈대, 열매, 채소, 나뭇가지, 조개껍데기 등이 있다.

유아미술활동에 사용할 수 있는 다양한 자연물

검은 쌀을 이용한 모자이크 작품

핸디코트 위에 자연물을 붙여서 만든 액자

돌멩이, 모래, 흙은 풀, 핸디코트, 물감 등 다른 자료와 혼합하여 사용하거나 붙이기, 끼워 표현하기 등의 방법으로 표현할 수 있다. 예를 들어 모래나 흙으로 모자이크를 구성할 수 있으며, 돌멩이 위에 채색할 수도 있다. 이탈리아 화가 로베르토 리초(Roberto Rizzo)는 돌멩이 위에 다양한 생물을 극사실적으로 그려서 표현한다.

(2) 종이류

종이는 미술의 가장 기본적인 자료이다. 종이는 같은 종류라고 해도 두께나 질감, 광택에 따라 작품표현의 느낌이 달라지기 때문에 교사는 표현 자료와 기법의 특성을 고려하여 종이를 제공한다. 일반적으로 단면 색지, 양면 색지, 마분지 등이 미술 자료로 많이 사용되며 일반 종이보다 두껍고 표면에 독특한 느낌을 주기 위해 머메이드지, 파인애플지, 구김지, 타공지, 크라프트지 등을 사용하기도 한다. 또한 종이의 두께에 따른 표현활동을 위해 하드보드지, 미농지(트레싱지), 습자지 등을 사용하고, 골판지, 거울지, 셀로판지, 사포 등을 사용하여 독특한 작품의 느낌을 표현하며 찢어 붙이기가 용이한 한지를 사용하기도 한다. 교사는 일반적인 종이와 여러 두께와 재질의 종이를 제시하여 유아들이 다양한 종이를 탐색하고 표현할 수 있도록 한다. 다음은 유아미술활동에 사용할 수 있는 종이의 예시이다.

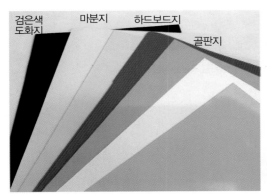 

유아미술활동에 사용할 수 있는 다양한 종이류

미술활동에서 유아의 흥미를 자극하며 다양하고 창의적인 창작활동을 유도하기 위해서는 획일적인 사각 형태의 종이 이외에 동그라미, 세모 등의 기하학적 모양을 다양하게 제공하는 것이 좋으며(류재만, 1996), 다양한 형태의 종이를 한 번에 제공하기보다는 각 형태의 특성과 친숙성을 고려하여 점차 종류를 늘려 제공한다(김정, 조정숙, 2001). 유아들이 사용하고 남은 종이를 보관할 수 있는 바구니를 제공하여 유아들이 다양한 형태의 종이를 이용할 수 있도록 하고 동시에 자료를 아껴 쓸 수 있도록 한다. 다음은 딸기 모자이크 작품을 주름지, 색종이, 타공지 등의 다양한 재질의 종이로 표현한 예시이다.

주름지, 타공지, 색종이를 오려 붙여서 딸기를 표현한 작품

(3) 그리기 도구

유아교육기관에서 사용하는 그리기 도구는 크레파스, 크레용, 파스텔, 사인펜, 색연필, 연필 등이 있으며, 채색 도구는 수채화 물감, 아크릴 물감, 템페라 물감 등이 있다. 색을 내는 안료에 무엇을 첨가하였느냐에 따라 크레파스, 크레용, 파스텔로 구분된다. 먼저 크레파스는 안료를 왁스와 연질류에 섞어 굳힌 막대 모양의 미술도구로 정식 명칭은 오일 파스텔 또는 왁스 오일 크레용이다. 크레파스라는 명칭은 1926년 일본의 사쿠라 상회에서 이 도구를 처음

만들었을 때 상용했던 상표명으로 크레용과 파스텔의 일본식 합성어이다. 크레용은 안료와 왁스를 섞어 만든 것이고, 파스텔은 안료만을 뭉쳐 놓은 것이다.

사인펜은 수성 잉크가 촉으로 흘러나오는 형태로 수성 잉크의 색에 따라 여러 색을 낼 수 있다. 우리가 흔히 사용하는 사인펜은 수성 사인펜으로 물이 닿으면 번지는 성질을 가지고 있다. 수성 잉크 대신 유성 잉크를 넣으면 유성 사인펜(우리가 흔히 네임펜이라고 부르는)이 된다. 사인펜의 심은 주로 나일론이나 폴리에스테르 섬유를 굳혀서 만들고 촉은 붓의 형태이지만 붓보다 훨씬 단단하다.

색연필은 흑연으로 만들어진 연필과 다르게 안료를 쓰기 때문에 지우개로 잘 지워지지 않는 성질이 있다. 색연필은 손에 잘 묻지 않고 색이 번지지 않기 때문에 유아교육기관에서 쉽게 사용한다. 물과 결합되면 수채화 물감처럼 사용할 수 있는 수채색연필도 있다.

연필은 흑연을 사용하는 모든 필기구를 뜻하는데 지우개로 지울 수 있어 스케치를 할 때 사용하거나, 연필만을 이용하여 그리기도 한다. 연필심은 흑연과 진흙을 섞어서 만들고 심의 진하기(Black을 의미)인 흑연은 B, 심의 단단하기를 나타내는 진흙은 H(Hard)로 나타낸다. 즉, H 앞의 숫자가 높을수록 연필심이 더 단단하고 연한 색을 내고 B앞의 숫자가 높을수록 덜 단단하고 더 진한 특성을 갖고 있는데 10H에서 8B까지로 구분된다. 우리가 필기를 할 때 사용하는 HB는 10H와 8B의 중간으로 흑연과 진흙이 같은 비율로 섞인 것이고, 흑연이 더 많이 섞인 것은 B, 진흙이 더 많이 섞인 것은 H이다. 그림을 그릴 때에는 B가 많은 연필을 사용한다.

파스텔은 가루 안료를 굳힌 것으로 입자가 곱고 불투명한 특징이 있다. 파스텔은 크레파스, 색연필과는 다르게 가볍게 그리고 손이나 휴지 등으로 문질러 표현한다. 파스텔을 처음 접하는 유아들은 파스텔을 힘을 주어 만지거나 색칠하기도 하므로 파스텔 사용방법에 대해 꼭 알려 주도록 한다. 또한 파스텔을 사용할 때 파스텔이 옷에 묻지 않도록 유의하고 파스텔로 그림을 그린 후에는 픽서(혹은 접착용 스프레이)를 뿌려서 보관한다. 오일 파스텔은 크레용과 파스텔의 중간 정도 질감을 가진 그리기 도구로 가루 안료를 오일로 굳혀서 만든다. 오일 파스텔로 종이에 그린 후, 종이를 덮고 숟가락이나 손으로 세게 문지르면 판화처럼 종이에 찍히는 성질이 있다. 다음은 유아미술활동에 사용할 수 있는 그리기 도구의 예시와 작품의 예시이다.

유아미술활동에 사용할 수 있는 다양한 그리기 도구

머메이드지에 색연필로 그리고 파스텔로 배경을 칠한 모습

거울지에 유성 사인펜으로 그린 모습

물감은 색소에 물이나 기름을 섞어서 색을 칠할 수 있게 만든 것으로 수채화 물감, 아크릴 물감, 유화 물감, 템페라 물감이 있다. 물감은 종이에 따라 구분하여 사용해야 하는데 수채화

물감은 물과 섞어 농도를 조절해서 사용할 수 있으며 번지는 효과를 낼 수 있다. 아크릴 물감은 수채화 물감과 유화 물감의 특성을 모두 갖고 있고 유화 물감에 비해 사용이 간편하다. 유아교육기관에서는 우드락이나 아스테이트지를 채색하기 위해 아크릴 물감을 사용하는데, 수채화 물감과는 달리 건조 후에는 물에 다시 녹지 않는다. 따라서 팔레트에 짜서 사용하기보다는 박스, 우드락 조각 등 사용하지 않는 일상용품에 덜어서 사용하고 폐기하는 것이 좋다. 또한 손에 묻어도 고무막처럼 떼어 낼 수 있지만, 옷 등의 천에 묻었을 경우에는 지워지지 않으니 유의하도록 한다.

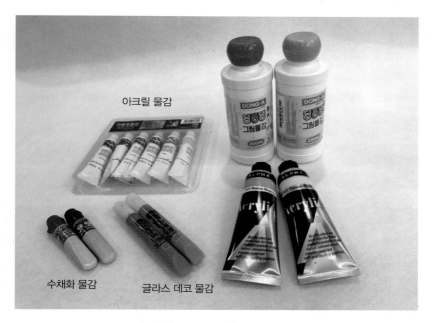

유아미술활동에 사용할 수 있는 다양한 물감

템페라 물감은 달걀노른자와 아교를 섞은 불투명한 안료로 수채화 물감, 아크릴 물감과는 다른 질감을 느낄 수 있다. 템페라 물감으로 그린 작품은 건조한 후 변질되지 않고 온도나 습도에 거의 영향을 받지 않아 오래 보존할 수 있다.

영아들과 물감을 사용할 때에는 옷에 묻어도 잘 지워지는 물감이나 도트 물감을 활용할 수 있다. 도트 물감 통은 영아들이 쉽게 물감 찍기를 할 수 있으며, 플라스틱 물약 병에 물감을 넣어 도트 물감을 만들어 활동할 수 있다. 또한 물풀에 물감을 섞어 물풀 물감을 만들 수도 있다. 물풀 물감을 만들 때에는 다 쓴 물풀 통에 물을 섞은 물감을 넣어서 만들거나 물풀을 1/3 정도에 물감 2/3를 채워서 간단하게 만들 수 있다.

① 물풀, 수채화 물감, 나무젓가락을 준비한다.

② 1/3정도 남은 물풀에 물감을 섞는다(새 물풀을 사용할 경우 물감을 넣었을 때 넘치므로 물풀을 덜어 낸다).

③ 완성된 물풀 물감

물풀 물감 만들기

시판용 도트 물감으로 나무 꾸미기를 하는 모습과 완성된 모습

물풀로 만든 물감으로 찍기 활동을 하는 모습

채색이 가능한 자료는 물을 이용하여 풀어쓰기, 유용성과 지용성의 특징을 이용하여 배수 그림으로 표현하기, 다양한 도구와 용구의 변화를 이용하여 표현하기, 풀 또는 찰흙을 혼합

하여 핑거페인팅으로 활용하기, 탈색제를 사용하여 표현하기, 번지기, 두드려 표현하기, 찍어 표현하기 등을 할 수 있으며 자료의 특성에 따라 프로타주, 스크래치 등으로 변형하여 활용할 수 있다.

드로잉이 가능한 선묘자료는 지류의 변화를 이용한 동일 자료로 다양한 변화를 꾀하기, 물리적 자극을 준 종이에 드로잉으로 표현하기(구겨 그리기, 물 뿌려 그리기)를 할 수 있다.

(4) 점토

점토는 원하는 대로 자유롭게 형태를 변화시킬 수 있어 유아들이 좋아하는 자료이다. 점토는 평면표현 자료에서 느낄 수 없는 질감과 촉감을 제공한다. 가공하지 않은 자연 상태의 흙으로 만들어진 찰흙은 물, 모래, 나무와 같은 자연의 본질에 가장 가까운 천연 입체 자료로 주무르고 밀고 뭉치고 굴리는 동안 유아에게 안정감을 준다.

찰흙은 사용 후 마르기 전에 밀봉 상태로 보관하면 장시간 사용이 가능하다. 쓰고 남은 찰흙은 습기를 보충하여 랩으로 밀봉하여 보관하고, 이미 굳은 찰흙은 물을 뿌려 질퍽한 상태로 만든 후에 다시 사용할 수 있다. 찰흙으로 만든 작품은 그늘에서 말려야 하며, 물감은 작품이 완전히 마른 뒤에 칠한다(류재만, 1996). 지점토는 종이찰흙이라고 불리는데 신문지나 헌 종이 따위의 종이를 잘게 찢어서 물에 적신 후 풀을 섞어 만든 점토로 공예작품 만들기에 이용한다. 지점토는 일단 굳으면 쉽게 부서지지 않고 굳은 다음 수채화 물감, 포스터 물감, 아크릴 물감 등 다양한 물감으로 색칠할 수 있다. 컬러점토는 공기에 노출시켜도 쉽게 굳지 않으며, 여러 가지 색의 점토를 혼합해서 사용할 수도 있다. 컬러점토는 생산업체에 따라 여러 가지 재질로 개발되어 상용화 되고 있다(탁정은, 2008). 다음은 유아미술활동에 사용할 수 있는 점토의 예시이다.

유아미술활동에 사용할 수 있는 다양한 점토

영아를 위하여 밀가루, 땅콩버터, 식빵, 전분을 이용하여 점토를 만들어 사용할 수 있다(조윤경, 2005). 밀가루에 물과 소금을 섞어 만드는 밀가루 점토는 부드럽고 탄력이 좋으며, 채소나 과일즙을 넣어 여러 가지 색으로 만들 수 있다. 땅콩버터에 전지분유가루를 섞어 만드는 땅콩버터 점토는 점토의 끈기 조절이 필요할 경우 꿀이나 물엿을 사용한다. 땅콩버터 점토는 일반적인 찰흙과 비슷한 촉감이나 입자가 거친 정도에 따라 다른 촉감을 느낄 수 있다. 식빵 점토는 식빵에 레몬즙이나 물을 넣어 반죽하는데 촉감이 거칠고 점성이 약한 반면 탄력성이 좋다. 전분 점토는 전분가루에 뜨거운 물을 넣어 익반죽하고 식용색소로 색을 입힌다. 전분 점토는 반투명 상태로 미끈한 촉감을 제공한다. 밀가루, 땅콩버터, 식빵, 전분과 같은 식재료로 만든 점토는 시간이 지나면 부패하므로 밀봉하여 냉장고에 보관하고 일정 기간 동안 사용한 후에는 폐기하도록 한다. 옆에 제시된 사진은 영아들이 밀가루 점토를 주무르고 뜯어본 후 다양한 도구를 이용하여 놀이하는 모습이다.

밀가루 점토를 탐색하고 도구를 이용하여 놀이하는 영아의 모습

(5) 끈과 철사

유아교육기관에서 사용하는 끈이나 철사 종류로는 철사, 실, 지끈, 마끈, 털실, 철사, 모루, 빵끈, 공예철사 등이 있다. 지끈은 종이를 꼬아서 만든 끈으로 꼬아져 있는 상태 그대로 사용할 수도 있고 펼쳐서 사용할 수도 있다. 지끈을 펼쳐서 사용하면 염색된 면이 자연스럽게 나타나 매우 심미적인 느낌을 준다. 마끈은 자연 그대로의 느낌을 내기 위하여 사용하는데 한지, 크라프트지와 잘 어울린다. 털실은 다양한 색과 굵기를 가지고 있기 때문에 유아들이 사람의 머리카락을 나타내는 꾸미기 자료로 활용하거나 털실을 꼬아서 입체적인 작품을 만들수 있다. 철사는 공예철사보다 단단하기 때문에 유아들에게 직접 제공하기보다는 입체 작품의 뼈대를 구성하여 제공할 때 사용한다. 공예철사는 일반 철사보다 두껍고 모양을 구성하기에 용이하여 유아들이 직접 활용할 수 있다. 다음은 공예철사와 털실, 깃털을 이용하여 드림캐쳐를 만든 작품의 예시이다.

예비유아교사가 만든 드림캐쳐(공예철사로 틀을 만든 후 털실과 실로 감은 모습)

모루는 철사 겉면에 보들보들한 천을 씌운 것으로, 잘라서 작은 조각으로 꾸미기를 하거나 꼬아서 입체 작품을 만들기도 하며, 모루를 뭉쳐서 물감 찍기를 할 수도 있다. 빵끈은 철사 겉면에 비닐을 덮은 것으로 자르거나 구부려서 다양한 모양을 만들거나 물건과 물건을 고정하기 위하여 사용한다. 낚시줄은 투명하여 보이지 않기 때문에 교사들이 미술 작품을 모빌로 만들어 게시할 때 많이 사용한다. 낚싯줄과 유사하나 늘어나는 성질을 가진 우레탄줄은 팔찌 등 장식품 만들기에 많이 사용된다. 다음은 미술활동에 활용할 수 있는 끈과 철사의 예시이다.

유아미술활동에 사용할 수 있는 다양한 끈과 철사

(6) 접착제

유아교육기관에서 주로 사용하는 접착제는 풀, 테이프, 본드 등이다. 풀은 흔히 딱풀로 불리는 고체풀과 물풀, 고무풀, 녹말풀, 밀가루풀, 반짝이풀, 목공용풀 등이 있다. 테이프는 투명 테이프, 비닐 테이프, 종이 테이프, 양면 테이프 등이 있다. 본드는 목공용 본드, 금속용 본드, 우드락 본드, 스프레이 접착제, 순간접착제 등이 있다. 영아는 고체풀보다 물풀이나 녹말풀 등이 사용하기가 쉽다. 또한 접착제는 자료의 특성에 따라 다르게 사용해야 한다. 표면이 매끄러운 코팅된 종이는 글루건 등의 접착제를 사용할 경우 금방 떨어지기 때문에 테이프를 이용하여 고정시키도록 한다. 스프레이 접착제는 유아가 파스텔로 그림을 그린 후 고정시키는 용도로 사용할 수 있으며, 핸디코트는 접착제 역할뿐 아니라 물감을 섞어 독특한 질감을 표현할 때 사용할 수 있다. 다음은 유아미술활동에 사용할 수 있는 다양한 접착제의 예시이다.

유아미술활동에 사용할 수 있는 다양한 접착제

(7) 기타

미술활동에 사용되는 자료는 무궁무진하다. 주변에서 볼 수 있는 많은 것들이 미술활동자료가 될 수 있는데, 아이스크림 막대, 백업, 뽕뽕이, 스팽글, 무빙아이, 빨대, 단추, 여러 재질의 천 등은 좋은 자료

유아미술활동에서 사용할 수 있는 기타 자료

가 될 수 있다. 또한 소금과 설탕, 커피, 카레 가루 등의 식재료, 우유갑, 분유통, 계란 판, 과자 상자 등의 재활용품, 플라스틱 그릇이나 접시, 나무젓가락, 종이컵 등의 일회용품 등을 사용할 수 있다.

영아의 경우에는 미역, 국수, 토마토, 딸기, 두부 등 다양한 식재료를 이용하여 감각활동을 할 수 있다. 먹어도 무해한 식재료는 영아들이 직접 만져 보고 맛보고 냄새 맡는 과정을 통해 영아의 감각을 발달시킬 수 있다.

토마토와 두부로 감각놀이를 하는 영아의 모습

소금과 설탕, 커피가루는 일반 물감으로 경험하기 어려운 채색 효과를 줄 수 있다. 다음의 예시처럼 소금, 설탕, 커피 가루를 부분적으로 사용하여 독창적으로 표현할 수 있다.

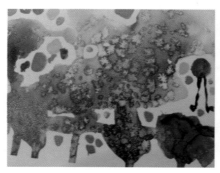

물감으로 자유화를 그린 후 소금을 뿌려 번지기 효과를 나타낸 모습　　**바닷가를 그린 후 커피 가루로 모래를 표현한 모습**

요약

1. 유아를 위한 미술교육 환경은 유아의 자발적인 참여를 촉구하고, 유아의 잠재력과 창의성을 개발하기 위한 공간으로 구성되어야 한다. 미술영역은 햇빛이 잘 비치고 교실의 통로에서 멀리 떨어져 있고 물을 쓰기에 용이해야 하며 여러 명이 활동하기에 충분한 크기로 마련되어야 한다. 미술영역에는 미술표현과 감상이 활발히 이루어질 수 있도록 하고 작품 전시대를 두어 유아들의 작품을 게시할 수 있도록 한다. 또한 실외에서도 미술활동이 이루어지도록 구성한다. 미술영역에는 생활 주제 관련 자료와 상시적으로 비치하는 자료를 균형 있게 제시하고 미술 자료를 배치할 때에는 유아의 연령 및 안전과 위생을 고려한 자료를 제공한다. 또한 자연물 등의 미술 자료가 상하지 않았는지를 확인하고 자료 보관 바구니를 청결하게 유지하며 유아의 신체발달에 적합한 도구를 제공한다.

2. 미술활동을 위한 자료는 유아들이 다각적으로 표현할 수 있어야 하며, 일상생활 속의 모든 것이 미술자료가 될 수 있다. 교사는 미술 자료에 대한 인식을 확대하고 유아의 발달 특성과 미술활동을 고려하여 다양한 미술 자료를 제공한다. 이를 통해 유아 스스로 미술 자료를 탐색하고 선택할 수 있는 기회를 제공한다. 유아미술활동을 위한 자료는 자연물, 종이류, 그리기 도구, 점토, 끈과 철사, 접착제 등이 있다.

더 생각해 보기

1. 유아가 아름다움을 인식할 수 있는 공간으로 미술영역을 구성하는 방법에 대해 이야기해 봅시다.
2. 바람직한 미술영역 구성과 그렇지 않은 구성에 대해 이야기해 봅시다.
3. 독특한 자료를 활용하여 표현하는 현대미술작가를 조사해 봅시다.

피자상자로 이젤 만들기

피자상자를 이용하여 간편하게 이젤을 만들 수 있어요. 박스 안에 그리기 도구를 넣어 함께 보관할 수 있어요.

1. 피자상자 1개와 여분의 상자 종이(또는 하드보드지) 1장을 준비한다.

2. 여분의 상자 종이를 피자상자와 같은 크기로 자른다.

3. 자른 상자 종이를 피자상자 뚜껑 위쪽으로 연결하여 붙인다.

4. 3을 접어 삼각대 형태로 만들고 도화지를 고정시킬 수 있는 집게를 붙인다.

5. 상자 아랫부분에 플라스틱 손잡이를 끼우고, 부직포를 이용하여 여닫을 수 있도록 한다.

6. 이젤 완성

제9장

유아미술의 감상과 평가

유아를 위한 미술교육은 표현만 강조할 것이 아니라 탐색, 표현, 감상이 균형적으로 제공되어야 한다는 필요성이 제기됨에 따라 미술감상교육에 대한 관심이 높아졌다. 유아는 성인과는 달리 미술 작품만을 감상하는 것이 아니라 자연을 비롯한 주변환경의 아름다움, 자신과 다른 친구의 작품도 감상할 수 있다. 교사가 유아를 위한 미술감상활동을 계획하고 실행하기 위하여 미술감상의 필요성에 대해 인식하고 효과적인 미술감상지도 방법에 대해 아는 것은 매우 중요하다. 또한 유아와 교사 자신을 위한 미술평가 방법을 알고 실행하는 것은 효과적인 미술활동을 계획하고 실행하는 데 필요할 뿐 아니라 유아와 교사 자신을 이해하는데 유용하다. 이 장에서는 유아미술감상의 필요성과 효과적인 지도방법을 제시하고 유아와 교사를 위한 미술평가 방법에 대해 구체적으로 알아보고자 한다.

학습목표

1. 유아미술감상의 필요성을 이해한다.
2. 효과적인 미술감상 지도 방법을 안다.
3. 유아를 위한 미술평가 방법과 교사를 위한 미술평가 방법에 대해 안다.

주요용어

유아미술감상 / 교사 발문 / 유아미술평가

1. 유아미술감상

1) 유아미술감상의 필요성

미술감상이란 자연과 사물 및 다양한 작품을 접하여 감각을 통해 아름다움을 느끼고, 작품의 미적·문화적·역사적 가치를 느끼고 판단하고 이해하며 내면화하는 과정이다(한국미술교과교육학회, 2004). 미술감상의 주체가 유아인 경우에는 감상의 대상이 예술 작품일 수 있고 친구의 작품일 수도 있으며, 혹은 일상적으로 볼 수 있는 사소한 것일 수도 있다(김향미, 2004). 그러므로 유아미술감상 활동의 대상은 예술 작품뿐 아니라 자연물, 사물, 자신과 다른 친구의 작품도 포함시켜야 한다.

유아에게 미술감상교육이 필요한 이유는 다음과 같다(류재만, 2000).

- 유아의 미적 안목을 함양시킬 수 있다. 다양한 작품을 감상하면서 미술요소나 원리 또는 작품의 특징이나 독창성을 찾아내고 비교하며 미적 안목을 기를 수 있다. 예를 들어 칸딘스키의 '동심원이 있는 정사각형' 작품을 감상하고 강렬한 색채와 반복에 대해 느낄 수 있다.
- 유아의 미적 정서를 고취시킬 수 있다. 미적 안목은 아름다움을 느낄 수 있는 미적 감각이나 감수성으로부터 나오는 데, 이는 미술 작품 감상을 통해 자연스럽게 내면화될 수 있다. 예를 들어 지속적으로 미술 작품을 감상한 유아는 봄, 여름, 가을, 겨울에 따라 변하는 자연환경을 인식하고 아름다움을 느낄 수 있다.
- 유아의 미적 능력을 함양시킬 수 있다. 미술감상은 아름다움을 즐기고 미적 가치를 이해하는 데 도움을 줄 뿐 아니라 유아의 작품 표현에 반영됨으로써 작품제작 능력 향상에도 기여한다. 예를 들어 밤하늘을 검은색으로 색칠하던 유아가 고흐의 〈별이 빛나는 밤〉을 감상한 후에 밤하늘을 나타낼 수 있는 다양한 색에 대해 인식하고 푸른 계열의 색을 함께 사용할 수 있다.
- 유아의 긍정적인 인격 형성에 도움을 줄 수 있다. 유아는 타인의 작품을 보고 자기가 느낀 점을

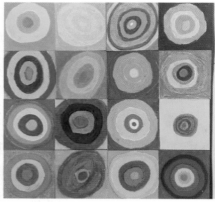

칸딘스키 〈동심원이 있는 정사각형 Squres with concentric circles〉(독일 렌 바흐하우스 시립미술관/수채화 물감, 구아슈와 크레용으로 채색/1913)

도화지에 크레파스를 이용하여 〈동심원이 있는 정사 각형〉을 표현한 예비교사의 작품

표현하는 과정을 통해 자신과 다른 생각을 가진 사람이 있다는 것을 알게 되고 나와 다른 생각도 존중해야 한다는 것을 자연스럽게 이해하면서 올바른 인격을 형성할 수 있게 된다. 예를 들어 칸딘스키의 〈동심원이 있는 정사각형〉 작품을 감상하고 느끼는 개별 유아의 선호도 차이를 이해하고 받아들일 수 있다.

• 전통 문화와 인류 문화에 대한 유아의 이해도를 높일 수 있다. 유아는 미술 작품을 감상하는 기회를 통해 세계 여러 나라의 문화를 이해하고 나아가 세계 문화 속에서 우리 문화의 우수성을 지각하게 되며, 새로운 문화 창조의 토대를 마련하게 된다. 그러므로 교사는 유아들에게 우리나라와 세계 여러 나라의 미술 작품을 균형 있게 제공해야 한다.

• 유아의 전인발달을 촉진시킬 수 있다. 유아는 감상활동을 통해 감수성 등의 정서적 발달을 촉진시킬 수 있으며, 감상활동 과정에서 타인의 작품을 보고 말이나 글로 표현하게 되면서 언어능력을 향상시키게 되고 논리성을 키울 수 있다. 뿐만 아니라 조화, 비례 등의 미술 원리를 접하면서 부분과 전체의 관계 및 조화의 중요성을 이해하게 되며, 타인의 작품에 대한 의견을 공유하는 과정에서 타인과의 관계 맺기 및 사회성을 발달시킬 수 있다.

학교교육과정을 심미적인 관점에서 고찰하여 예술교육과정을 제시한 아이즈너는 미술감상의 중요성을 다음과 같이 강조하였다(오연주 외, 2002).

- 표현능력과 미술 감각의 신장에 도움을 준다. 창조력은 타고나는 것이 아니라 환경의 자극과 적응에 의해서 신장된다. 유아들은 작품을 제작하는 과정에서 수시로 자기 작품을 비평하면서 감상하고 있으며, 자연미나 조형미의 감상을 통해 미적 인식과 감각을 훈련하고 내면의 세계를 풍요롭게 할 수 있다.
- 사물 인식 능력과 가치 판단 능력을 길러준다. 예술가는 미술의 생산자이고, 감상자는 미술의 소비자이다. 현대 사회에서 유용한 것은 상품이나 서비스의 가치를 식별할 수 있는 능력인데 이러한 미적 가치 평가 능력은 표현보다는 감상을 통해 더 효과적으로 기를 수 있다.
- 우리 문화와 인류 문화를 이해하는 데 도움이 된다. 문화는 집단적 가치 표현이며 대부분의 문화에서 예술은 중요한 의사교환 수단의 하나이다. 우리는 조상들이 남긴 예술품을 감상하며 생활양식과 정신세계를 이해하고 주체적인 민족 문화의 맥을 이어 갈 수 있다. 나아가 인류가 남긴 예술 작품을 감상함으로써 다른 나라의 문화를 이해할 수 있다.
- 현대 사회와 현대 미술의 이해를 돕는다. 우리가 살고 있는 포스트모더니즘 시대는 다원주의 사회이고, 다양한 예술 작품이 존재한다. 따라서 유아들은 우리가 살고 있는 사회의 다양한 가치만큼 많은 시각적 이미지를 감상하고 이해하는 것이 필요하다.

종합해 보면 유아미술감상은 미술 작품에 국한된 것이 아니라 우리 주변의 다양한 미적 대상을 감상하는 것이며, 유아의 미술감상능력뿐 아니라 전인적 발달에 긍정적인 영향을 주고, 유아가 주변 환경과 사회를 이해하는 데 도움을 준다.

2) 미술감상활동의 지도방법

유아의 미술감상활동 지도방법은 토의, 게임, 작품 재구성, 작문(비평), 초대, 견학 등이 있다.

(1) 토의

토의는 미술 작품에서 보이는 미적 요소와 원리, 작품에 대한 느낌을 이야기하는 것으로 대집단 감상법과 그룹 감상법, 대담법으로 나눌 수 있다.

대집단 감상법은 미술감상활동을 대집단활동으로 계획하여 진행하는 방식으로 교사가 중심이 되어 다수 유아와 함께 미술 작품에 대해 이야기 나누는 것이다. 그룹 감상법은 유아를 몇 개의 그룹으로 나누고 그룹의 구성원 중에서 한 명을 진행자로 뽑아 진행자를 중심으로 작품에 대해 토의한 후 그 결과를 정리하여 발표하는 것이다. 대담법은 두 명의 유아가 한 팀이 되어 작품에 대해 서로 묻고 대답하는 방식으로, 벽면에 게시된 미술 작품을 보며 작품에 대한 자신의 생각을 이야기해 볼 수 있다. 예를 들어 김홍도의 〈무동〉을 교사가 제시해 주고 미술 작품에 대해 이야기를 나눌 수 있으며(대집단 감상법), 소그룹으로 각각 그룹에서 한 명의 유아가 진행하고 다른 유아들의 의견을 모아 발표할 수 있다(그룹 감상법). 그리고 미술영역 벽면에 〈무동〉을 게시하고 두 명의 유아가 서로의 의견을 나눌 수 있다(대담법).

교사가 중심이 되어 다수의 유아와 함께 김홍도의 〈무동〉을 감상한 후, 명화 속 장면을 신체로 표현하는 모습

(2) 게임

교사가 명화나 미술 작품의 복사본을 이용하여 만든 게임 교구나 시판용 퍼즐 등을 제시하고, 유아가 혼자 혹은 친구와 함께 게임을 하는 방식이다. 명화의 복사본이나 명화 달력을 조각 내어 만든 퍼즐, 같은 그림 작품을 찾아보는 메모리 게임 등을 예로 들 수 있다. 또는 특정한 주제를 이용하여(예: '자화상') 여러 화가의 작품을 그림카드로 만들어 메모리 게임을 할 수 있다. 퍼즐 게임을 할 때에는 명화 작품, 명화와 관련된 이야기 등 명화에 대한 정보를 제공해 주고 퍼즐의 조각 수나 메모리 게임에 활용할 그림의 수를 조절하여 활동의 난이도를 다양하게 제시한다.

시판용 퍼즐 뒷면에 자석을 부착하고, 자석벽면을 이용하여 놀이 할 수 있도록 제공한 모습

여러 자화상 작품을 이용한 메모리 게임 활동을 하는 모습

명화를 확대하여 벽에 부착한 후, 유아가 친구와 함께 명화에 대한 수수께끼를 내도록 안내할 수 있다. 또는 명화 속 인물의 말을 예상하여 말풍선에 써보는 활동을 할 수도 있다. 다음에 제시된 사진처럼 OHP필름과 검은색 도화지 그리고 흰색 종이로 만든 돋보기를 이용하여 미술 작품의 구석구석을 탐색하도록 하여 흥미를 북돋을 수 있다. 다양한 방식의 게임 활동을 통해 유아는 미술 작품을 단순히 바라보기만 하는 대상이 아니라 놀이하고 이야기하고 탐색하는 대상으로서 인식하게 되어 보다 흥미를 갖고 명화를 감상할 수 있다.

OHP필름에 명화를 인쇄한 후 만든 교구를 이용하여 활동하는 유아의 모습

(3) 작품 재구성

미술 작품을 단순히 감상하는 데 그치는 것이 아니라, 작품의 주제나 사용한 자료, 표현 기법 등을 따라 해 보거나 자신의 생각을 더하여 응용하거나 변형하여 표현하는 방법이다. 예를 들어 고흐의 〈아를의 침실〉 작품을 감상한 후, 도화지에 자신의 생각을 추가하거나 그림을 변형하여 그려 볼 수 있다. 이 과정을 통해 유아들은 작품을 조금 더 세밀하게 관찰하고, 작품을 재방문함으로써 작품에 대한 이해를 높일 수 있다.

고흐 〈아를의 침실〉을 감상한 후 크레파스와 아크릴 물감으로 표현한 모습

또는 빨대, 스팽글, 털실, 구슬 등의 입체 자료를 붙여서 작품을 재구성할 수 있다. 작품 재

구성 활동을 위해 교사는 유아들이 너무 많은 자료보다는 한두 가지 자료를 사용하여 작품의 일부분을 집중하여 표현해 보도록 안내한다. 유아들이 명화를 재구성하여 꾸며보도록 함으로써 명화의 주제나 표현기법에 더욱 집중하여 감상할 수 있다. 다음의 예시처럼 고흐의 〈별이 빛나는 밤〉 작품에서 별이 표현된 부분에만 스팽글을 붙여서 재구성할 수 있다.

고흐의 〈별이 빛나는 밤〉 명화 위에 스팽글을 붙여 재구성한 모습

(4) 작문

유아들이 작품에 대한 자신의 생각이나 느낌을 그림이나 언어로 표현해 보도록 하는 것이다. 예를 들어 김홍도의 〈씨름〉이나 〈서당〉을 감상한 후, 작품에 대한 느낌을 적어 보고, 등장인물의 생각을 말풍선에 적어 볼 수 있다. 이러한 활동을 통해 유아들은 작품 속 등장인물과 배경에 대해 관심을 갖게 되며, 상상력과 언어 표현력 등이 발달될 수 있다. 글자를 잘 모르는 유아는 교사나 친구가 받아 적어 주도록 한다. 교사 또는 친구와 함께 명화 속 배경에 관심을 갖고 이야기를 나누어 명화 속 등장인물의 표정, 몸짓에 더욱 집중하여 감상할 수 있다. 다음은 김홍도의 〈씨름〉과 〈서당〉을 감상한 후 등장인물의 생각을 상상해서 적은 모습이다.

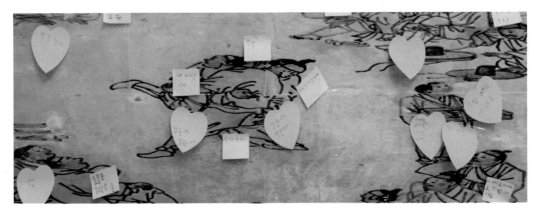

김홍도의 〈씨름〉과 〈서당〉을 감상한 후 등장인물의 생각을 개별적으로 활동지에 적은 모습과 미술영역 벽면에 〈서당〉 작품을 게시하고 포스트잇을 이용하여 적어 놓은 모습

(5) 초대

미술과 관련된 직업을 가진 다양한 지역사회 인사를 유아교육기관에 초대할 수 있다. 유아교육에서는 유아의 지식과 경험, 교육내용, 생활하고 있는 주변환경의 통합이 매우 중요하다. 따라서 유아교육기관에서 이루어지는 교육활동과 가정 및 지역사회가 밀접한 관련성을 갖는 것이 중요하다.

교사는 지역사회에서 어떠한 미술활동이 이루어지고 있으며 어떠한 인적 자원이 있는지를 찾아본다. 그리고 이들을 기관으로 초대하여 미술 작품에 대해 이야기 나누거나 화가나

큐레이터 등과 같이 미술 관련 일에 종사하는 다양한 직업에 대해 이야기를 나눌 수 있다. 다음 사진은 '관노가면 인형극단'이 직접 유아교육기관에 방문하여 유아들에게 인형극을 보여주는 모습이다. 인형극이 끝난 후 유아들과 인형을 제작하는 방법, 배경을 처리하는 방법 등을 묻고 답할 수 있다.

관노가면 인형극단이 직접 인형극을 보여주고 인형을 소개하는 모습

(6) 견학

미술감상을 위하여 미술관이나 박물관을 견학할 수 있다. 미술관은 박물관에서 발전된 형태로 미술 박물관, 즉 서화, 조각, 공예, 건축, 사진 등 미술에 관한 자료를 수집, 관리, 보존, 조사, 연구, 전시 및 교육하는 시설을 말한다(박물관 및 미술관 진흥법, 2014). 우리나라 최초 공공미술관은 1911년 설립된 이왕가 미술관이며(이후 1946년 덕수궁미술관으로 바뀌고 1969년 국립중앙박물관으로 흡수되었다), 1922년 「박물관법」이 「박물관 및 미술관 진흥법」으로 개정되면서 사립 미술관의 수가 크게 증가하였다.

국립민속박물관은 2003년 국공립박물관 최초로 어린이박물관을 개관하였다. 이후 2010년에 개관한 경기도어린이박물관은 박물관 속 미술관을 모토로 박물관의 내부와 외부에 다양한 미술 작품을 전시하고 있다. 국립중앙박물관은 체험과 놀이를 통해 유물을 감상하는 체험형 어린이 박물관을 운영한다. 또한 국립현대미술관(https://www.mmca.go.kr/child/)에서는 어린이들이 현대미술과 소통할 수 있는 창의적 교육문화 공간을 통해 유아들이 다양한 미술 작품을 접하고 느낄 수 있는 기회를 제공하고 있다. 그 밖에도 대부분의 미술관에서 어린이를 위한 별도의 공간을 마련하여 체험 중심의 프로그램을 운영하고 있으며, 활동에 관련된 자료와 활동지도 배포하고 있다. 교사는 다음에 제시한 내용을 토대로 유아가 효과적으로 미술을 감상하도록 계획할 수 있다.

① 미술관 견학 전과 후

미술관 견학을 가기 전 교사는 미리 홈페이지를 방문하여 유아들과 충분한 이야기를 나눈 후, 견학을 한다. 또한 견학을 가기 전에 미리 스마트폰 어플리케이션(예: Arts & Culture)을 이용하여 미술관에 전시된 다양한 작품을 감상할 수 있다. 구글에서 제작하여 배포하는 Arts & Culture 어플리케이션은 미술 작품의 소장 국가, 아티스트, 자료 등에 대한 정보를 제공하여 교사가 미술 작품을 이해하는 데 도움을 주므로 미술관 견학을 위한 자료로 활용할 수 있다. 그리고 어플리케이션에 제시된 다양한 미술 작품을 시대별, 국가별 표현을 비교하여 감상할 수 있다. 이러한 미술 관련 어플리케이션을 가정통신문, 메시지를 통해 학부모에게 안내하여 가정에서도 활용할 수 있도록 한다.

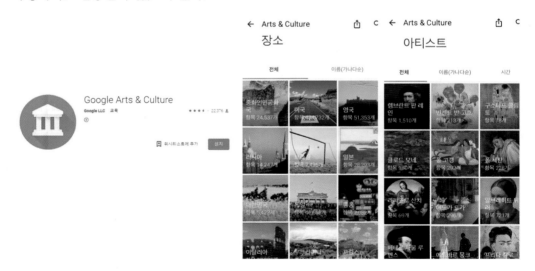

구글 어플리케이션 Art & Culture

국립현대미술관에서 2015년에 발간한『학부모와 교사를 위한 국립현대미술관(서울관) 사전학습 가이드』는 국립현대미술관에 대한 전반적인 소개와 연간 프로그램을 안내하고 있다. 또한 미술관에서 지켜야 할 예절을 재미있는 그림으로 제시하고 있다. 특히, 미술감상을 위하여 미술요소에 중점을 둔 질문(예: 선, 색, 모양, 공간 등을 묻는 질문), 느낌에 대한 질문(예: 이 그림을 보면 어떤 느낌이 드니? 화가는 이 그림에 어떤 느낌을 표현하려고 했을까? 등) 등을 수록하여 미술관 견학이나 감상활동 계획 시, 유용하게 활용할 수 있다.

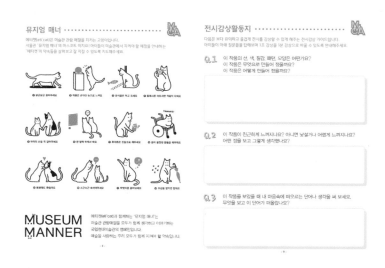

국립현대미술관에서 2015년 발간한 『학부모와 교사를 위한 국립현대미술관 사전학습 가이드』

또한 일부 미술관에서는 미술관에서의 예절이나 개별 전시에 대한 이해를 돕기 위하여 어린이 워크북을 제작하여 배포하기도 한다. 예를 들어 고양어린이박물관에서는 안전활동지, 어린이용 전시활동지, 보호자와 인솔자를 위한 전시활동지를 배포하고 있다.

고양어린이박물관에서 제공하고 있는 어린이용, 보호자 인솔자용 전시활동지의 예시
출처: 고양어린이 박물관 홈페이지

2016년 국립현대미술관 덕수궁관에서는 한국근대미술 거장전을 전시하면서 우리나라 화가에 대한 이해를 돕고, 작품에 흥미를 가질 수 있도록 워크북과 스티커를 제작하여 제공하는 등 유아들의 미술관 견학을 촉진하기 위한 다양한 시도를 하였다.

국립현대미술관 덕수궁관에서 발행한 『백년의 신화: 한국근대미술 거장전–변월룡』 워크북

이처럼 다양한 시도를 통해 유아들이 박물관과 미술관에 친숙해질 수 있는 경험을 마련하고 있으나, 그에 대한 비판도 적지 않다. 김해경(2017)은 박물관과 미술관에서 제작하여 배포하는 활동에 관련된 자료와 활동지가 연령과 교육 수준, 관련 경험, 한국어 능력, 장애의 유무 등 관람객의 상황에 맞춰 교수-학습 매체가 세분화되지 않았다는 점과 교수-학습 매체의 종류 및 형식이 유사하여 관람객의 흥미를 충분히 끌지 못한다는 점을 문제점으로 지적한 바 있다. 따라서 교사는 박물관과 미술관에서 제공하는 활동지를 교육현장에서 활용하기 전 유아의 발달과 특성을 고려하고 유아의 흥미를 끌어낼 수 있는 방안을 충분히 고려해야 할 것이다.

② 미술관 견학 중

유아들과 미술관을 견학할 때 어떤 점을 유의해야 할까? 미술관 사전 경험에 따라 미술관에서 지켜야 할 예절과 관람방법은 차이가 있을 것이다. 따라서 교사는 유아의 미술관 사전 경험을 고려하여 미술관에서 지켜야 하는 예절과 관람방법을 알려 주어야 한다. 예를 들어 작품관람선을 넘지 않고 적정 거리를 유지하며 작품을 감상하는 것, 작품을 만지지 않는 것, 작가의 허락이 있을 경우 만지거나 직접 참여할 수도 있다는 것 등 미술관에서 지켜야 할 약속에 대해 미리 이야기 나누고 관람하도록 한다.

한편, 대부분 학급 전체 유아 혹은 기관 전체 유아가 동시에 미술관 견학을 실시하므로 교사는 모든 유아가 미술감상을 할 수 있도록 배려하여야 한다. 학급 전체 유아가 동시에 미술 작품 감상이 어렵다면 보조 인력이나 미술관의 안내 서비스를 활용하여 소그룹으로 나누어 미술 작품을 감상하도록 한다. 그리고 미술 작품에 대한 설명을 할 때에도 교사와 멀리 떨어져 있는 유아도 설명을 들을 수 있도록 대형을 정렬한 후 설명하도록 한다.

미술 작품 설명에 부적절한 유아 대형 미술 작품 설명에 적절한 유아 대형

그 외에도 많은 미술관에서 '색칠하기', '색깔 돋보기 만들기' 등 유아가 미술작품과 미술관에 친숙해질 수 있는 다양한 활동을 계획하여 운영하고 있으므로 이를 적극 활용하여 체험과 놀이를 통해 재미있는 미술감상을 하도록 한다.

③ 미술관 견학이 어려울 때

유아교육기관의 특성에 따라 미술관 견학이 어려울 수 있다. 이러한 경우에는 인터넷 미술관이나 찾아가는 미술관을 활용하거나 일부 미술관에서 실시하는 교재교구 대여 사업을 이용할 수 있다. 먼저, 인터넷 미술관은 앞서 제시한 미술관 관련 어플리케이션을 이용하거나 구글 어스 프로그램(https://www.google.co.kr/intl/ko/earth/)을 이용할 수 있다. 구글 어스 프로그램을 활용하면 우리나라 미술관뿐 아니라 세계 유명 미술관을 검색하여 3D로 구현된 미술관의 위치와 미술관 내부 사진을 살펴볼 수 있다.

경기도어린이박물관에서 시행하고 있는 이심전심 교구 대여사업(빅북, 여행보드게임, 인형극자료를 대여할 수 있음)
출처: 경기도어린이박물관 홈페이지

    찾아가는 미술관은 각 시·도에서 운영하는 시립 또는 도립 미술관에서 관내 아동들의 미술문화에 대한 이해를 높이고 다양한 미술감상의 경험을 제공하기 위해 실시하고 있는 교육 프로그램이다. 다음으로 교재·교구 대여 사업의 경우 아직까지 일반화되어 있지는 않으나, 몇몇 기관에서 실시하는 대여신청을 할 수 있다. 예를 들어 경기도어린이박물관에서는 우편으로 교구와 교재를 대여해주는 사업을 진행하기도 하는데 지리적인 문제로 방문하기 어려운 지역의 기관에서는 이러한 서비스를 적극적으로 활용하도록 한다. 또한 국립민속박물관 어린이박물관에서는 우리문화 알기, 우리동화 알기, 우리놀이 알기, 놀이체험마당, 온라인 동화, 활동지 및 발간자료를 홈페이지에 제공하고 있으므로 이를 적극적으로 활용한다.

3) 단위활동에서의 미술감상활동 지도

미술 작품을 감상하는 방법은 학자에 따라 다양하다. 펠드먼(Feldman, E. B.)의 미술비평과 아레나스(Arenas, A.)의 대화 중심 감상법을 중심으로 살펴보면 다음과 같다.

(1) 펠드먼의 미술비평

펠드먼은 서술, 분석, 해석, 평가의 4단계로 미술감상 지도단계를 나누어 제시하였다.

첫째, 서술(description)단계는 미술 작품에서 객관적으로 알 수 있는 것들을 기록하여 목록으로 만드는 단계이다. 이때에는 작품에 대한 직관적 인상 및 전체적인 느낌이나 작품에 보이는 모든 것을 기술한다. 이 단계에서 교사는 유아에게 '그림에 무엇이 보이니?', '이 그림을 보면 어떤 느낌이 드니?' 등의 질문을 한다.

둘째, 분석(analysis)단계는 작품 속에서 각각의 형태들이 어떻게 상호작용하는가를 분석하여 기술하는 단계이다. 작품 안에서 색, 선, 모양, 명암, 질감 등 미술요소 간의 상호관계에 대해 기술하고 그러한 미술요소가 어떤 원리로 구성되었는지를 알아보고 자료와 기법 등의 미술적 특징에 대해 분석한다. 이 단계에서 교사는 '이 그림에서는 어떤 색깔이 보이니?', '○○와 서로 잘 어울리는 색깔을 찾아볼까?', '이 그림은 어떤 선이 그려져 있니?', ' 이 그림에서 가장 밝은 부분과 가장 어두운 부분은 어디일까?', '이 그림은 어떤 방법으로 그렸을까?' 등으로 발문할 수 있다.

셋째, 해석(interpretation)단계는 분석단계에서 관찰했던 것들이 무엇을 의미하는가를 결정하는 단계이다. 좋은 해석은 객관적이어야 하고 다른 사람들도 동의할 수 있는 충분한 근거를 갖고 있어야 한다. 즉, 작가의 표현의도가 무엇인지 등을 알아보고 작품의 주제와 의미에 대한 개인적 해석을 이끌어 내는 단계이다. 이 단계에서 교사는 '작가는 왜 이 그림을 그렸을까?', '이 그림의 제목을 뭐라고 지으면 좋을까?', '이 그림의 주제는 무엇일까?'라고 질문할 수 있다.

넷째, 평가(evaluation)단계는 서술, 분석, 해석 단계에서 찾아낸 객관적 근거들을 가지고 작품의 가치를 판단하는 단계이다. 이 때의 판단은 개인적인 선호에 근거하기보다는 형식주의, 표현주의, 도구주의와 같은 예술철학에 근거해야 하나, 유아의 경우 작품을 좋아하고 존중하게 되는 내면화가 이루어질 수 있도록 한다. 이 단계에서 교사는 '이 그림이 좋아? 이유는 뭘까?', '이 그림을 갖고 싶니?' 등의 발문을 할 수 있다.

(2) 아레나스의 대화 중심 감상법

아레나스(Arenas, A.)는 교사와 아동 간의 상호작용을 강조하는 대화 중심 감상법을 제시하였는데 하우젠의 미적 발달단계이론(Aesthetic Stage Theory)과 시각적 사고전략 교수방법을 바탕으로 개발되었다. 하우젠은 피아제의 발달이론을 수용하여 감상능력도 일정한 단계를 거쳐서 발달한다고 보았으며, 교사가 작품의 지식을 가르치거나 전수하는 것이 아니라 학습자 스스로 작품을 해석하고 작품의 지식을 구성해 간다는 구성주의 입장을 수용하였다(류지영, 2014). 따라서 아레나스의 대화 중심 감상법은 교사가 감상 작품에 대한 일체의 정보를 제공하지 않고 유아의 주체적인 감상능력을 키워 주는 감상자 중심의 감상법이다. 이를 위해 교사는 유아가 미술 작품과 의미 있는 만남을 할 수 있도록 교사와 유아 간, 유아와 유아 간의 대화를 촉진하는 역할을 한다. 아레나스의 대화 중심 감상법에서 교사는 다음과 같은 세 가지의 질문을 하게 된다(원미은, 임부연, 2015).

- 첫 번째 질문은 작품의 내용에 대한 질문으로 '작품 속에서 무엇이 일어나고 있어?'라고 묻는다.
- 두 번째 질문은 관찰된 내용의 결과를 예측하게 하거나 문제해결 능력 등 감상자의 반응을 유도하는 질문이다. 미술감상 시, 작품에 대해 감상자가 사고할 수 있도록 돕는 질문으로 '왜 그렇게 생각하니?'라고 묻는다.
- 세 번째 질문은 학습자의 주관적 견해와 판단을 이끌어 내고 작품의 관찰과 해석이 확장되도록 한다. 교사는 '그 밖에 어떤 생각이 떠오르니?'라고 묻는다.

아레나스의 대화 중심 감상법은 유아의 대답을 중요하게 다루며, 교사는 작품에 관한 유아들의 다양한 대답에 근거해서 다음 질문으로 넘어가게 된다. 유아가 어떻게 반응하고 대답하느냐에 따라 교사의 질문과 피드백이 생성된다. 즉, 세 가지의 질문은 순환적 체계를 갖고 있으며 대화의 마무리는 유아의 대답에 따라 달라진다.

펠드먼의 미술비평에 기초한 감상법은 서술, 분석, 해석, 평가의 단계로 이루어지며, 아레나스의 대화 중심 감상법은 순환적인 구조로 이루어진다는 차이점이 있다. 구체적인 단계를 그림으로 살펴보면 다음과 같다.

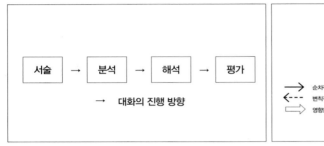

펠드먼의 미술비평에 기초한 감상법의 단계   아레나스의 대화 중심 감상법의 단계

출처: 원미은, 임부연(2015).

펠드먼의 미술비평에 기초한 감상법과 아레나스의 대화 중심 감상법에 기초한 발문을 비교하면 다음과 같다.

뭉크〈절규 The Scream〉(뭉크미술관/템페라/1910)

펠드먼의 미술비평에 기초한 감상법	아레나스의 대화 중심 감상법
■ 서술 • 그림 속에서 무엇이 보이니? • 그림을 처음 보았을 때 어떤 느낌이 드니? ■ 분석 • 이 그림에서 가장 눈에 띄는 색은 무엇이니? • 이 그림에서 볼 수 있는 색과 선에 대한 느낌은 어떠하니? ■ 해석 • 이 그림에 제목을 붙인다면 무엇이라고 하고 싶니? ■ 평가 • 이 그림이 마음에 드니? • 이 그림을 누구에게 선물로 주고 싶니?	■ 첫 번째 질문 • 어떤 그림이라고 생각되니? • ○○이는 무엇이라고 생각하니? ■ 두 번째 질문 • ○○이는 왜 검은색 옷을 입은 사람이 잡아갈 것 같아서 소리를 지른다고 생각했니? ■ 세 번째 질문 • 또 어떤 생각이 떠오르니?

4) 미술감상활동에서의 발문

미술감상활동에 적용할 수 있는 발문을 기호학적 관점, 미학적 관점, 사회문화적 관점으로 구분하여 설명할 수 있다(류재만, 2004). 기호학적 관점에서는 표현 형식(미술요소와 원리)과 표현 내용에 대한 발문, 미학적 관점에서는 직관과 가치판단에 대한 발문, 사회문화적 관점에서는 작품 배경에 대해 발문할 수 있다. 관점에 따른 발문의 내용을 구체적으로 살펴보면 다음과 같다.

(1) 기호학적 관점

기호학적 관점은 그림을 단순히 보고 느끼는 것이 아니라 그림 외적인 표현을 객관적으로 분석하고 그림의 내적인 내용을 주관적 측면으로 읽어 내는 것이다(윤정란, 2003). 기호학적 관점에서 미술요소 및 원리와 관련된 발문과 표현 주제와 관련된 질문을 제시하면 다음과 같다.

〈표 9-1〉 기호학적 관점에서의 발문

미술요소와 원리	• 어떤 자료를 사용했나요? • 어떤 방법으로 표현했나요? • 실물처럼 닮았나요? 닮지 않았나요? • 제일 크고 눈에 먼저 들어오는 것은 무엇인가요? • 모양들이 비슷한 것이 있나요? • 모양들 사이에 어떤 연관이 있나요? • 모양들은 주제와 어떤 연관이 있나요? • 시선을 끄는 색은 무엇인가요? • 특별히 눈에 띄는 밝은 색 또는 어두운 색은 무엇인가요? • 가장 많이 사용한 색은 무엇인가요? • 한 가지 색으로 넓게 칠한 곳은 어디인가요? • 색을 복잡하게 칠한 부분은 어디인가요? • 색은 이 그림의 주제에 어떻게 작용할까요? • 굵은 선, 가는 선, 날카로운 선, 부드러운 선은 어디에 있나요? 선은 분명하게 드러나나요? 흐릿하게 보이나요?

(계속)

미술요소와 원리	• 강한 선과 약한 선의 관련성이 있나요? • 표현의 질감이 매끄러운 부분, 거친 부분은 어디인가요? • 관련된 형태들의 질감 표현이 다른 형태들과 유사한가요? 대조를 이루나요? • 질감의 처리가 실제적인가요? 표현적인가요? • 반복된 것, 겹쳐진 것은 무엇인가요? • 그림 속의 공간이 어떻게 나누어져 있나요? • 움직이나 운동감이 느껴지나요?
표현 주제	• 배경처리는 주제와 잘 어울리나요? • 전체적인 색채는 주제 표현에 어울리나요? • 그림이 주는 느낌은 어떤가요? • 작가는 어떤 생각을 갖고 이 작품을 제작했을까요? • 작가가 표현하고자 하는 주제는 뭘까요? • 이 그림의 제목을 붙여 보세요.

(2) 미학적 관점

미학적 관점이란 작품을 감상할 때 작품을 보고 연상이나 판단을 하지 않고 직접적으로 파악하는 것으로 작품을 감상할 때, 미적 직관이나 미적 가치 판단에 관한 발문을 제시할 수 있다. 미적 직관은 감상자가 감각, 경험, 연상, 판단, 추리 따위의 사유 과정을 거치지 않고 직접 작품을 대면하면서 느낀 최초의 반응이나 느낌이기 때문에 교사는 유아가 작품을 처음 대면한 인상이나 느낌에 대해 발문함으로써 유아들이 작품에 대한 자신들의 반응을 충분히 체험할 수 있도록 한다. 미적 가치판단은 작품의 가치를 판단하고 정당화하는 것으로 작품을 보고 나름대로의 근거에 의해서 잘 된 점이나 아쉬운 부분을 지적하고 종합적인 평가를 내리는 과정이다. 미학적 관점에서의 발문의 예시는 다음과 같다.

〈표 9-2〉 미학적 관점에서의 발문

미적 직관	• 이 작품에 대한 첫인상에 대해서 말해 보세요. • 이 작품에서 친근감을 느낄 수 있나요? • 이 작품을 보면 무엇이 생각나나요? • 이 작품에서 특이한 느낌을 받을 수 있나요? • 이 작품에서 궁금한 점은 무엇인가요?
미적 가치 판단	• 작가는 자신의 의도를 표현하는 데 성공했다고 생각하나요? • 주제 표현이 잘 되었다고 생각하나요? • 표현이 독창적이라고 생각되는 이유는 무엇인가요? • 작품이 감동적인가요? • 작품을 갖고 싶나요? • 작품이 마음에 들지 않는다면 그 이유는 무엇인가요? • 내가 이 작품을 다시 제작한다면 어떤 부분을 고치고 싶나요?

(3) 사회문화적 관점

작품은 작가가 속한 사회의 정치, 종교, 경제, 문화 등에 영향을 받는다. 따라서 작품을 심도 있게 이해하기 위해서는 작가의 성장 배경이나 그 시대의 사회·문화적 배경을 이해하는 것이 필요하다. 사회문화적 관점에서의 발문의 예시는 다음과 같다.

〈표 9-3〉 사회문화적 관점에서의 발문

사회문화적 배경	• 이 그림은 어느 시대 작품인가요? • 이 그림의 제목은 무엇일까요? • 이 그림은 누구의 작품일까요? • 이 작가는 어느 시대의 사람일까요? • 이 작가의 생애에 대하여 알아봅시다. • 이 그림 이외에 이 작가의 작품에는 어떤 것이 있을까요? • 이런 종류의 작품을 무엇이라고 하나요?(작품의 종류나 사조) • 이 시대에 왜 이런 풍의 그림이 유행했을까요?

김홍도의 〈씨름〉 감상활동 시 사용할 수 있는 발문을 기호학적 관점, 미학적 관점, 사회문화적 관점에 따라 제시하면 다음과 같다(류재만, 2004).

〈표 9-4〉 기호학적 관점, 미학적 관점, 사회문화적 관점에서의 발문

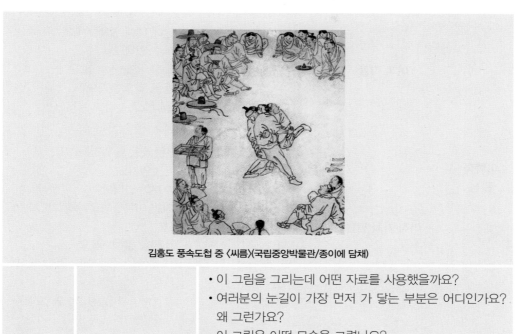

김홍도 풍속도첩 중 〈씨름〉(국립중앙박물관/종이에 담채)

기호학적 관점	미술요소와 원리	• 이 그림을 그리는데 어떤 자료를 사용했을까요? • 여러분의 눈길이 가장 먼저 가 닿는 부분은 어디인가요? 왜 그런가요? • 이 그림은 어떤 모습을 그렸나요?
		• 엿장수는 왜 다른 곳을 보고 있을 까요? • 사람의 인체 구조상 실제로 있을 수 없는 모습이 있습니다. 어디일까요? • 이 그림에서 그림자가 있나요? 왜 그럴까요? • 사람들의 표정을 자세히 관찰하고 차이점을 찾아보세요? • 이 그림의 구도는 어떠한가요? • 이 그림의 구도는 주제 표현에 적합하다고 생각하나요? • 씨름하는 사람들의 운동감이 느껴집니까? • 만일 이 작품의 배경 색을 칠하면 그 느낌은 어떻게 변할까요?

(계속)

	표현 주제	• 이 그림의 전체적인 분위기는 어떠한가요? • 이 그림은 어떤 목적으로 그렸을까요? • 이 그림을 처음 느꼈던 생각과 달라진 점이 있나요? 그 이유는? • 이 그림의 주제는 무엇이라고 생각하나요? • 이 작품의 제목을 붙인다면 어떻게 붙이면 좋을까요?
미학적 관점	미적 직관	• 이 그림을 보고 느낀 첫인상에 대해 말해보세요. • 이 그림에서 친근감을 느낄 수 있나요? • 이 그림은 무엇을 생각나게 하나요(연상되나요)? • 이 그림에서 어떤 소리가 들릴 것 같은가요? • 이 그림에서 궁금한 점이 있나요?
	미적 가치 판단	• 주제 표현이 잘된 것 같나요? • 이 그림에서 재미있게 표현한 것은 무엇인가요? • 이 그림에서 아쉬운 점은 무엇인가요? • 이 그림에서 고치고 싶은 부분이 없나요? • 이 그림을 어떤 곳에 전시하면 어울릴까요? 왜 그렇게 생각하나요? • 이 그림에서 감상하고 느낀 점을 말해보세요. • 우리 조상들은 이 같은 민속운동을 주로 어느 명절 때 많이 했을까요? • 이 그림에 여자가 보이나요? 보이지 않는다면 왜 보이지 않을까요?
사회문화적 관점	사회문화적 배경	• 관중 중에는 옷차림이 다른 것을 볼 수 있나요? 왜 그럴까요? • 어느 시대의 작품일까요? • 이런 그림을 무어라고 하나요? • 왜 이런 종류의 그림이 그 시대에 왜 유행했을까요? • 이 그림은 누구의 작품일까요? • 이 그림의 원제목은 무엇일까요? • 풍속화에 대해서 조사해 봅시다. • 이 작가와 작품에 대해서 조사해 봅시다.

2. 미술교육 활동의 평가

NAEYC(1990)에 따르면 유아교육에서 평가는 유아의 교육환경을 증진시키기 위한 것이다. 따라서 평가는 진실하고, 지속적이고 다차원적이어야 하며, 교사와 유아가 함께 평가과정에 참여해야 한다. 또한 유아의 수행 수준을 지필형식의 검사로 평가해서는 안 되며 할 필요도 없다. 미술교육 활동에서의 평가의 필요성은 제7장에서 살펴보았으므로 이 장에서는 유아를 위한 평가와 교사를 위한 평가를 중심으로 살펴보고자 한다.

1) 유아를 위한 평가

교사는 유아의 일상생활 혹은 개별 수행과정을 관찰하여 평가한다. 유아를 위한 다양한 평가방법 중 국가수준 교육과정 예술경험영역에 기초한 유아관찰척도와 포트폴리오를 살펴보면 다음과 같다.

(1) 국가수준 교육과정 예술경험영역 영유아관찰척도

육아정책연구소(2014)에서는 국가수준 교육과정에 기초하여 영아와 유아관찰척도를 개발하였다.

먼저, 0~2세 보육과정에 기초한 영아관찰척도는 영아보육의 질 제고를 위하여 개발된 평가도구로 연령에 따라 0세반, 1세반, 2세반으로 구분하여 제시하고 있다. 각 관찰척도는 표준보육과정의 영역별로 관찰 문항과 관찰요소, 관찰 및 활동 사례로 구성되어 있다. 관찰 문항은 4점 척도로 제시되어 있다.

0세반 영아를 위한 관찰척도는 영아가 아름다움에 호기심을 보이는지, 일상생활에서 아름다움을 경험하는지를 관찰하도록 하였다.

0세반 영아관찰척도의 문항과 관찰 사례는 다음과 같다.

〈표 9-5〉 0세반 영아관찰척도의 내용

관찰 문항(관찰요소)	관찰 및 활동사례
주변 환경의 아름다움(예: 소리, 움직임, 색, 모양 등)에 호기심을 가진다(아름다움에 대한 호기심).	• 딸랑이 소리에 관심을 보인다. • 교사가 흔드는 스카프를 보며 손가락으로 가리킨다. • 사물의 색과 모양에 호기심을 가지고 쳐다보거나 만져본다.
일상생활에서 아름다움(예: 소리, 노래, 자연물, 사물 등)을 경험한다(아름다움 경험).	• 친근한 목소리를 녹음해서 들려주면 그 소리에 귀를 기울인다. • 좋아하는 노래를 들려주면 웃으며 손뼉을 친다.

1세반 영아를 위한 관찰척도는 영아가 주변 환경의 아름다움에 호기심을 갖는지 일상생활에서 아름다움을 경험하는지에 해당하는 0세 영아관찰척도 내용에 간단한 미술경험을 추가하였다.

1세반 영아관찰척도의 문항과 관찰 사례는 다음과 같다.

〈표 9-6〉 1세반 영아관찰척도의 내용

관찰 문항(관찰요소)	관찰 및 활동사례
주변 환경의 아름다움(예: 소리, 움직임, 색, 모양 등)에 호기심을 가진다(아름다움에 대한 호기심).	• 실외에 있는 나뭇잎이나 꽃의 흔들림에 호기심을 보인다. • 굴러가는 여러 가지 색깔 공에 관심을 보인다. • 모양이 다른 인형에 호기심을 가지고 만져본다.
간단한 미술 경험을 한다(감각적 미술 경험).	• 밀가루 반죽을 즐겁게 주무른다. • 큰 종이에 도장류 찍기를 즐긴다.
일상생활에서 아름다움(예: 소리, 노래, 자연물, 사물 등)을 경험한다(아름다움 경험).	• 좋아하는 노래를 들려주면 반복하여 듣는다. • 실외에서 나뭇잎과 꽃 감상하는 것을 즐긴다.

2세반 영아를 위한 관찰척도는 주변 환경의 아름다움에 호기심을 갖는지, 간단한 도구와 재료를 이용하여 자발적으로 그리기를 하는지를 관찰하도록 하였으며, 예술적 환경의 아름다움에 관심을 가지고 즐기는지를 관찰하도록 하였다.

〈표 9-7〉 2세반 영아관찰척도의 내용

관찰 문항(관찰요소)	관찰 및 활동사례
주변 환경의 아름다움(예: 소리, 움직임, 색, 모양 등)에 호기심을 가진다(아름다움에 대한 호기심).	• 스카프를 흔들면서 움직임에 따라 눈으로 쫓거나 고개짓을 한다. • 비오는 것을 바라보며, 빗소리나 모양에 대해 관심을 표현한다.
간단한 도구와 자료를 이용하여 자발적으로 그리거나 만들 수 있다(자발적 그리기, 도구 활용).	• 스카프를 흔들면서 움직임에 따라 눈으로 쫓거나 고개짓을 한다. • 비오는 것을 바라보며, 빗소리나 모양에 대해 관심을 표현한다.
예술적 환경의 아름다움(예: 자연이나 생활의 소리, 음악과 춤, 자신과 친구의 표현과 작품 등)에 관심을 가지고 즐긴다(즐기는 태도, 심미감).	• 친근한 노래, 자연의 소리 등을 녹음해서 들려주면 귀를 기울이며 반복해서 듣기를 즐긴다. • 좋아하는 음악이 들리면 하던 일을 멈추고 몸을 흔든다. 음악이 멈추면 다시 반복하기를 요구한다. • 보육실과 주변의 환경구성이 바뀌면 알아차리고 말로 표현한다. • 게시된 자신과 친구의 미술 작품을 관심 있게 바라본다. • 친구가 음악에 따라 몸으로 표현하는 것을 서서 바라보다 따라 해본다.

유아관찰척도는 3~5세 연령별 누리과정의 5개 영역 내용을 지식, 기능, 태도 범주로 나누었으며, 3점 척도로 구성되어 있다. 각 관찰 문항에 대해 교사가 유아의 일상과 개별 수행을 관찰하여 수행정도가 우수하고 활동에 스스로 참여하는 유아는 3점, 수행정도가 부분적으로 우수하거나 최소한의 기준에 부합하며 교사 도움으로 활동에 참여하는 유아는 2점, 수행정도가 미흡한 수준의 유아는 1점으로 평가한다. 구체적인 유아 미술활동의 연령별 관찰척도는 다음과 같다.

〈표 9-8〉 3세 누리과정 유아관찰척도

내용	세부 내용	관찰 문항 (관찰요소)	관찰준거		
			1	2	3
미술적 요소 탐색하기	자연과 사물의 색, 모양, 질감 등에 관심을 갖는다.	미술적 요소에 대하여 관심을 갖는다(자발성, 미술적 요소).	• 자연과 사물에서 색, 모양, 질감 등 미술적 요소에 관심이 없다.	• 도움이 있으면 자연과 사물에서 색, 모양, 질감 등 미술적 요소 중 일부에 관심을 갖는다.	• 자연과 사물에서 색, 모양, 질감 등 미술적 요소 중 대부분에 관심을 갖는다.
미술활동으로 표현하기	• 다양한 미술활동을 경험해 본다. • 미술활동에 필요한 자료와 도구에 관심을 가지고 사용한다.	• 미술활동에 참여하며 미술 자료와 도구를 사용한다(미술도구 사용, 미술활동 참여). • 미술활동에 참여하며 미술 자료와 도구를 사용한다(미술도구 사용, 미술활동 참여).	미술활동에 참여하기를 시도한다.	• 단순한 미술활동에 참여하며 필요한 자료와 도구를 사용한다.	• 다양한 미술활동에 참여하고 필요한 자료와 도구를 사용한다.
통합적으로 표현하기	• 예술활동에 참여하여 표현과정을 즐긴다.	• 예술활동에 참여하고 즐긴다(참여정도, 즐기는 태도).	• 예술활동(예: 음악, 움직임과 춤, 미술활동과 극놀이 등)에 참여하지 않는다.	• 예술활동에 가끔 참여하여 표현을 한다.	• 예술활동에 자주 참여하여 표현과정을 즐긴다.
다양한 예술 감상하기	• 다양한 음악, 춤, 미술 작품, 극놀이 등을 듣거나 본다.	• 다양한 예술표현에 관심을 갖는다(자발성, 예술표현에 대한 관심).	• 다양한 예술표현(예: 음악, 움직임과 춤, 미술, 극놀이 등)에 관심이 없다.	• 도움이 있으면 다양한 예술표현에 관심을 갖는다.	• 다양한 예술표현에 관심을 갖는다.
	• 나와 다른 사람의 예술표현을 소중히 여긴다.	• 자신의 예술표현에 관심을 갖는다(자신의 예술표현을 존중하는 태도).	• 자신의 예술표현에 관심이 없다.	• 자신의 예술표현에 관심을 갖는다.	• 자신의 예술표현을 소중하게 여긴다.
전통 예술 감상하기	• 우리나라의 전통예술에 관심을 갖는다.	• 전통예술에 관심을 갖는다(자발성, 전통예술에 대한 관심).	• 전통예술에 관심이 없다.	• 도움을 주면 전통예술에 관심을 갖는다.	• 전통예술에 관심을 갖는다.

〈표 9-9〉 4세 누리과정 유아관찰척도

내용	세부 내용	관찰 문항 (관찰요소)	관찰준거		
			1	2	3
미술적 요소 탐색하기	• 자연과 사물의 색, 모양, 질감 등에 관심을 갖는다.	• 미술적 요소에 대하여 자발적이고 지속적으로 관심을 보인다(자발성, 미술적 요소, 지속성).	• 도움이 있으면 자연과 사물에서 색, 모양, 질감 등 미술적 요소에 관심을 갖는다.	• 자연과 사물에서 색, 모양, 질감 등 미술적 요소 중 일부에 관심을 가지나 일시적이다.	• 자연과 사물에서 색, 모양, 질감 등 미술적 요소 중 대부분에 관심을 가지며 지속적이다.
미술활동으로 표현하기	• 다양한 미술활동으로 자신의 생각과 느낌을 표현한다. • 협동적인 미술활동에 참여한다. • 미술 활동에 필요한 자료와 도구를 다양하게 사용한다.	• 다양한 자료와 도구를 사용하여 미술활동에 참여한다(미술도구 사용의 다양성, 협동 미술활동 참여).	• 미술활동에 참여하나 자료나 도구의 사용이 다양하지 못하다.	• 자료나 도구를 다양하게 사용하며 미술 활동에 참여한다.	• 자료나 도구를 다양하게 사용하며 협동 미술활동에 참여한다.
통합적으로 표현하기	• 음악, 움직임과 춤, 미술, 극놀이 등을 통합하여 표현한다. • 예술 활동에 참여하여 표현과정을 즐긴다.	• 예술활동을 통합하여 표현하는 것을 즐긴다(참여정도, 즐기는 태도, 통합활동 참여).	• 예술활동(예: 음악, 움직임과 춤, 미술활동과 극놀이 등)에 참여하여 표현하는 것이 서툴다.	• 예술활동을 통합한 활동에 가끔 참여하여 표현을 시도한다.	• 예술활동을 통합한 활동에 자주 참여하고, 표현하는 것을 즐긴다.
다양한 예술 감상하기	• 다양한 음악, 춤, 미술 작품, 극놀이 등을 듣거나 본다.	• 다양한 예술표현을 즐긴다(자발성, 예술표현에 대한 관심, 즐기는 태도).	• 도움이 있어도 다양한 예술표현(예: 음악, 움직임과 춤, 미술, 극놀이 등)에 관심이 없다.	• 다양한 예술표현에 관심을 갖는다.	• 다양한 예술표현을 보고 듣고 즐긴다.

(계속)

	•나와 다른 사람의 예술표현을 소중히 여긴다.	•자신과 타인의 예술표현을 존중한다(예술표현에 대해 존중하는 태도).	•자신의 결과물에는 관심을 보이나 타인의 예술표현에 관심이 없다.	•자신과 타인의 예술표현에 관심을 갖는다.	•자신과 타인의 예술표현을 소중하게 여긴다.
전통예술 감상하기	•우리나라의 전통예술에 관심을 갖는다.	•전통예술에 자발적이고 지속적인 관심을 갖는다(자발성, 전통예술에 대한 관심, 지속성).	•도움이 있으면 전통예술에 관심을 갖는다.	•전통예술에 관심을 갖으나 일시적이다.	•전통예술에 관심을 가지며 지속적이다.

〈표 9-10〉 5세 누리과정 유아 관찰척도

내용	세부 내용	관찰 문항 (관찰요소)	관찰준거		
			1	2	3
미술적 요소 탐색하기	•자연과 사물의 색, 모양, 질감 등에 관심을 갖는다.	•미술적 요소를 자발적으로 탐색하고 변화를 시도한다.(자발적 탐색)	•자연과 사물에서 색, 모양, 질감, 공간 등 미술적 요소에 자발적으로 주의를 기울이지 않는다.	•자연과 사물에서 색, 모양, 질감, 공간 등 미술적 요소를 자발적으로 주의 깊게 탐색한다.	•자연과 사물에서 색, 모양, 질감, 공간 등 미술적 요소를 자발적으로 탐색하고 변화를 시도한다.
미술활동으로 표현하기	•다양한 미술활동으로 자신의 생각과 느낌을 표현한다. •협동적인 미술활동에 참여한다. •미술활동에 필요한 자료와 도구를 다양하게 사용한다.	•다양한 자료와 도구를 사용하여 미술표현을 즐기며 협동적인 활동에 참여한다(미술표현력, 미술도구 활용의 다양성, 협동성).	•다양한 미술활동에 참여하고 필요한 자료와 도구를 사용한다.	•자료와 도구를 다양하게 활용하며 자신의 생각이나 느낌을 미술활동으로 표현하고 협동적인 미술활동에 참여한다.	•자료와 도구를 다양하게 활용하며 자신의 생각이나 느낌을 미술활동으로 표현하고 협동적인 미술활동을 즐긴다.

(계속)

통합적으로 표현하기	• 음악, 움직임과 춤, 미술, 극놀이 등을 통합하여 표현한다. • 예술활동에 참여하여 표현과정을 즐긴다.	• 음악, 움직임과 춤, 미술, 극놀이를 통합적이고 창의적으로 표현하며 즐긴다(즐기는 태도, 통합적인 활동참여, 창의적 표현).	• 예술활동에 참여하여 자기 나름의 표현은 하나 통합적인 활용에 참여하지 않는다.	• 예술활동에 참여하여 자기 나름의 표현을 즐기고 통합적인 활동에 참여한다.	• 예술활동에 참여하여 창의적인 표현을 즐기고 통합적인 활동에 참여한다.
다양한 예술 감상하기	• 다양한 음악, 춤, 미술 작품, 극놀이 등을 듣거나 본다. • 나와 다른 사람의 예술 표현을 소중히 여긴다.	• 다양한 예술표현을 즐긴다. • 자신과 타인의 예술표현을 존중한다(예술표현에 대해 존중하는 태도).	• 교사와 함께 하는 경우 다양한 음악, 춤, 미술 작품, 극놀이 등에 주의를 기울인다. • 자신의 결과물이나 타인의 예술표현에 관심이 없다.	• 자발적으로 다양한 음악, 춤, 미술 작품, 극놀이 등에 주의를 기울인다. • 자신과 타인의 예술표현에 관심을 보인다.	• 자발적으로 다양한 음악, 춤, 미술 작품, 극놀이 등을 보고 듣는 것을 즐긴다. • 자신과 타인의 의도를 생각하며 예술표현을 소중하게 여긴다.
전통예술 감상하기	• 우리나라의 전통예술에 관심을 갖는다.	• 전통예술에 자발적이고 지속적인 관심을 가지고 친숙해진다(전통예술의 친숙도).	• 교사와 함께 하는 경우 우리나라 전통예술에 관심을 갖는다.	• 자발적으로 우리나라 전통예술에 관심을 갖는다.	• 자발적으로 우리나라 전통예술에 관심을 갖고 관련된 활동에 자주 참여하고 즐긴다.

(2) 포트폴리오

유아교육현장에서는 유아의 발달, 행동을 평가하기 위하여 인위적인 환경이 아닌 자연스러운 상황에서의 평가를 중요시하며 유아의 작품을 수집하는 포트폴리오 평가가 활발히 이루어지고 있다. 포트폴리오 평가는 단순히 유아의 작품을 모은 것이 아니라 목적성을 가지고 계획하여 작품을 수집하여 평가하는 것이다. 포트폴리오 구성과 사용에 대해 폴슨과 메이어 (Paulson & Meyer, 1991)는 다음과 같이 정의한다.

- 포트폴리오는 의도적이다. 단순히 유아들의 활동 결과물을 모아 둔 것이 아니라 수집된 자료들을 통해서 유아 개인의 내적인 변화 과정을 살펴보고 그 자료를 반영함으로써 다음 교수와 학습에 피드백을 제공할 수 있어야 한다. 따라서 포트폴리오의 자료는 체계적이고 조직적으로 수집되고 보관되어야 한다.
- 포트폴리오는 협동적이다. 평가 자료의 수집과정에서 교사는 평가자, 유아는 평가 대상이 아니라 교사와 유아가 함께 포트폴리오에 넣을 것을 선택하고 이를 어떤 기준으로 평가할 것인지를 결정한다.
- 포트폴리오는 장기적이다. 어느 특정 시점에서 일회적으로 수집된 자료로 유아를 평가하는 것이 아니라 점차 성장하는 것을 살펴보기 위해서 시간의 흐름에 따라 자료를 축적하여 수집된 것을 바탕으로 평가한다.
- 포트폴리오는 과정 중심적이다. 시험에서의 점수와 같은 단순히 학습의 결과를 나타내는 것이 아니라 초기의 과정 그리고 마지막의 산물을 보여 줌으로써 진보가 어떻게 이루어지는지에 대해 교사와 유아가 모두 통찰할 수 있도록 해 준다.
- 포트폴리오는 유아와 교사들에게 자기반성의 기회를 준다. 활동과정 및 결과를 되돌아봄으로써 유아들은 자신의 작업을 검증하고 자신의 진보를 평가하고 장점과 취약점을 알 수 있다. 교사 역시 교수법, 수업 자료에 미치는 영향을 반성해 볼 수 있다.
- 포트폴리오는 다양성을 인정한다. 포트폴리오는 개별 유아마다 다른 내용들이 수집되며 그 개인의 독특성을 파악할 수 있게 해 준다. 뿐만 아니라 교사와 유아에게 다양한 관점을 탐구하도록 해 준다. 개별 유아마다 다른 형태로 구성된 포트폴리오를 통해 학습에 적용될 수 있는 다양한 접근방법을 발견하고 다양한 학습의 발생 가능성을 찾을 수 있다.
- 포트폴리오는 체계적인 기록화 작업이다. 기록화에는 유아의 활동에 대한 글뿐 아니라 그림, 사진, 영상 기록물 등을 포괄한다.

또한 포트폴리오가 단순히 자료 모음집이나 결과물이 아니라 교육적으로 활용되고 유아의 학습에 도움이 되며 유아의 진보를 살펴볼 수 있는 평가의 도구로 기능하기 위해서는 다음의 요소가 갖추어져야 한다(McMillan, 1997).

- 일정기간 목적을 가지고 체계적으로 모아 놓은 유아들의 작품이 있어야 한다. 포트폴리오 속에 어떤 작품을 왜 어떻게 수집할 것인가에 대한 분명한 이유가 있어야 한다. 만약 시간의 흐름에 따른 유아의 변화를 알아보고자 할 때에는 유아들의 작품을 시간 순으로 정리해야 하며, 각 발달 영역별로 파악하고자 한다면 유아들의 작품을 영역별로 분류해야 한다. 미술활동 포트폴리오는 시간의 흐름에 따라 유아의 작품을 수집하고 유아들의 미술적 정교성 등을 파악하게 된다.
- 포트폴리오에 넣을 결과물 선정 시 유아의 선택을 고려함으로써 자신의 활동에 대해 능동적으로 평가할 수 있도록 한다. 미술 작품을 수집할 때에 유아가 수집하고 싶은 작품을 선정하고 그 이유를 간략하게 적어 줄 수 있다. 또한 유아가 자신의 학습활동에 대해 스스로 평가하고 다음 목표를 설정하도록 하여 활동에 주도성을 갖고 참여할 뿐 아니라 책임감을 갖도록 한다.
- 유아의 작품이나 활동에 대한 교사의 의견이 제시되어야 한다. 유아의 작품이 이전과 달라진 점이나 활동과정의 특이한 사항에 대해 기록하여 의미 있는 평가가 되도록 한다. 포트폴리오에 유아의 작품을 수집할 때, 교사가 작품에 대한 평가를 첨가함으로써 유아의 작품을 모은 단순한 자료가 아니라 유아의 활동을 평가할 수 있는 자료가 된다.
- 유아 행동에 대한 관찰 평가가 포함되어야 한다. 교사는 작품 수집만으로는 나타나지 않는 유아에 대한 정보를 얻기 위하여 활동 중 유아의 행동을 관찰하고 이를 일화기록이나 체크리스트로 기록하여 구체적이고 객관적인 평가를 추가한다. 이러한 기록을 통해 유아의 독특한 흥미, 장점 및 요구를 파악할 수 있다.
- 교사 자신이 포트폴리오의 목적과 활용에 대해 인식해야 한다. 교사는 자신이 포트폴리오 평가를 하는 목적에 대해 인식하고 자신의 교수활동을 계획하고 수정하는 데 활용할 수 있어야 한다.

다음은 유아의 그림을 그리기 표상능력의 항목에 따라 분석한 포트폴리오 예시이다. 만

5세 유아가 8월과 10월에 그린 그림을 교사가 미적 요소 중심으로 분석하여 제시한 것으로 유아의 작품 분석뿐 아니라 앞으로의 교육 계획을 함께 제시하고 있다.

주말 지낸 일 그리기, 가을 풍경 그리기

아름다움 찾아보기> 미술적 요소 탐색하기 / 예술적 표현하기 > 미술활동으로 표현하기

- 관찰일 : 8월 29일
- 제주도에 가서 잠수함을 탔어요.

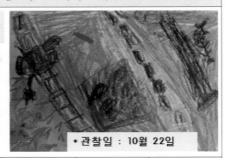

- 관찰일 : 10월 22일

관 찰 내 용 (5,4 : ☆, 3 : ○, 2,1 : △)	1회	2회
1. 기본 도형과 선의 병합이 이루어지고 있다.	☆	
2. 다양한 색채를 사용하고 있다.	☆	☆
3. 세부적인 묘사를 하고 있다.	☆	☆
4. 조화로운 구성을 이루고 있다.	☆	☆
5. 다양한 형체를 나타내고 있다.	○	○

해 석

★★이의 그림에서는 선과 기본도형의 병합이 변화되어 나타나고 있습니다. 제주도에서 잠수함을 탔던 이전 경험 그리기에서는 잠수함의 모습을 비교적 자세하게 묘사하고 있으며, 잠수함의 창문을 통하여 사람들의 표정까지 구체적으로 묘사하고 있습니다. 또한 공기방울까지 묘사하는 모습입니다. 가을 풍경 나타내기에서는 길가의 돌, 풀, 나무, 사람, 길, 꽃 등 6가지 이상의 형체가 나타나고 있고 가을 풍경에 어울리는 색을 사용하고 있습니다. 그러나 바닷속 풍경을 그릴 때에 잠수함을 중심으로 그림을 그리고 바탕을 자세하게 묘사하지 않아 이러한 배경에 대한 구체적인 상호작용이 필요합니다.
그리고 아직 사람을 그릴 때에는 구체적으로 표현하는 것은 어렵습니다. 옷, 머리모양, 신발 등 구체적인 상호작용을 통해 세부적으로 묘사할 수 있도록 격려한다면 자신이 표현하려고 하는 부분을 다른 사람에게 더 잘 표현할 수 있을 것으로 보입니다.

미술 포트폴리오의 예(그리기 표상능력에 따라 유아의 작품을 분석)

최근에는 스마트폰, 스캐너, 디지털카메라 등을 이용하여 초기의 포트폴리오를 디지털화한 전자 포트폴리오를 활용하기도 한다(전지영, 2002). 전자 포트폴리오는 포트폴리오를 웹상에 제시하여 언제 어디서든 포트폴리오를 접하고 평가할 수 있다는 장점이 있다. 바렛(Barrett, 1999)은 유아의 작품을 디지털로 저장하면 학부모, 다른 교사, 기관의 운영자들과 공유할 수 있으며 유아들의 활동 결과물을 연대순으로 기록할 수 있어 시간의 흐름에 따른 유아의 발달 상황을 관찰할 수 있다고 하였다. 또한 시간과 장소에 구애받지 않고 유아의 작품을 평가할 수 있을 뿐 아니라, 유아가 자신의 작품을 수시로 관찰하여 자기반성의 기회를 제공한다. 그리고 유아들이 직접 자신의 작품을 이용한 전자 포트폴리오를 만드는 과정에 참여하여 활동과 활동 결과물에 대한 주인의식을 가질 수 있다. 뿐만 아니라 전자 포트폴리오는 텍스트, 만들기 작품, 비디오 자료, 오디오 자료 등 다양한 형태의 자료를 수집하기 때문에 기존 포트폴리오 방식이 텍스트와 유아의 평면 작품에 한정된 것을 보완할 수 있다.

2) 교사의 자기 평가

교사는 자신의 미술교수내용 지식, 교육신념, 미술교수효능감을 확인해 봄으로써 자기평가를 할 수 있다.

(1) 미술교수내용 지식

교수내용 지식은 교사가 가지고 있는 전문적인 지식을 의미하며, 미술교과와 관련하여 교사가 어떠한 지식을 갖고 있는지는 매우 중요하다. 왜냐하면 교사는 유아에게 미술교과에 대한 지식, 기술, 태도를 전달하게 되므로 유아에게 어떠한 내용의 지식을 전달할 것인가는 교사가 갖고 있는 미술 교과에 대한 교수내용 지식에 달려있기 때문이다.

슐먼(Shulman, 1986)은 교사들이 교과내용 지식을 알고 이해할 뿐 아니라 특정 내용을 효과적으로 가르치는 방법도 알아야 한다고 주장하면서, 최초로 교수내용 지식(Pedagogical Content

Knowledge: PCK)이라는 용어를 사용하였다. 교수내용 지식은 교사가 수업을 행하는 데 필요한 특유의 지식과 기능을 강조하고 수업에 대한 교사의 신념과 교수법에 근본적인 변화를 일으키며 학습자의 학업성취도와도 직접적인 관련이 있다.

미술교과와 관련한 교수내용 지식은 내용 지식, 학습자 지식, 교육학적 지식으로 구분할 수 있다(양윤정, 최승현, 2007). 구체적으로 살펴보면 다음과 같다.

첫째, 내용 지식은 미술에 대한 지식의 양과 지식을 나타내는 표상 방법들을 의미한다. 미술교과는 회화, 조소, 공예, 디자인, 판화, 염색, 콜라주와 같은 여러 가지 장르로 구성되어 있으며, 유아교사는 미술내용, 표현유형, 표현활동 자료, 미술의 기본요소와 구성 원리 등의 기본내용 그리고 탐색, 표현, 감상이라는 미술이론영역에 대해 이해해야 한다. 교과의 기본적인 개념 및 원리와 이를 담고 있는 교육과정과 교과서 등에 대한 교사의 폭넓은 지식과 경험이 내용 지식을 구성하게 된다. 유아를 대상으로 미술을 교수하는 유아교사는 국가수준 교육과정인 표준보육과정과 3~5세 연령별 누리과정에서 제시하는 미술교과에 대한 내용 지식을 알고 있어야 한다. 그러나 미술교육과정은 시대의 변화에 따라 내용이 확장될 수 있으므로 교사는 무엇이 미술인가, 무엇을 가르쳐야 하는가, 유아미술교육에서 다루어질 수 없는 것은 무엇인가에 대해 반성적으로 사고할 수 있어야 한다.

둘째, 학습자 지식은 내용 지식을 효과적으로 가르치기 위한 학생과 학습에 대한 이해 정도를 의미한다. 미술교과는 다른 교과에 비해 비구조화되어 있기 때문에 학습 활동 시 지식의 전이가 복잡하고 다양하게 일어나게 된다(Efland, 2000). 즉 수업에서 학습자들은 교사가 제시하는 내용을 단계적이고 절차적으로 습득하기보다는 다양한 가능성을 선택, 활용하여 하나의 퍼즐을 맞추듯 각기 다른 그림으로 완성해 간다. 따라서 교사는 수업을 설계할 때 학습자가 다양한 방식의 조합을 가능하게 하는 주제, 자료의 선택, 도구의 사용법 등이 다양할 수 있도록 배려하여야 하며, 이를 수행할 수 있는 고등사고능력과 전문성이 요구되는 것이다. 유아교사는 유아의 발달에 대해 충분히 숙지하고 있어야 하며 미술활동에 대한 유아의 흥미와 요구에 대해서도 알고 있어야 한다.

셋째, 미술교과에서 교육학적 지식이란 교육으로서 미술이 가지는 의미와 기능을 이해하고 이를 토대로 수업하는 것을 가리킨다(양윤정, 최승현, 2007). 학교 교육영역 안에서 미술을 다룰 때에는 교사가 알아야 하는 지식과 학습자인 유아에게 가르쳐져야 할 지식을 구분하여야 한다(이은적, 2002). 즉, 교사가 미술교과의 내용에 대해 알고 있어야 하는 것과 학습자인 유아가 알아야 할 미술교과 내용 지식은 다를 수 있다. 예를 들어 유아가 미술교육 사조의 정확한 명칭과 대표적인 화가를 알아야 하는 것은 아니다. 그러나 미술사조에 대해 교사가 정확하게 알고 있다면 유아들에게 다양한 미술 작품을 감상할 수 있는 기회를 제공할 수 있고 각 작품의 특성을 안내할 수 있을 것이다.

(2) 교육신념

신념(信念)이란 판단, 주장, 의견 따위를 진리라고 믿는 마음의 상태로(서울교육대학교 교육연구소, 2011), 교사의 교육신념은 교수행위의 기초를 형성하며 교육목표, 활동정의 및 조직, 활동선택, 환경구성과 교수방법에 절대적인 영향을 미친다(이성은, 2011).

교사가 행동주의적 교육신념을 가지고 있느냐 구성주의적 교육신념을 가지고 있느냐에 따라 유아에게 미술을 지도하는 목적 및 목표, 방법은 달라진다. 행동주의적 교육신념을 가진 교사는 대체로 교사주도적인 활동을 계획하고 교사의 시범을 중심으로 활동을 진행한다. '눈사람 만들기' 미술활동을 실행하는 상황을 예로 들어보자. 교사는 눈사람을 만들 재료인 휴지심의 한쪽 면에 하얀색 동그라미를 나란히 붙인 후 색종이로 꾸미는 모습을 시범보일 것이다. 유아들은 교사의 시범에 따라 똑같은 모양의 눈사람을 완성한다. 이러한 교수방법은 유아의 사고나 감정 그리고 창의성을 표출할 수 있는 기회를 부여하기보다는 인습적인 사고와 행위에 길들여지도록 하여 유아가 자발적이고 독창적인 표현을 하는 데 방해가 될 수 있다(정미경, 1999; Jalongo & Stamp, 1998).

구성주의적 교육신념을 가진 교사는 유아 주도적인 미술활동을 계획하고 실행하기 때문에 여러 가지 아이디어가 있는 유아들에게 매우 긍정적인 영향을 미친다. 예를 들어 교사는 도화지나 밀가루 등의 자료를 제시해 주고 유아가 자신의 생각, 경험, 느낌을 자유롭게 표현할 수 있도록 한다. 위에서 제시한 '눈사람 만들기' 미술활동을 하는 장면을 다시 생각해 보자. 교사는 여러 가지 재료가 들어있는 바구니를 소개한 후, 바구니에 있는 재료를 이용하여 눈사람을 만들어 보자고 이야기해 준다. 유아들은 재료를 자유롭게 탐색한 후 자신만의 눈사람을 완성한다. 경우에 따라 부직포에 단추를 붙이는 방법을 질문하는 유아, 어떤 모양의 눈사람을 만들지 결정하기 어려워하는 유아가 있을 수 있다. 이때 교사는 단순히 자료를 제공하는 역할에 그치는 것이 아니라 유아 스스로 지식을 구성할 수 있도록 안내하고 도와주는 역할을 한다.

(3) 미술교수효능감

교수효능감은 교사가 유아의 성취 결과에 영향을 미칠 수 있는 능력을 가지고 있다고 믿는 정도, 즉 유아의 수행능력에 긍정적인 영향을 미칠 수 있는 자신의 능력에 대한 신념을 의미한다(김희영, 2004). 교수효능감은 반두라(Bandura, 1989)의 자아효능감 이론에 기초하여 자신의 수행능력에 대해 인식하고 있는 정도가 실제 행동에 영향을 미친다고 본다. 교사의 교수효능감은 유아들의 학문적 수행을 예측하는 변수가 된다(Anderson, 1993).

교수효능감이 높은 교사는 유아를 동기화시키기 위한 효과적인 교수전략을 개발하는 데 노력하여 유아 중심의 수업을 이끄는 반면, 교수효능감이 낮은 교사는 비효과적이며 권위적인 자세로 수업에 임한다. 교수효능감은 교사의 교직 경험, 교사교육, 교사의 개인 변인과 외적 변인에 영향을 받게 되는데 예를 들어 어릴 적 미술교육을 받았던 경험, 미술에 대한 흥미와 관심, 부모님의 영향, 학창 시절 미술과 관련하여 칭찬이나 상을 받았던 기억들이 미술교수효능감에 영향을 준다.

어릴 때부터 미술에 흥미를 갖고 관심을 가졌던 교사는 유아미술교육 활동을 할 때 자신감을 갖게 된다. 또한 예비유아교사 시절 경험한 미술에 대한 성공적인 경험은 높은 미술교수효능감을 형성하게 하고 교사가 된 후 유아들에게 긍정적인 태도로 미술활동을 제공한다. 교사의 미술교수효능감에 대해 연구한 유경숙(2011)은 미술교수효능감이 높은 교사는 미술활동 계획을 수립하고 실행하는 것에 어려움을 느끼지 않지만 미술교수효능감이 낮은 교사는 별다른 계획 없이 즉흥적으로 미술활동을 실행하는 경향이 있다고 하였다. 또한 미술교수효능감이 높은 교사는 미리 수업 준비를 하고 주당 실시하는 미술활동의 빈도가 높은 것으로 나타났다. 미술교수효능감이 높은 교사는 유아미술활동의 평가 기준을 잘 알고 있으며 평가에 적용한다. 미술교수효능감이 높은 교사는 미술교수효능감이 낮은 교사보다 유아의 미술교육활동 준비부터 평가까지 충실히 수행한다. 그러므로 미술교수효능감을 높이기 위하여 교사 스스로 생활 속에서 미술에 관심을 가져야 한다. 예를 들어 주변 환경의 미적 아름다움을 탐색하거나 미술관을 방문하여 작품을 감상하기, 미술과 관련한 취미를 갖는 것도 좋은 방법이 될 수 있다.

요약

1. 유아 미술감상은 자연과 사물 및 다양한 작품의 아름다움을 느끼는 과정으로 유아의 미적 안목을 함양시
킬 수 있으며 미적 정서를 고취시킬 수 있다. 또한 유아의 미적 능력 함양, 긍정적인 인격 형성, 문화에 대
한 유아의 이해도에 긍정적인 영향을 미치며 유아의 전인발달을 촉진시킨다. 미술감상활동 지도방법은
토의, 게임, 작품 재구성, 작문(비평), 초대, 견학이 있다. 단위활동에서의 미술감상활동은 펠드먼의 미술비
평과 아레나스의 대화 중심 감상법이 있다. 또한 미술감상활동 시, 기호학적 관점, 미학적 관점, 사회문화
적 관점에 따라 구분하여 발문한다.

2. 미술활동의 평가는 유아를 위한 평가와 교사를 위한 평가로 구분한다. 유아를 위한 평가는 국가수준 교육
과정 예술경험영역의 영유아 관찰척도와 포트폴리오 평가가 있다. 영유아 관찰척도는 영유아의 연령에 따
라 영유아의 미술 탐색, 표현, 감상에 대해 평가한다. 포트폴리오 평가는 유아의 작품을 수집하여 유아 개별
의 변화에 대해 평가하는 방법이며, 최근에는 전자 포트폴리오의 형태를 활용하기도 한다. 교사를 위한 미
술평가 방법은 교사가 자신의 미술교수내용 지식, 교육신념, 미술교수효능감을 평가하는 방법이 있다.

더 생각해 보기

1. 친구와 짝을 지어 명화 1점을 선택하여 미술감상법 중 토의법을 활용하여 감상해 봅시다.

2. 미술관 견학에서의 유의점을 고려하여 미술관 견학계획안을 작성해 봅시다(견학 전 – 견학 과정 중 –
견학 후).

3. 명화 1점을 선택하여 펠드먼과 아레나스의 미술감상법에 따라 교사의 발문을 구성해 봅시다.

4. 우리나라와 다른나라의 미술관에서 시행하는 유아 대상 프로그램을 조사해 봅시다.

5. 프랑스, 영국, 호주 등의 미술관 정책을 조사하고 우리나라 미술관 정책과 비교해 봅시다.

제 II 부
유아 미술활동의 실제

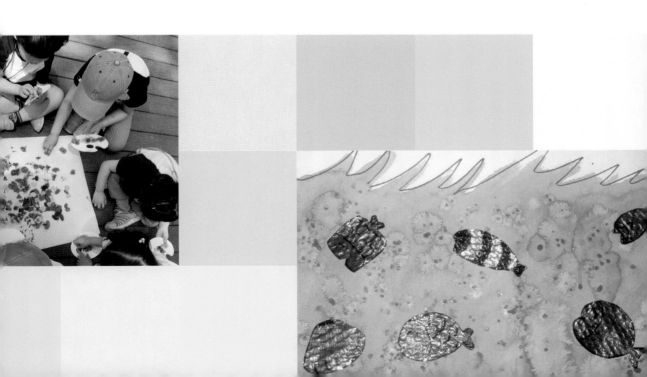

제1장

표현기법 중심 미술활동

물감 뿌리기

"교통표지판 만들기"

활동목표
- 교통표지판의 모양과 색을 안다.
- 분무기를 이용한 물감 뿌리기를 할 수 있다.
- 물감 뿌리기로 표현하는 과정을 즐긴다.

활동자료 흰색 도화지, 물감(빨강, 파랑), 교통표지판 모양 틀, 분무기

1. 책상 위에 신문지나 비닐을 깔고, 활동에 필요한 재료를 탐색한다.

2. 교사가 미리 만든 교통표지판 모양 틀을 흰색 도화지 위에 올려 놓는다.

3. 분무기로 물감을 뿌려본다.

4. 도화지 위에 놓인 교통표지판 모양 틀을 걷어낸다.

5. 완성된 교통표지판의 모양과 색에 대해 이야기한다.

만 3세

> 그림물감을 캔버스 위에 흘리거나 붓기 또는 튀겨서 제작하는 회화기법을 드리핑(dripping)이라고 한다.

우연의 효과를 이용한 표현

"봄꽃 나무 그리기"

활동목표
- 봄꽃 나무의 색을 다양한 색으로 표현한다.
- 물감으로 할 수 있는 다양한 표현 방법을 안다.
- 물감 뿌리기로 표현된 봄꽃 나무를 감상한다.

활동자료   흰색 도화지, 물감, 색연필, 칫솔, 신문지, 물감 담는 용기

1. 도화지에 나무기둥과 나뭇가지를 색연필(혹은 크레파스)로 그린다.

2. 칫솔에 물감을 묻힌 후 솔 부분을 막대기나 손으로 팅겨 물감 뿌리기로 꽃을 표현한다.

3. 완성된 봄꽃 나무를 감상한다.

만 3세

우연의 효과를 이용한 표현

물감 뿌리기

"허수아비 만들기"

활동목표
- 허수아비의 모습을 안다.
- 다양한 색을 이용하여 물감 뿌리기를 할 수 있다.
- 완성된 허수아비를 감상한다.

활동자료 도화지, 물감, 분무기, 유아 얼굴 사진, 나무젓가락, 밀짚모자 그림, 풀

만 2세

1. 도화지에 허수아비 옷을 그려 오린다. 연령이 어린 경우 교사가 허수아비 옷 모양을 미리 준비하여 제시한다.
2. 허수아비 옷 모양 위에 칫솔로 여러 가지 색깔의 물감을 묻혀 뿌린다.
3. 물감이 마른 후 얼굴 사진과 막대 등을 이용하여 허수아비를 완성한다.
4. 완성한 허수아비를 전시한 후 감상한다.

○
허수아비를 전시할 때, 배경지를 크라프트지로 이용하면 가을 분위기를 낼 수 있다.
칫솔로 물감 뿌리기를 어려워할 경우, 체 위에 칫솔로 문질러 물감 뿌리기를 한다.

"우주" 종이접기로 우주선을 표현하고, 검은 도화지 위에 물감을 뿌려 우주를 표현한다.

만 5세

"나뭇잎" 나뭇잎을 도화지 위에 올려놓고 물감 뿌리기를 한 후 잎맥을 그려 나뭇잎을 표현한다.

만 5세

우연의 효과를 이용한 표현

"비 오는 날"

활동목표
- 비 오는 모습을 탐색하고 표현한다.
- 다양한 색을 이용하여 물감 흘리기를 할 수 있다.
- 물감 흘리기로 표현된 비 오는 모습을 감상한다.

활동자료   도화지, 여러 가지 색 물감, 붓, 크레파스, 가위

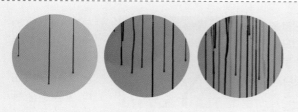

1. 이젤 위에 신문지를 깔고 그 위에 도화지를 고정시킨다. 이 때, 바닥에도 신문지를 깔아두어 물감이 바닥에 묻지 않도록 한다.
2. 다양한 색의 물감을 물에 섞고 다양한 굵기의 붓을 준비한다.

3. 물감이 흠뻑 묻은 붓을 도화지 윗부분에 눌러 물감이 위에서 아래로 흘러내리게 한다. 여러 번 반복해서 한다.
4. 물감이 마르는 동안 다른 도화지에 우산을 쓴 사람을 크레파스로 그린 후 가위로 오린다.
5. 오려 낸 그림을 물감 흘리기를 한 도화지의 적당한 위치에 붙여 완성한다.
6. 완성된 그림을 감상한다.

우연의 효과를 이용한 표현

"봄비가 내려요"

비 오는 날 모습을 꼭 그림으로 그려야 할 필요는 없다.
비 오는 날 산책활동을 한 후, 유아들의 우산 쓴 모습을 사진으로 찍은 후 그림 대신 활용하여 표현할 수 있다.

만 2세

○
어린 유아의 경우, 전지를 벽에 붙이고 물감이 담긴 분무기로 전지 윗 부분에 분사하면 물감이 자연스럽게 흘러 물감 뿌리기 기법과 흘리기 기법을 함께 활용할 수 있다.

물감불기

"봄꽃 피우기"

활동목표
- 봄에 볼 수 있는 꽃을 탐색한다.
- 물감 불기 기법을 안다.
- 봄꽃의 아름다움을 감상하고 즐긴다.

활동자료   흰색 도화지, 굵은 빨대, 포스터컬러, 여러 가지 봄에 피는 꽃(진달래, 민들레, 철쭉 등)

1. 도화지 위에 물감을 떨어 뜨려 입으로 불거나 빨대로 불어 번져 나가게 한다.
2. 물감의 양을 조절하여 짧고 길게, 단순하고 복잡하게 여러 갈래로 불어 보게 한다.

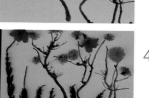

3. 물감이 마르면 적당한 자리에 주변에서 볼 수 있는 실제 봄꽃이나 풀잎 등을 놓아본다.
4. 완성된 작품을 감상한다.

"봄비"   물감 불기로 봄비를 표현한다.

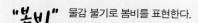

만 3세

"가을 나무"

나뭇가지를 물감 불기로 표현하고 낙엽을 잘게 부셔서 뿌리면 색다르게 표현할 수 있다.

만 5세

"자전거 바퀴"   자전거 바퀴 살을 물감불기로 표현한다.

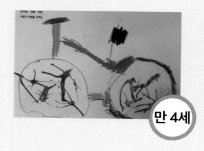

만 4세

> ○ 가는 빨대일 경우 어린이들이 힘들어하므로 굵은 빨대를 사용하도록 한다. 너무 어린 유아는 빨대를 계속 물고 불면 침이 같이 나올 수 있으므로 교사가 개별적으로 지도하여 천천히 활동할 수 있도록 한다.

우연의 효과를 이용한 표현

"비눗방울 그림"

활동목표
- 비눗방울의 여러 가지 색과 무늬를 탐색한다.
- 거품을 찍어 표현하는 방법을 안다.
- 여러 가지 색깔의 비눗방울 모양을 감상하고 즐긴다.

활동자료 물감, 굵은 빨대, 작은 용기, 주방용 세제, 도화지, 물

1. 물감을 물에 섞은 후 주방용 세제를 적당량 넣어 잘 젓는다.
2. 작은 용기에 색깔 별로 물감을 담는다.
3. 용기 안에 든 물감을 굵은 빨대로 천천히 분다.
4. 용기 위로 생긴 비누거품을 도화지로 덮어 거품을 찍는다.
5. 찍힌 거품무늬를 이용하여 그림을 그려도 좋다.
6. 다양한 거품 모양을 감상한다.

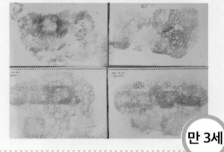

만 3세

"아이스크림"

아이스크림 모양 종이 위에 거품을 찍어 표현한다.

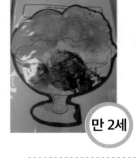

만 2세

"바닷 속 물고기"

아세테이트지에 파란색 아크릴 물감으로 채색하여 배경을 만든다. 물고기를 그린 후 오려서 거품물감으로 무늬를 찍은 후 배경에 붙이면 멋진 바닷속 작품이 된다.

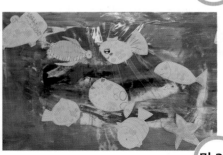

만 3세

○ 시중에 판매되고 있는 '거품물감'을 사용하면 쉽게 그림을 그릴 수 있다.

물감 닦아내기

"안개 표현하기"

활동목표
- 물감을 닦아내어 색의 차이를 안다.
- 물감을 닦아내는 표현 방법을 안다.
- 물감 닦아내기로 표현한 작품의 아름다움을 느낀다.

활동자료 물감, 붓, 팔레트, 물, 흰색 도화지, 스펀지 혹은 물 티슈, 크레파스, 네임펜

1. 흰색 도화지에 물감을 칠한 후 마르기 전에 스펀지 혹은 물 티슈를 이용해 닦아낸다.
2. 닦아낸 부분의 색의 차이를 이용하여 그림으로 표현한다.
3. 작품을 보고 감상한다.

만 5세

○
물감 닦아내기를 잘 표현 하기 위해서는 짙은 색의 물감을 사용하는 것이 좋다.

우연의 효과를 이용한 표현

"비 오는 날"

활동목표
- 비 오는 날을 물감 번지기 기법으로 표현한다.
- 물감이 번지는 과정을 관찰한다.
- 물감 번지기 효과의 아름다움을 감상한다.

활동자료 물 티슈, 흰색 도화지, 사인펜

1. 흰색 도화지 위에 물 티슈를 펴서 올려놓는다.

2. 물 티슈에 사인펜으로 그림을 그리면 그림이 조금씩 번지는 모습을 볼 수 있다.

3. 번지기 효과로 표현한 '비오는 날' 그림을 감상한다.

 물 티슈를 이용하여 물감 번지기를 할 경우 물 티슈에 물기가 많이 남아 있으면 그림의 형태가 잘 보이지 않으므로 살짝 말린 물 티슈를 사용한다.

"비 오는 날에는" 사인펜으로 그림을 그린 후 분무기로 물을 살짝 뿌리면 그림이 번지는 효과를 볼 수 있다.

만 5세

우연의 효과를 이용한 표현

소금으로 그리기

"눈 오는 풍경 그리기"

활동목표
- 소금물로 그림을 그릴 수 있다.
- 소금물이 마르면서 변하는 과정을 탐색한다.
- 소금물로 그린 눈 오는 풍경을 감상한다.

활동자료   검정색 도화지, 크레파스, 소금, 물, 면봉

1. 검정색 도화지에 겨울 풍경을 크레파스로 그린다.
2. 소금물을 준비한다.
3. 면봉으로 소금물을 찍어 눈송이를 표현한다.
4. 소금물이 마르면 하얗게 변화된 모습을 보고 이야기해 본다.

만 3세

"소금물로 그리기"

소금물을 면봉으로 찍어 그림을 그리면 물이 마르면서 소금이 남아 흰색의 그림이 나타난다.

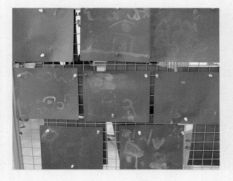

⭕ 소금물로 그림을 그릴 경우 소금의 농도를 진하게 해주어 그림이 말랐을 때 흰 소금이 잘 나타나도록 한다.

우연의 효과를 이용한 표현

"소금 그림"

흰색 도화지 전지에 물감을 칠한 뒤 소금을 뿌리면 소금이 녹으면서 번지는 듯한 무늬를 만든다. 물감이 마르면 유아의 작품을 전시하는 배경으로 활용할 수 있다.

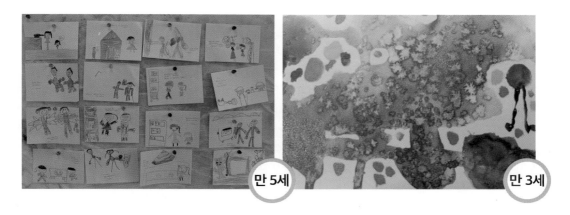

만 5세 만 3세

크레파스 그림에 바탕을 물감으로 색칠한 후 물감이 마르기 전에 굵은 소금을 뿌리면 소금이 녹으면서 색깔이 번지는 효과를 볼 수 있다.

만 5세

우연의 효과를 이용한 표현

"바닷가"

활동목표
- 물과 기름은 섞이지 않는다는 것을 안다.
- 마블링 물감을 이용하여 그림을 그린다.
- 물결의 움직임에 따라 만들어 내는 무늬를 감상한다.

활동자료 마블링 물감, 넓은 쟁반, 흰색 도화지, 크레파스

1. 넓은 쟁반에 물을 반쯤 채운다.

2. 물 위에 원하는 색깔의 마블링 물감을 1~2방울 떨어뜨린 후 살살 흔들거나 나무젓가락 등으로 휘젓는다.

3. 물 위에 무늬가 생기면 반으로 접은 도화지 한쪽 면을 물 위에 살짝 덮어 무늬를 찍는다.

4. 찍어낸 무늬를 이용하여 크레파스로 그림을 그린다.

5. 완성된 그림을 감상한다.

만 5세

> 종이를 반으로 접어 사용할 경우, 유아가 마블링 물감을 찍어내기 쉬우며 물감이 묻지 않은 곳에 다양한 그림을 표현하기 쉽다. 물감을 떨어뜨린 후 너무 많이 휘저으면 색이 어두워져서 무늬가 잘 나타나지 않는다.

"나뭇잎 무늬" 나뭇잎모양 종이에 마블링 물감을 찍어 나뭇잎 무늬를 만든다.

> 종이 전체에 마블링 물감을 묻힐 경우 핀셋을 제공하거나 손으로 잡았을 경우 닦을 수 있는 물티슈를 제공해 준다. 마블링 물감으로 생긴 우연적인 무늬를 활용하여 다양하게 표현해 볼 수 있다.

우연의 효과를 이용한 표현

"춤추는 나비"

활동목표
- 나비의 모양과 색에 관심을 갖고 탐색한다.
- 물감으로 기묘한 무늬를 만드는 방법을 안다.
- 물감이 섞이면서 만들어 내는 무늬를 감상한다.

활동자료 나비모양 도화지, 튜브 형 물감

1. 도화지를 나비모양으로 오려 준비한다.

3. 나머지 한쪽 면의 종이를 덮어 문지른 후 다시 펼친다.

2. 나비모양 도화지를 반으로 접었다 펼친 후 한쪽 면에 여러 가지 색깔의 물감을 짠다.

4. 물감이 마르면 끈을 매달아 모빌로 만들거나 벽면에 작품을 게시하여 감상한다.

만 3세

"그림자 놀이"

이수지의 그림책 『그림자놀이』를 감상한 후, 시중품 '반짝이 풀'을 이용하여 데칼코마니를 한다.

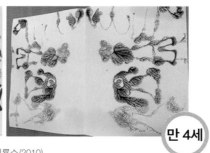

만 4세

『그림자놀이』(이수지 그림/비룡소/2010)

우연의 효과를 이용한 표현

"자연물 염색(황토 염색)"

활동목표
- 자연물의 다양한 색을 탐색한다.
- 자연물에서 색을 얻을 수 있는 방법을 안다.
- 염색되어진 무늬나 색을 보고 아름다움을 느낀다.

활동자료　자연물(쑥, 치자, 포도껍질, 양파껍질, 감잎, 황토 등) , 흰색 손수건 혹은 광목, 물, 고무줄
이나 실

1. 흰색 손수건을 여러 형태로 고무줄이나 실로 단단히 묶는다.

2. 황토 물에 단단히 묶은 손수건을 담근 후 주무른다.

3. 황토 물이 손수건에 물들면 꼭 짠 후 고무줄을 풀어 그늘에 잘 말린다.

4. 손수건에 만들어진 여러 가지 무늬를 감상한다.

만 5세

"딸기 만들기"

밀가루 점토나 흰색 클레이 점토에 사인펜이나 물감으로 염색하여 사용
한다. 포도가루나 딸기가루를 사용하여 염색할 경우 자연스러운 색을 얻
을 수 있다. 포도가루나 딸기가루를 천연비누 베이스에 섞어서 수제비누
를 만들 수도 있다.

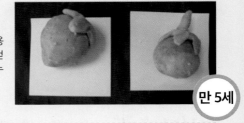

만 5세

"손수건 염색하기"

시중에서 판매하는 염색종이를 이용할 수 있
다. 흰색 손수건 위에 염색종이를 원하는 모
양으로 오려서 올려놓고 다림질을 하면 염색
이 된다.

만 3세

우연의 효과를 이용한 표현

"꽃과 잎으로 염색"

활동목표
- 주변에서 볼 수 있는 꽃이나 잎의 색을 탐색한다.
- 꽃과 잎에서 색을 얻을 수 있는 방법을 안다.
- 자연에서 미적 요소를 탐구하는 것을 즐긴다.

활동자료 흰색 손수건, 숟가락, 꽃잎, 잎사귀 등

1. 흰색 손수건을 반으로 접었다 펼친 후 한쪽 면에 꽃이나 잎을 올려놓는다.

2. 다른 한쪽면으로 덮은 후 꽃이나 잎이 놓인 곳을 숟가락으로 두들겨 꽃과 잎에서 나온 즙이 손수건에 물들도록 한다.

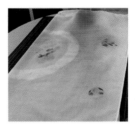

3. 물든 손수건을 감상하고 이야기해 본다.

○ 치자물을 분무기에 넣어 손수건에 뿌리면 빠른 시간 내에 마른다. 치자로 염색된 손수건 위에 자연물을 이용하여 2차 염색을 할 수 있다.

"습자지 염색"
여러 색의 습자지를 다양한 모양으로 오려 흰색 도화지 위에 올려놓는다. 분무기로 물을 뿌린 후 젖은 습자지를 제거하면 도화지 위에 염색이 된다.

○ 습자지의 색이 물들면 잘 지워지지 않으므로 손이나 옷, 바닥에 닿지 않도록 유의하고 사용한 습자지는 바로 처리한다.

우연의 효과를 이용한 표현

"포스터 그리기"

활동목표
- 자연의 색, 선, 모양, 질감 등을 탐색한다.
- 물감과 크레파스로 자연을 표현할 수 있다.
- 배틱효과를 알고 표현과정을 즐긴다.

활동자료　도화지, 크레파스 혹은 크레용, 수채화 물감, 붓, 팔레트, 물

1. 도화지에 크레파스나 크레용으로 주제에 맞는 그림을 그린다.
2. 수채화 물감으로 바탕을 칠한다.
3. 완성된 작품을 게시하고 감상한다.

만 5세

배틱(battik)은 크레용이나 파라핀 등 물감이 묻지 않는 재료로 그림을 그린 다음, 그 위에 수채화 물감을 칠하거나 염료에 담가 그림 외의 부분에 물감이 흡수되게 하는 기법이다. 바탕을 색칠하기 어려워하는 유아들에게 사용하기 쉬운 기법이다.

바탕 효과를 이용한 표현

"음표 만들기"

활동목표   • 여러 가지 색과 선, 모양 등을 탐색한다.
          • 비밀 그림을 그릴 수 있다.
          • 함께 만든 작품을 감상한다.

활동자료   도화지, 양초, 수채화 물감, 붓, 물, 팔레트

1. 동그라미 모양의 도화지에 양초로 그림을 그린다.

2. 여러 가지 색의 수채화 물감을 붓으로 칠한다.

3. 양초로 그린 곳에 물감이 묻지 않아 나타나게 되는 그림을 보고 이야기해 본다.

4. 오선지가 그려진 곳에 그림을 함께 전시하고 감상한다.

만 2세

영아의 경우 양초를 이용하여 끼적이기로 표현할 수 있다.

바탕 효과를 이용한 표현

"나무무늬를 바꿔요"

활동목표
- 여러 가지 사물의 색, 선, 모양, 질감 등을 탐색한다.
- 여러 가지 사물의 무늬를 표현한다.
- 사물의 무늬가 변화되는 것을 보고 즐거움을 느낀다.

활동자료　색연필, 흰색 종이, 가위, 나무 배경 그림

1. 표면이 울퉁불퉁한 사물 위에 종이를 대고 색연필로 문지른다.

2. 베껴낸 여러 가지 울퉁불퉁한 무늬를 나무 모양대로 오려 나무 배경 그림에 붙여본다.

3. 나무 무늬의 변화를 살펴보고 이야기해 본다.

- 얇은 종이(화선지, 복사 용지, 트레이싱지, 기름 종이)를 사용하면 쉽게 무늬가 나타난다.
- 종이가 움직이지 않도록 고정한다.
- 프로타주 도구로는 크레용, 색연필, 연필, 파스텔이 적절하다.

"나뭇잎 모빌"　천 위에 프로타주 기법으로 나뭇잎 무늬를 표현한다.

프로타주(frottage)는 면이 올록볼록한 것 위에 종이를 대고 파스텔, 색연필, 연필 등으로 문지르면 무늬가 베껴지는데, 그 때의 효과를 응용한 기법이다.

바탕 효과를 이용한 표현

"울퉁불퉁 악어"

활동목표
- 동물(악어)의 색, 선, 형태, 질감 등을 탐색한다.
- 다양한 사물의 무늬를 베껴낼 수 있다.
- 다양한 질감을 느낀다.

활동자료 색연필 혹은 크레용, 흰색 도화지, 가위, 크레파스

1. 바깥놀이 시 표면이 울퉁불퉁한 사물 위에 종이를 대고 색연필이나 크레용으로 문질러 물체의 무늬가 잘 나타나게 한다.

2. 거친 표면을 가진 동물(악어)을 그린 후 베껴낸 물체의 무늬를 적당한 크기로 오려 붙인다.

3. 완성된 작품을 게시하고 감상한다.

만 4세

"나무"

나무 기둥을 그린 후 프로타주 기법으로 나뭇잎을 베껴내어 그림을 완성한다.

만 5세

"트레이싱지 프로타주"

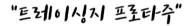

예비교사

트레이싱지 밑에 사물(클립, 단추, 골판지 등)들을 고정시켜 구성해 놓은 다음 베껴 그림을 완성한다.

그라타주(스크래치)

"소나무 꾸미기"

활동목표
- 소나무의 형태와 질감을 탐색한다.
- 뾰족한 도구를 사용하여 그림을 그릴 수 있다.
- 다양한 색깔이 나타나는 것에 신기함과 재미를 느낀다.

활동자료 흰색 도화지, 크레파스(초록, 연두, 파랑, 노랑, 밤색), 나무 펜

만 5세

1. 둥근 모양의 도화지 면을 여러 등분으로 자유롭게 나누어 파란색, 밤색, 연두, 노란색 등으로 칠한다.

2. 여러 가지 색을 칠한 곳 위에 초록색 크레파스로 덧칠한다.

3. 나뭇가지로 만든 나무 펜의 뾰족한 부분으로 긁어서 그림을 그린다.

4. 각자 그린 그림을 모아 커다란 나무를 꾸민다.

5. 함께 만든 그림을 감상한다.

그라타주(grattage)는 '긁어 지우기'나 '마찰'이란 뜻의 화화 기법으로 '스크래치'라고도 한다. 다양한 색의 크레파스로 색칠한 후 진한 색을 이용해 덧칠한다. 덧칠한 곳을 송곳이나 이쑤시개 등으로 긁어서 처음에 칠한 색이 나타나게 한다.

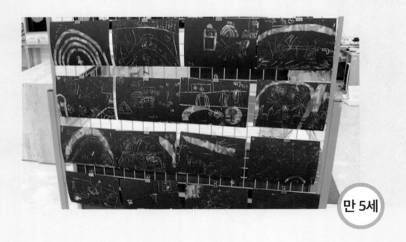

만 5세

"자유화"

활동목표
- 밝고 어두운 색의 대비를 인식한다.
- 스크래치 기법으로 그림을 표현한다.
- 긁어 내는 도구에 대한 새로운 경험을 즐긴다.

활동자료 스크래치 종이, 스크래치용 펜

1. 시중에서 판매하는 스크래치 용지에 그림을 그린다.

2. 뾰족한 펜을 사용하여 긁어 내며 그린다.

3. 표현한 그림을 보고 함께 감상하고 이야기해 본다.

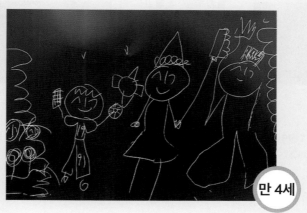

만 4세

"나는야 운동선수"

만 3세

○ 잡지책이나 광고지, 색종이 표지를 이용하면 색다른 느낌을 낼 수 있다. 잡지 등의 종이 위에 짙은 색 크레파스를 덧칠한 후 긁어낸다.

바탕 효과를 이용한 표현

핑거페인팅

"풀 그림"

활동목표
- 풀 물감으로 자유롭게 그림을 그리며 선과 모양을 탐색한다.
- 손가락을 이용하여 그림을 그린다.
- 풀의 부드럽고 끈적거리는 촉감을 느끼고 즐긴다.

활동자료 밀가루 풀, 물감, 아세테이트지, 검정색 도화지, 흰색 도화지

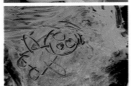

1. 책상 위에 검정색 도화지를 단단히 고정 시킨 후 아세테이트지로 덮는다.
2. 밀가루 풀에 물감을 풀어 색깔 풀을 만든다.
3. 원하는 색깔의 풀을 책상 위에 놓고 손가락으로 그림을 그린다.

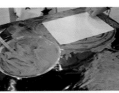

4. 그림을 그리고 지우고를 반복하다가 마지막으로 표현한 그림을 도화지로 덮어 찍어 낸다.
5. 찍어낸 그림을 잘 말린 후 게시한다.

○ **핑거페인팅(finger painting)**은 밀가루 풀에 수성 그림물감을 섞어 만든 것을 손가락으로 그려 찍어 내는 미술기법이다.

"모래성을 쌓아요" 손가락으로 물풀그림을 그린 후 색 모래를 뿌려 그림이 나타나게 한다.

바탕 효과를 이용한 표현

"우리 반 친구들의 패션쇼"

활동목표
- 다양한 옷을 탐색한다.
- 잡지 속 사진과 그림 등을 이용하여 표현할 수 있다.
- 작품 속 다양한 옷의 아름다움을 느낀다.

활동자료 잡지책, 풀, 가위, 흰색 혹은 검정색 도화지, 유아 사진

1. 유아 사진을 찍은 후 얼굴 부분을 오려 놓는다.
2. 얼굴 사진을 붙인 후 잡지에서 다양한 옷을 잘라 붙인다.
3. 작품을 게시하고 함께 감상한다.

만 3세

파피에 콜레(papier colle)는 신문지, 벽지, 상표, 모양지 등 인쇄물을 풀로 붙여서 회화적 효과를 얻는 표현 형식이다.

"나의 꿈 표현하기"
자신의 꿈을 나타낼 수 있는 다양한 그림이나 사진을 그리거나 오려서 붙인다.

만 5세

바탕 효과를 이용한 표현

"우리 몸 구성하기"

활동목표
- 몸의 형태를 알고, 다양한 재료의 특징을 탐색한다.
- 콜라주 기법을 안다.
- 다양한 재료를 사용하여 표현하는 것을 즐긴다.

활동자료 빨대, 수수깡 단면, 습자지, 켄트지 전지, 가위, 목공풀

1. 켄트지 전지 위에 유아를 눕힌 후 색연필로 몸의 윤곽을 그린다.

2. 그린 몸의 윤곽을 부분으로 나눈 뒤 빨대, 수수깡 단면, 습자지, 비닐 등과 같은 꾸미기 재료로 표현한다.

3. 완성한 후 그림을 감상하고 느낌을 이야기해 본다.

만 4세

> **콜라주(collage)**는 질이 다른 여러 가지 헝겊, 비닐, 타일, 나뭇조각, 종이 등을 화면에 구성하는 회화 기법이다.

바탕효과를 이용한 표현

"할머니의 조각보 꾸미기"

활동목표
- 조각보의 의미와 다양한 재료의 특징을 안다.
- 여러 가지 재료로 표현할 수 있다.
- 완성된 작품의 아름다움을 느낀다.

활동자료 한지, 빨대 조각, 수수깡 단면, 지끈, 목공풀, 그림책 『할머니의 조각보』

『할머니의 조각보』(패트리샤 폴라코 글 그림/미래아이/2003)

1. 『할머니의 조각보』 그림책을 감상한다.

2. 조각보의 여러 형태를 살펴 본 후 조각보를 만들기 위한 재료들을 알아본다.

3. 한지, 빨대 조각, 수수깡 단면, 지끈 등과 같은 꾸미기 재료로 협동하여 표현한다.

4. 완성한 후 조각보에 대해 이야기하고 감상한다.

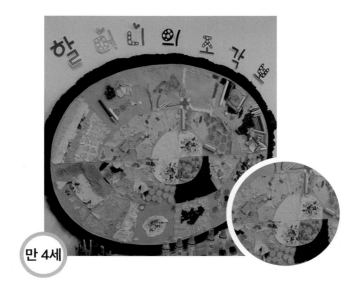

만 4세

바탕 효과를 이용한 표현

"가을 곡식 모자이크"

활동목표
- 가을에 수확하는 곡식을 탐색한다.
- 모자이크 기법을 안다.
- 곡식으로 꾸민 다양한 형태를 감상한다.

활동자료 가을 곡식, 목공풀, 코르크 판, 유성매직

만 4세

1. 코르크 판 위에 유성매직으로 그림을 그린다.

2. 그림 위에 가을 곡식을 목공풀로 붙여 무늬를 만든다.

3. 완성된 작품을 전시하고 감상한다.

> **모자이크(mosaic)**는 여러 가지 색의 돌이나 도자기, 타일, 유리, 금속, 조개 껍질 등을 조각조각 집합시켜서 무늬나 회화를 만드는 기법이다.

바탕 효과를 이용한 표현

"바퀴 꾸미기"

활동목표
- 교통기관의 바퀴 모양을 탐색한다.
- 같은 색끼리 분류하여 붙일 수 있다.
- 완성된 바퀴를 게시하며 성취감을 느낀다.

활동자료 여러 종류의 종이(색종이, 색상지, 은지, 금지 등), 풀, 마분지

1. 교통기관 중 기차(KTX)바퀴를 탐색해 본 후 바퀴 모양을 꾸민다.
2. 여러 종류의 종이를 네모모양으로 잘게 잘라 놓는다.
3. 같은 색깔과 재질 등으로 구분하여 붙인다.
4. 기차 그림을 배경에 붙여주고 완성된 바퀴를 붙인다.
5. 게시된 기차 그림을 감상한다.

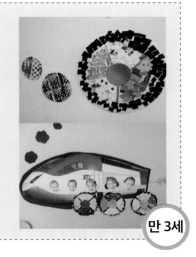

만 3세

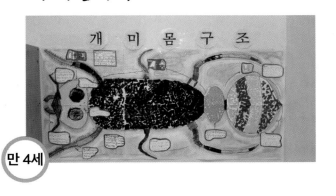

"개미 모자이크"

만 4세

"괴물들이 사는 나라"

만 5세

바탕 효과를 이용한 표현

"이름액자 만들기"

활동목표
- 자신의 이름을 안다.
- 자신의 이름을 그림으로 표현할 수 있다.
- 완성된 이름액자를 보고 성취감을 느낀다.

활동자료   마분지, 목공풀, 알루미늄 호일, 스팽글

1. 마분지에 원하는 그림이나 자신의 이름을 연필로 그린다.
2. 연필로 그린 선을 따라 목공풀(혹은 글루건)로 그린다.
3. 목공풀이 완전히 마른 후 알루미늄 호일로 전체를 붙인다.
4. 그림의 형태가 잘 나올 수 있도록 꼼꼼하게 문지른다.
5. 가장자리를 스팽글 등으로 장식한다.
6. 완성된 이름액자를 전시하고 감상한다.

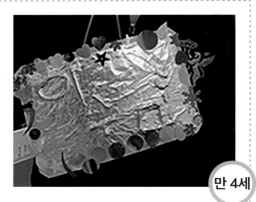

만 4세

"내가 좋아하는 동물"
목공풀 대신 두꺼운 도화지, 알루미늄 호일, 물감, 클립이나 고리, 줄, 찰흙 등 두께감이 있는 재료를 이용하여 글루픽쳐 작품을 만들 수 있다.

만 5세

글루픽쳐 목공풀이나 글루건을 이용해 그림을 그려 재질감을 느끼게 하는 기법이다. 그림 위에 아크릴 물감이나 포스터 물감을 칠한 후 광택제(구두약)를 발라 문지르면 동판화 느낌을 줄 수 있다.

"드림캐처 만들기"

활동목표
- 다른 나라의 문화에 대해 안다.
- 실을 교차하여 묶을 수 있다.
- 완성된 작품을 감상하며 아름다움을 느낀다.

활동자료 공예철사, 종이접시, 털실, 구슬, 깃털, 끈

1. 공예철사로 모양을 만들거나 종이접시의 안쪽을 오려낸 후 펀치로 구멍을 뚫어서 드림캐처 틀을 만든다.
2. 다양한 굵기와 색의 털실을 이용하여 엮은 후, 구슬과 깃털로 장식한다.
3. 끈을 매달아 창가에 걸어둔다.

만 5세

"모빌 만들기"

나뭇가지 두 개로 십자모양을 만든 후, 지끈으로 교차하며 엮는다.

직조 실을 엮어 직물을 만드는 기법이다.

"해바라기"

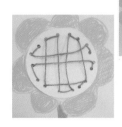

두꺼운 도화지나 종이컵 밑면을 송곳으로 뚫은 후, 지끈을 꿰어 해바라기를 표현한다.

몽타주

"주세페의 그림 기법으로 표현하기"

활동목표
- 주세페[1] 그림 기법을 탐색한다.
- 얼굴 사진에 여러 가지 과일 사진을 조합시킬 수 있다.
- 완성된 작품을 보고 즐거움을 느낀다.

활동자료　얼굴 사진, 과일 사진, 풀, 도화지, 주세페 그림

1. 도화지에 유아 자신의 얼굴 사진을 오려 붙인다.

2. 과일 사진에서 적당한 과일을 잘라 얼굴과 조합하여 붙인다.

만 **4세**

3. 완성된 얼굴과 주세페 그림을 함께 비교해 보며 이야기해 본다.

> ○
> **몽타주(montage)**는 기존의 이미지들을 선택하여 그 일부를 잘라내어 붙이면서 새로운 장면이나 내용을 만드는 기법이다.

---

1) 주세페 아르침볼도(Giuseppe Arcimboldo)는 과일, 꽃, 동물, 사물 등을 이용하여 사물의 얼굴을 표현하는 이탈리아의 화가이다.

"우리 식구"

활동목표
- 우리 식구의 특징을 안다.
- 같은 그림을 여러 번 찍어 내는 방법을 안다.
- 여러 번 찍어 낸 그림의 변화과정을 즐긴다.

활동자료 아크릴판, 물감, 붓, 흰색 도화지, 유성매직

1. 흰색 도화지에 유성매직으로 먼저 밑그림을 그린다.

2. 밑그림 위에 아크릴판을 올려 놓는다.

3. 밑그림에 따라 아크릴 판 위에 물감으로 그림을 그린다.

4. 붓이나 손으로 물감을 칠할 수 있다.

5. 물감이 마르면 잘 찍히지 않으므로 스프레이로 물을 살짝 뿌려 준다.

6. 종이(창호지)로 찍어 본다.

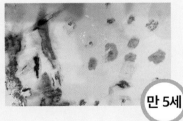

만 5세

7. 여러 번 찍어 보고, 그림의 차이를 이야기해 본다.

> **모노타이프(monotype)**는 평평한 면에 그림을 찍어 내는 평판화에 속한다. 글라스판이나 금속판, 석판(石板) 위에 물감으로 그림을 그린 후 그림 위에 종이를 덮어 인쇄하는 기법이다.

"앤디워홀 따라 하기"

활동목표
- 앤디워홀 작품의 색과 모양, 구성 등을 탐색한다.
- 스텐실 기법으로 표현할 수 있다.
- 같은 모양이 다른 색으로 표현된 작품을 비교하며 감상한다.

활동자료 광목, 아크릴 물감, 스펀지, 팔레트, 폼보드

1. 정사각형 폼보드(12×12)를 광목으로 싼다.
2. 꽃 문양으로 프린트된 종이를 오려내고 남은 판을 광목 위에 올린 후 스펀지에 물감을 묻혀 두드린다.
3. 무늬가 나오면 말린 후 작품 네 개를 모아 전시한다.
4. 앤디워홀 작품과 비교하며 감상한다.

"바닷속 동물 찍기"

"애벌레 찍기"

크레파스로 그림을 그린 후 애벌레를 스텐실 기법으로 찍는다.

> ◯ 스텐실 모양을 오려낸 후 그 구멍에 물감을 넣어 찍어 내는 기법이다.

"겨울 나무 꾸미기"

활동목표
- 겨울 나무의 특징을 안다.
- 찍기를 이용하여 겨울 나무를 표현할 수 있다.
- 완성된 작품을 보고 즐거움을 느낀다.

활동자료   에어캡, 흰색 물감, 검정색 도화지, 갈색 색상지, 가위

1. 갈색 색상지에 나무기둥과 가지를 그리고 오려낸다.

2. 오려낸 나무기둥을 검정색 도화지에 붙인다.

3. 에어캡을 둘둘 말아 흰색 아크릴 물감을 묻혀 찍어낸다.

4. 완성된 겨울 나무를 감상한다.

만 5세

"재미있는 얼굴표정"

에어캡, 포크, 칫솔로 물감을 찍어서 얼굴표정을 표현한다.

만 5세

"자동차 도로 표현하기"

검정색 도화지에 바퀴 모양 롤러나 에어캡으로 물감을 찍어서 자동차 도로를 표현한다.

만 3세

"손바닥 동물원"

『손바닥 동물원』(한태희
글·그림/예림당/2002)

활동목표
- 동물의 특징을 알고, 손바닥을 탐색한다.
- 손바닥 찍기를 이용하여 동물을 표현할 수 있다.
- 완성된 작품을 보고 즐거움을 느낀다.

활동자료   흰색 도화지, 크레파스, 물감, 스펀지, 접시, 그림책 『손바닥 동물원』

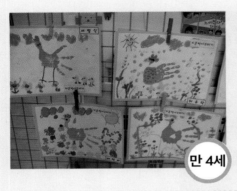

만 4세

1. 그림책 『손바닥 동물원』을 감상한다.
2. 물감을 진하게 탄 후 스펀지를 담가 스며들게 한다.
3. 스펀지에 스며든 물감이 손가락 혹은 손바닥에 묻도록 한 뒤 도화지에 찍어 표현한다.
4. 손가락과 손바닥이 찍힌 그림이 마르면 그림책에 나온 동물모양을 표현한다.
5. 색상지에 배지를 붙인 후 전시하고 감상한다.

"나무"   손바닥 찍기로 나뭇잎을 표현하거나 나무기둥 그림에 손가락으로 물감을 찍어 나무를 꾸민다.

만 2세

"손바닥 병아리"

노란색 물감을 묻혀 손바닥 찍기를 한 후 병아리로 표현한다.

만 4세

"손바닥 케이크 만들기"

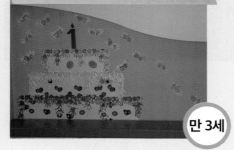

만 3세

"손바닥 크리스마스 트리"

만 5세

"손바닥 공작새"

만 3세

손바닥 찍기를 이용하여 생활주제에 따라 다양한 작품을 구성할 수 있다.

판을 이용한 표현

"동물을 보호해요"

활동목표
- 북극 동물들의 생활을 탐색한다.
- 발바닥 찍기를 이용하여 그림으로 표현할 수 있다.
- 환경을 보호하는 마음을 갖는다.

활동자료 파랑색 도화지, 크레파스, 흰색 물감, 장화, 쟁반,
검정색 유성 매직, 그림책 『북극곰이 녹아요』

『북극곰이 녹아요』
(박종진 글 이주미 그림/키즈엠/2017)

만 4세

1. 그림책 『북극곰이 녹아요』를 감상한다.

2. 쟁반 위에 흰색 물감과 유아용 장화를 준비한다.

3. 장화를 신고 물감을 장화바닥에 묻힌 후 파란색 도화지에 찍어본다.

4. 장화 바닥이 찍힌 곳에 동물그림을 따로 그려서 오린 후 붙여본다.

5. 작품을 보고 환경 보호에 대한 생각을 이야기해 본다.

"가을 나무"

활동목표
- 여러 가지 나뭇잎의 모습을 탐색한다.
- 나뭇잎으로 찍기를 할 수 있다.
- 자연물을 이용한 찍기 활동을 즐긴다.

활동자료 여러 종류의 나뭇잎, 도화지, 물감, 스펀지, 접시

만 2세

1. 여러 종류의 나뭇잎을 준비한다.

2. 나뭇잎에 물감을 묻혀 그려 놓은 나뭇가지에 나뭇잎을 찍어 본다.

3. 완성된 작품에 크라프트지를 덧대어 게시한다.

○

나뭇잎 모양의 스펀지 도장을 활용할 수 있다. 나뭇가지는 실제 나뭇가지를 붙이기, 그리기, 물감 불기 등의 다양한 방법을 활용하여 표현할 수 있다.

"자동차 길" 장난감 자동차 바퀴로 찍어 자동차 길을 표현한다.

만 3세

뚜뚜빵빵~
비켜나세요

만 2세

판을 이용한 표현

판을 이용한 표현

"도구 찍어 구성하기"

생활 도구로 물감을 묻혀 도화지에 찍어 구성한다.

만 3세

"도구 찍어 그림 그리기"

생활 도구(뒤집개, 빗자루 등)로 찍기를 한 후 찍은 모양을 이용하여 그림으로 표현한다.

만 4세

"포크 튤립"

포크로 찍은 후 튤립 꽃을 표현한다.

만 3세

"뚜껑 찍기"로 구성하기"

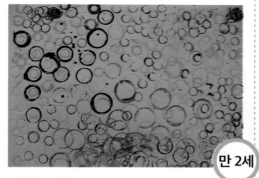

만 2세

다양한 크기의 뚜껑을 사용하여 물감 찍기를 한다.

"채소 찍기"

만 4세

피망, 당근 등의 채소로 찍은 후 연상되는 그림을 그린다.

"꽃 모양 모루 찍기"

만 3세

모루로 꽃 모양을 만들어 물감 찍기를 한 후 줄기와 잎을 그려 꽃을 완성한다.

"골판지 무늬 찍기"

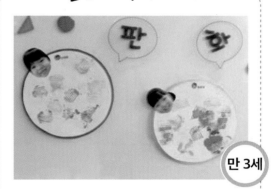

만 3세

골판지를 여러 가지 모양으로 오린 후, 물감 찍기를 한다.

"스펀지 찍어 꾸미기"

스펀지를 접거나, 넓게 펴서 찍는 등 스펀지의 형태를 변화시켜 찍어 다양한 모양을 표현할 수 있다.

만 3세

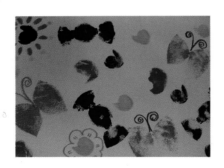

예비
교사

"나의 꿈"

활동목표
- 다양한 직업을 탐색한다.
- 상자를 이용하여 모빌을 만들 수 있다.
- 다양한 꿈 모빌을 보며 상상력을 키운다.

활동자료   정사각형 상자, 낚시 줄, 사인펜, 색연필, 풀, 두꺼운 상자종이

1. 자신이 되고 싶은 꿈(직업)을 종이에 그려 오려 낸다.
2. 우유곽이나 과자상자 등으로 정사각형 상자를 만들어 오려 낸 꿈 그림을 붙인다.
3. 교사는 꿈(직업)을 상징할 수 있는 사람을 두꺼운 상자 종이에 그린 다음 유아와 함께 색칠하여 오린다.
4. 교사와 유아가 협동하여 만든 상징물에 유아들이 만든 꿈 상자를 낚시 줄에 매달아 모빌로 만든다.

만 5세

"눈사람 모빌"

여러 가지 눈 결정체 모양을 색칠하고 뿅뿅이, 스팽글 등을 붙여서 모빌을 만든다.

만 3세

"눈송이 모빌"

"열기구 모빌"

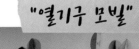

색종이를 오려 눈 결정체 모빌을 만든다.

"손 코팅지 모빌"

활동목표
- 준비한 재료의 다양한 모양을 탐색한다.
- 여러 가지 꾸미기 재료로 모빌을 만들 수 있다.
- 앞뒤 모양이 같은 것에 흥미를 느낀다.

활동자료 양면 색종이, 스팽글, 리본테이프, 줄, 손 코팅지 등

1. 시중에 파는 손 코팅지를 만들고 싶은 모양으로 여러 장 오려 낸다.

2. 손 코팅지의 붙는 면이 위로 오게 한 후 리본테이프나 줄을 가운 데 배치하여 여러 장의 손 코팅지를 연결한다.

3. 연결된 손 코팅지 위에 스팽글, 양면색종이 등 을 이용하여 꾸민다.

4. 다른 쪽 손 코팅지로 겹쳐 붙이면 모빌이 완 성된다.

만 5세

"사계절 모빌"

봄, 여름, 가을, 겨울을 나타낼 수 있는 그림을 그린 후 손코팅 지로 모빌을 만든다.

교사

현대미술기법 중심 표현

"물고기 모빌"

만 2세

물고기 모양의 종이에 퍼니콘으로 꾸민 후 모빌로 만든다.

"물고기 모빌"

백업과 스팽글 등으로 물고기 모빌을 만든다.

"감 모빌"

교사

한지로 감을 만들어 나뭇잎 모양에 매달아 모빌로 만든다.

"집 모빌"

만 4세

박스지를 집 모양으로 만든 후 크레파스로 꾸미고 나뭇가지에 매달아 모빌로 만든다.

"나비 모빌"

만 3세

데칼코마니로 나비를 만들어 모빌로 만든다.

"여러 가지 재료로 꾸미기(협동작품)"

활동목표　　· 주변에서 볼 수 있는 다양한 재료를 탐색한다.
　　　　　　　· 다양한 재료로 표현할 수 있다.
　　　　　　　· 다양한 재료를 표현하는 것을 즐긴다.

활동자료　　색종이, 이쑤시개, 스팽글, 아이스크림 막대, 가위, 목공풀, 면봉, 자투리 헝겊, 검정색
　　　　　　　도화지, 종이티슈, 리본테이프 등

"우리엄마 꾸미기"

예비
교사

1. 함께 표현할 주제를 정한다.

2. 여러 가지 재료들의 성질을 이용하여 검정색 도화지에 꾸며 본다.

3. 완성된 작품을 전시하고 감상한다.

> **오브제(*object*)**는 일상생활 용품이나 자연물 또는 예술과 무관한 물건을 본래의 용도에서 분리하여 사용함
> 으로써 새로운 느낌이 나도록 미술 작품을 만드는 것이다.

"나무"

말린 해조류(김, 미역, 다시마 등)를 이용하여 작품을 만들 수 있다.

젖은 해조류는 모양을 잘 펴서
말리도록 한다.

밑그림을 그린 후 말린 해조류를 목공풀로 붙여 작품을 만든다.

"일상용품으로 디자인하기"

활동목표   • 주변의 여러 사물을 관찰한다.
                • 일상용품으로 미술 작품을 만들 수 있다.
                • 흔히 접하는 일상용품으로 작업하는 것을 즐긴다.

활동자료   호일, 클립, 병뚜껑, 비즈, 검정색 도화지, 목공풀, 눈알

1. 클립, 병뚜껑, 호일 등을 검정색 도화지에 붙여서 디자인한다.
2. 완성된 작품을 전시한다.
3. 전시된 작품을 감상한다.

만 5세

현대미술기법 중심 표현

"기차 만들기" 폐품(종이상자)으로 기차를 만든다.

"에펠탑 만들기"

만 4세

"자동차 만들기" 커다란 폐품상자로 자동차를 만들어 역할놀이영역에서 사용할 수 있다.

만 5세   만 5세

폐품상자와 빈 병으로 탑을
만든다.

> ○
> **아상블라주(assemblage)**는 폐품이나 일상용품과 같은 여러 물체를 한데 모아 미술 작품을 제작하는 기법이다.

"팔레트를 채워요"

활동목표
- 봄에 볼 수 있는 꽃들을 탐색한다.
- 자연물로 미술 작품을 만들 수 있다.
- 자연물로 작업하는 것을 즐거워하고 아름다움을 느낀다.

활동자료   두꺼운 팔레트 모양 도화지, 양면테이프, 집게, 여러 가지 꽃과 잎, 흰색 보자기

> **컴바인 페인팅(combine painting)**은 캔버스 위에 그림을 그리는 전통적인 방식이 아니라 일상의 모든 사물과 버려지거나 파기된 것들을 조합하여 회화에 도입하는 것이다. 여행에서 수집한 자연물 혹은 티켓 등을 캔버스에 구성하여 벽에 부착할 수 있다.

1. 산책을 하면서 수집한 꽃, 잎을 흰색 보자기 위에 모아 본다.

만 4세

2. 팔레트 모양 도화지에 양면테이프를 붙이고 그곳에 꽃과 나뭇잎을 붙여본다.

3. 완성된 작품을 전시하고 감상한다.

"눈송이 만들기"

활동목표
- 눈 결정체를 탐색한다.
- 눈송이 모양을 입체적으로 만들 수 있다.
- 같은 계열의 색을 느끼고 감상한다.

활동자료 이쑤시개, 스티로폼 공(큰 것과 작은 것), 아크릴 물감(녹색 계열, 붉은색 계열)

---

1. 작은 스티로폼 공과 이쑤시개에 녹색 계열과 붉은색 계열의 아크릴 물감으로 색칠을 한다.

2. 같은 색깔의 이쑤시개와 작은 스티로폼 공을 맞추어 꽂아 본다.

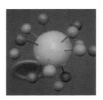

3. 같은(녹색, 붉은색) 계열의 색깔을 찾아 큰 스티로폼 공에 구성해 본다.

4. 완성된 구성물을 전시대 위에 올려놓는다.

5. 녹색과 붉은색 계열이 주는 느낌을 이야기해 본다.

"공공기관 만들기"

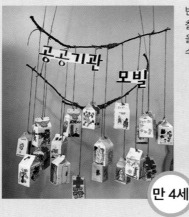

빈 우유곽을 아크릴 물감으로 색칠한 후 유성매직으로 공공기관을 그려 매달면 스태빌을 만들수 있다.

만 4세

🔵 스태빌(stabile)은 움직이지 않는 조각을 통틀어 지칭하는 것으로 모빌(움직이는 조각)과 대조적인 개념이다.

"브레멘의 음악대"

그림동화 주인공으로 만든 스태빌

예비교사

"텃밭 표지판 만들기"

활동목표
- 도로 주변에 설치된 미술 작품을 찾아볼 수 있다.
- 표지판을 함께 만들 수 있다.
- 자신들의 텃밭을 구분해 주는 표지판을 보며 즐거움을 느낀다.

활동자료   도화지, 크레파스, 코팅지, 가위

1. 텃밭에 심어져 있는 채소를 관찰한다.

2. 심어져 있는 채소의 모양으로 표지판을 만들고 크레파스로 색칠한다.

3. 반 이름과 채소 이름, 심은 날짜를 적는다.

4. 물에 젖어도 훼손되지 않도록 코팅한 뒤 나무막대를 붙여 텃밭에 꽂는다.

> **스트리트 퍼니쳐(street furniture)**는 공원, 가로 및 광장 등에 설치된 의자, 휴지통, 재떨이, 수도, 전화박스, 안내판 등의 장치들을 의미한다.

현대미술기법 중심 표현

정크 아트

"괴물 가면 만들기"

활동목표
- 그림책 속 괴물의 모습과 색깔 등을 탐색한다.
- 폐품을 이용하여 작품을 만들 수 있다.
- 완성된 작품으로 놀이를 하며 즐거워한다.

활동자료
그림책 『괴물들이 사는 나라』, 세탁소 옷걸이, 도화지, 그리기 도구, 가위, 목공풀, 색종이, 스티커

『괴물들이 사는 나라』
(모리스 샌닥 글 그림/시공주니어/2002)

만 5세

1. 그림책 『괴물들의 사는 나라』를 감상한다.

2. 그림책 속에 나오는 괴물들의 모습을 살펴본다.

3. 세탁소 옷걸이를 구부려 모양을 만든 후, 스타킹을 씌운다.

4. 도화지에 그림을 그리거나 색종이를 오려 붙이거나 스티커를 이용해 꾸민다.

5. 완성된 괴물 가면을 이용하여 놀이한다.

"인디언 인형 만들기"

만 4세

빈 병과 종이컵으로 인디언 인형을 만든다.

"꽃 만들기"

만 4세

과일 포장지에 뿅뿅이를 붙여 꽃을 만든다.

> **정크 아트(junk art)**는 일상 생활에서 생긴 폐품이나 잡동사니를 이용하여 제작하는 미술기법이다.

"유치원 울타리 꾸미기"

활동목표 · 주변의 자연 환경과 어울리는 작품을 직접 만든다.
· 다른 사람과 협동하여 작품을 만들 수 있다.
· 다른 사람들에게 자신의 작품을 소개하는 즐거움을 느낀다.

활동자료 흰색 도화지, 양면테이프, 폼보드, 검정색 도화지, 가위

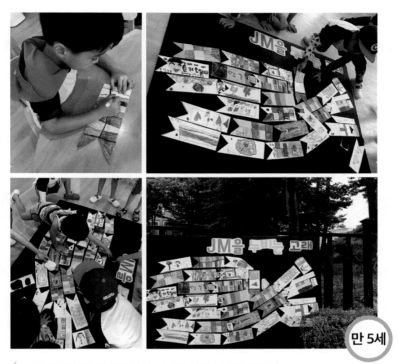

만 5세

1. 물고기모양 도화지에 각자 그리고 싶은 그림을 그린다.

2. 작품을 모아 큰 물고기를 만든다.

3. 완성된 작품을 유치원 울타리에 전시하여 여러 사람들이 감상할 수 있도록 한다.

> ○
> 검정색 도화지 대신 천을 이용하면 바람이 불 때 자연스럽게 휘날리는 모습을 표현할 수 있다.

현대미술기법 중심 표현

"그물에 걸린 물고기"

만 3세

OHP필름에 유성매직으로 다양한 물고기를 그린 후 마끈으로 만든 그물에 걸어 야외에 전시한다.

"나뭇잎 거인"

만 4세

박스지로 얼굴을 꾸미고 흰색 광목에 손바닥 찍기를 한 후 실외 어린이 농구대와 같은 거치대에 걸쳐 놓아 몸을 표현한다.

현대미술기법 중심 표현

"점토로 만들어요"

활동목표 • 여러 종류의 나무를 탐색한다.
         • 자연과 어울리는 미술 작품을 만든다.
         • 점토로 만든 작품을 나무에 전시하는 즐거움을 느낀다.

활동자료 황토점토

1. 유아들과 숲에 가서 좋아하는 나무를 하나씩 고른다.

2. 점토를 이용하여 다양한 동물이나 사람을 만들어 나무에 붙인다.

3. 완성된 작품을 감상한다.

만 5세

"곤충나라 만들기"

활동목표
- 곤충의 생김새를 안다.
- 자연물을 이용하여 곤충을 만들 수 있다.
- 친구들과 협동하는 과정을 즐긴다.

활동자료 황토, 점토, 나뭇가지, 솔방울

1. 숲에서 주워온 솔방울이나 나뭇가지 등을 이용하여 곤충을 만든다.

2. 함께 만든 곤충을 모아 곤충나라를 만든다.
3. 완성된 곤충나라를 감상한다.

만 5세

"고슴도치 만들기"

지점토 골판지 빨대 등을 이용하여 고슴도치를 만든 후 전시한다.

만 4세

현대미술기법 중심 표현

"자연의 옷을 입어요"

활동목표
- 주변 자연환경을 관찰한다.
- 자연의 색을 입히는 방법을 안다.
- 자연의 여러 가지 색을 입히는 즐거움을 느낀다.

활동자료   사람이 그려져 있는 잡지, 가위, 코팅지

1. 자신이 원하는 잡지 속 사진이나 그림을 선택한다.

2. 선택한 사진이나 그림을 가위로 오린다.

3. 오려낸 사진이나 그림에서 색을 입히고 싶은 부분을 가위로 오려낸 후 코팅한다.

4. 주변에서 볼 수 있는 다양한 색 위에 올려놓고 변하는 색을 감상한다.

"사진 속 배경을 바꿔요"

활동목표
- 자연풍경의 여러 가지 색을 탐색한다.
- 자연풍경으로 사진의 배경을 만들 수 있다.
- 자연풍경의 아름다움을 느낀다.

활동자료 유아 사진, 가위, 코팅지

1. 자신이 원하는 사진이나 그림을 선택한다.

2. 사진의 인물을 남겨두고 배경을 가위로 오린 후, 코팅한다.

3. 주변에서 볼 수 있는 다양한 색 위에 올려놓아 배경을 바꿔본다.

4. 배경에 따라 변하는 분위기를 느껴 본다.

제2장

그리기 도구 및
재료 중심 미술활동

목탄

목탄은 버드나무를 구워서 만든 재료로 거칠게 그려진 선이나 형태를 손으로 문지르면 부드러운 표현을 할 수 있다.

연필과 목탄을 이용해 만들어진 가브리엘 뱅상의 그림책 『꼬마인형』, 『어느 개 이야기』를 감상한 후 목탄으로 그림을 그린다.

목탄은 접착력이 약하기 때문에 완성된 작품을 보존하기 위해서는 정착액을 꼭 뿌려 주어야 한다.

"목탄화"

만 4세

그리기 도구

"분필 그림 그리기"

합판에 칠판 시트지를 붙여 만든 후 운동장 한쪽 벽면에 고정시킨다. 칠판시트지를 붙인 면에 **분필**로 그림을 그려 본다. 수성 분필을 이용하면 그림을 그린 후 지울 수 있어 계속 사용할 수 있다.

만 4세

○ 다양한 색의 분필을 판매하고 있으니 활용하도록 한다. 칠판은 칠판 페인트나 시트지를 이용하여 만들 수 있다.

파스텔

파스텔은 두 가지 이상의 색상을 혼합하여 표현할 수 있으며, 부드럽고 따뜻한 느낌을 표현할 수 있는 그리기 도구이다.

만 3세

파스텔 사용법

❶ 중심을 잡고 회전시키기

❷ 가장자리를 사용하여 그리기

❸ 모서리를 사용하여 그리기

"나무"

만 5세

만 5세

색연필로 그림을 그린 후 파스텔로 배경을 칠한다.

그리기 도구

"초충도"

만 5세

한지에 자연물(나뭇잎, 열매, 나뭇가지 등)을 구성하여 붙인 후 먹물을 묻힌 붓으로 그림을 완성한다. 완성된 그림은 발에 붙여 전시한다.

"커피 여과지 그림"

화선지 대신 커피 여과지에 붓으로 그림을 그릴 수 있다. 업소용 커피 여과지는 크기가 커서 도화지도 활용할 수 있다.

붓은 먹이나 그림물감을 찍어 글씨를 쓰거나 그림을 그리는데 쓰이는 도구이다.

만 5세

신사임당의 '초충도'를 감상 한 후, 붓과 먹물을 사용하여 그림을 그린다.

초충도-맨드라미와 쇠똥벌레(신사임당/종이에 담채/국립중앙박물관/16세기초)

그리기 도구

붓펜은 수성 잉크를 사용하는 것으로, 전통 붓보다 사용은 간편하면서 효과는 비슷하게 낼 수 있다.

"까치호랑이"

붓펜으로 꽃과 나무를 그린 후, 파스텔로 색칠하고 한지에 붙여 전시한다.

1. '까치호랑이' 그림 위에 화선지를 올려놓고 화선지에 비친 '까치호랑이'를 붓펜으로 따라 그린다.

화선지에 붓펜으로 나무를 그리고 그림물감으로 꽃을 표현한 뒤 하드보드지나 우유팩에 붙여 병풍으로 만든다.

2. 그려진 '까치호랑이'에 인스턴트 커피를 녹인 물로 채색하여 그림을 완성한다.

만 4세

붓펜으로 그린 그림에 색연필로 색칠한 후 수수깡을 붙여 족자로 만든다.

만 5세

그리기 도구

수채화 붓은 굵기와 모양, 사용법에 따라 다른 느낌을 표현할 수 있다.

만 5세

검정색 도화지에 물감 묻힌 붓을 눌러서 불꽃 모양을 표현한 후 밝은 색 크레파스로 불꽃 주변을 꾸민다.

"종이컵 불꽃놀이"

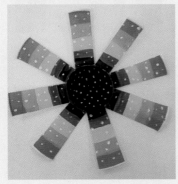  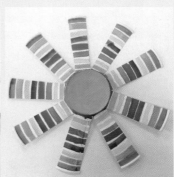

그리기 도구

붓은 도화지 뿐 아니라 다양한 면에 색칠하거나 장식할 수 있는 도구이다. 종이컵 면에 납작 붓으로 다양한 색을 색칠하고 둥근 붓으로 점을 찍어 장식한다. 물감이 마르면 가위로 오려 벽면에 부착한다.

여러 가지 색깔로 되어 있는 **색연필**은 유아들이 글씨를 쓰거나 그림을 그릴 때 손쉽게 사용하는 도구이다.

종이에 색연필로 그림을 그린다.

색연필로 그린 그림을 김발에 붙여서 전시한다.

만 3세

"수채색연필로 그려요"

1. 수채색연필, 도화지, 붓, 물을 준비한다.

2. 수채색연필로 그림을 그린다.

예비
교사

3. 색연필로 색칠한 부분을 붓에 물을 묻혀 칠한다.

그리기 도구

1. 흰색 도화지 위에 생긴 그림자를 그린다.

2. 가위로 그림자 모양을 오린다.

3. 검정색 도화지에 그림자 모양을 붙이고 색연필로 선을 그어 보거나 그림자를 오리고 남은 종이 뒤에 검은 도화지를 덧대어 선을 그어본다.

"그림자 그리기"

두 가지 상반된 느낌이 드는 결과 위에 각각 여러 가지 색깔의 색연필로 다양한 선을 그어 본다. 색칠을 하지 않아도 새로운 느낌을 줄 수 있다.

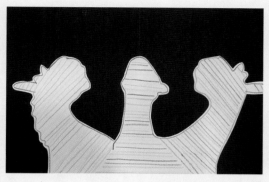

결과 1.

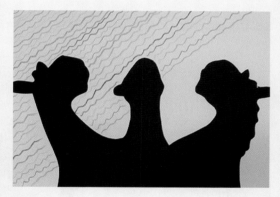

결과 2.

그리기 도구

유성매직

유성매직은 펜대 속에 장치해 넣은 솜 등으로 만든 심을 통해서 속건성(공기 중에 빨리 말라 버리는 성질)의 잉크가 스며 나와 부드럽게 써지는 도구이다. 종이뿐 아니라 코팅된 면(비닐, OHP필름, 호일 등)에도 사용할 수 있다.

만 3세

OHP필름을 꽃과 잎모양으로 오린 후 유성매직으로 칠한다. 요구르트병, 골판지, 휴지 등을 이용하여 꽃화분을 만든다.

"애벌레 만들기"

만 3세

1. 색상지를 동그라미 모양으로 오려서 코팅한 후 길게 연결한다.

2. 눈알과 색종이를 붙여 얼굴 부분을 만들고 몸 부분을 유성매직으로 그려 완성한다.

그리기 도구

"바닷속 물고기"

유성매직으로 그린 물고기를 오려 바닷속을 꾸민다.

만 5세

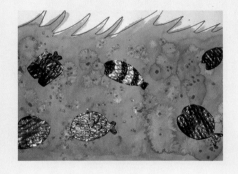

1. 도화지에 파란색 물감을 색칠하고 소금을 뿌려 놓는다.

2. 그물 모양 수세미를 쿠킹 호일 밑에 깔고 유성매직으로 물고기를 그린다.

3. 유성매직으로 물고기를 색칠한다.

4. 색칠한 물고기를 오려 낸다.

5. 소금그림 위에 물고기를 붙이고 크레파스로 바닷속을 그린다.

그리기 도구

유성매직

그리기 도구

"퍼즐 만들기"

만 5세

시판용 퍼즐 판에 유성매직으로 그림을 그려 완성한 후, 조작영역에서 놀이할 수 있다.

"콩 비가 내려요"

만 5세

아스테이트지에 '콩 비가 내려요 ' 라는 주제로 콩을 목공풀로 붙이고 사람들의 모습을 네임펜이나 유성매직으로 표현한다.

"호일 그림"

검정색 도화지에 글루건이나 목공풀로 그림을 그린 후 마르면 호일을 덮어 유성매직으로 색칠한다.

크레용은 안료에 파라핀을 섞어서 굳힌 그리기 재료이다. 단단하여 잘 부러지지 않고 손에 묻어나지 않으나 진한 색의 표현이 어렵다.

크레파스는 본래 오일 파스텔로 안료를 기름과 왁스에 섞어서 굳힌 것으로 색이 진하고 종이에 잘 접착된다. 또한 문지르면 번지는 특성이 있다.

크레파스로 그림을 그린 후 물감으로 배경을 칠한다.

그림의 배경을 크레파스로 칠한다.

"흑백그림"

만 5세

검정색 도화지에 흰색 크레파스로 그림을 그리고, 흰색 도화지에는 검정색 크레파스로 그림을 그린 후 작품을 모아서 전시한다.

사인펜은 수성잉크로 젖어 있는 심에서 촉으로 잉크가 흘러나와 쓸 수 있는 도구로 수성잉크의 색에 따라 여러 색을 낼 수 있다.

만 3세

그림책 『거울 속으로』를 감상한 후, 거울 속에 들어간 모습을 상상하여 사인펜과 색연필로 그림을 그린다.

만 5세

거울을 보고 자신의 모습을 사인펜으로 그린다.

○ 사인펜은 색연필이나 크레파스로 색칠하기 전, 윤곽선을 그릴 때 사용하기도 한다.

직접 나무를 보거나 사진을 보고 연필로 세밀화를 그린다.

"자화상 그리기"

만 5세

자신의 사진을 보고 연필로 자화상을 그린다.

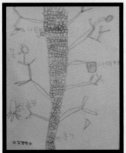

만 5세

만 5세

연필과 색연필로 벽화 그림을 따라 그린다.

"동물 면봉그림"

1. 면봉, 물감, 검정도화지, 갈색색상지, 풀, 가위 등을 준비한다.

2. 검정색 도화지에 내가 좋아하는 동물을 그린다.

3. 그린 동물그림을 가위로 오려낸다.

4. 오려 낸 동물그림을 갈색 색상지의 적당한 곳에 붙인다.

5. 면봉에 물감을 묻혀 점으로 표현해 본다.

6. 동물그림을 따라 점으로 표현해보고, 배경이 되는 부분도 점으로 표현해 본다.

7. 완성된 그림을 보고 감상한다.

만 5세

"나"

집 모양 종이에 상반신이 그려진 그림을 붙여 놓는다. 면봉에 물감을 묻혀 '나'의 얼굴을 그린다.

만 2세

"눈 오는 날"

만 4세

색종이를 눈송이 모양으로 오려 붙이고 눈이 쌓인 나무를 점묘법으로 표현한다.

그랜드자트섬의 일요일 오후(조르주-피에르 쇠라/유화/시카고 미술관/1884-1886)

조르주-피에르 쇠라(Georges-Pierre Seurat)는 19세기 신인상주의의 대표적인 화가로 자연의 변화를 점묘법으로 표현하였다. 유아들과 쇠라의 작품을 감상한 후, 면봉으로 표현해 볼 수 있다.

그리기 도구

"무지개 그리기"

만 5세

1. 하드보드지(5×4 사이즈), 도화지, 물감, 팔레트, 물, 사인펜, 크레파스 등을 준비한다.

2. 하드보드지의 측면에 물감색을 묻힌 후 무지개 모양처럼 회전시켜 그림을 그린다.

3. 여러 가지 색을 이용하여 반복해 그린 후 물감이 마르면 사인펜이나 크레파스 등을 이용하여 그림을 그린다.

물감이 너무 되거나 묽을 경우 도화지에 잘 그려지지 않으므로 농도를 잘 조절하여 사용한다.

그리기 도구

"밀가루 그림"

 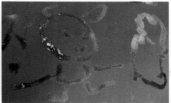

1. 스틱형 고체풀, 검정색 도화지, 넓은 쟁반, 밀가루 등을 준비한다.
2. 검정색 도화지에 스틱형 고체풀로 그림을 그린다.

만 4세

3. 그림을 다 그린 후 쟁반 위 밀가루에 덮어 찍어내면 그림이 완성된다.

"로션 그림"
나이가 어린 유아들은 손바닥에 로션을 바른 후 도화지에 찍어 밀가루 그림을 그릴 수 있다.

 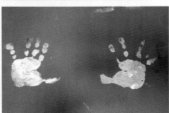

○ 밀가루 대신 빵가루, 쌀가루 등 다양한 가루를 사용하여 가루의 촉감을 비교할 수 있다.

그리기 도구

"겨울 풍경"

두루마리 휴지를 길게 말아서 겨울 풍경을 표현한다.

"휴지 그림"

두루마리 휴지와 크레파스로 표현한다.

만 5세
만 4세

"벗나무"

나무를 그리고 휴지를 뭉쳐 풀로 붙인다. 분홍색 물감으로 붙인 휴지를 색칠하여 벗나무를 표현한다.

만 3세

"봄"

휴지를 말아 나뭇가지 뿌리 등을 표현한 뒤 물감으로 채색한다.

만 5세

"구름 나라"

아크릴 물감으로 둥글게 둥글게 색칠한 후 휴지를 뭉쳐 구름을 표현한다.

만 4세

재료

"크라프트지 그림"

크라프트지에 사인펜으로 그림을 그린다.

"박스지 그림"

박스지에 색연필로 그림을 그린다.

만 5세

"사포 그림"

사포지에 크레파스로 그림을 그린다.

"그림자 나라"

검정색 도화지에 그림을 그린 후 흰 도화지에 오려 붙여 '그림자 나라'를 표현한다.

만 5세

재료

"우리를 도와주는 기계"　은색과 금색 색종이에 사인펜으로 그림을 그려 전시한다.

만 4세

"꽃"

띠 골판지를 말아 줄기, 잎, 꽃을 만들어 흰색 골판지에 붙인다.

만 5세

"상상의 나무"

클림트의 작품을 감상한 후 금색 골판지 위에 상상의 나무를 꾸며 본다.

만 4세

"이집트 왕"

띠 골판지로 이집트 왕을 표현한다.

"악기(소고) 만들기"

종이접시를 붙이고 꾸며서 소고를 만든다.

만 3세

"휴지심 꽃"

휴지심 겉면을 색종이로 붙인 후 일정한 크기(1~1.5cm)로 자른다. 자른 조각을 꽃모양으로 만든다.

재료

"한지 조각보 만들기"

미리 재단한 1×1, 2×1, 1×2, 2×2 사이즈의 한지 조각을 붙여 조각보를 만든다.

만 5세

"나무를 담은 한지 접시"

한지 접시 위에 나무모양으로 한지를 찢어 붙인다.

만 3세

"한지 위의 나무"

한지를 찢어 붙여 가을의 단풍나무 모습으로 꾸민다.

만 4세

재
료

"락스 그림" 색상지에 면봉으로 락스를 묻혀 그림을 그린다. 락스 그림을 물고기 모양으로 배치하여 전시한다.

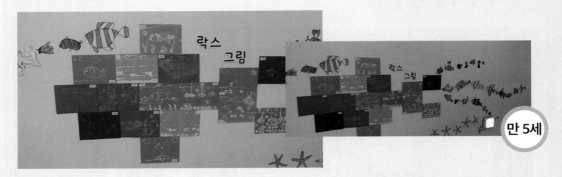

만 5세

"물고기(습자지 락스 그림)" 파란색 습자지에 면봉으로 락스를 묻혀 물고기를 그린 후 오려 낸다. 오려 낸 물고기를 구성하여 바닷속을 완성한다.

만 5세

"셀로판지 락스 그림"

진한 색의 셀로판지 위에 면봉으로 락스를 묻혀 그림을 그리면 탈색되어 그림이 나타난다.

만 5세

락스(표백제)를 사용할 때에는 유아의 안전을 고려하여 활동 참여 유아의 수를 조절하고, 물과 희석하여 사용한다. 사용 후 충분히 환기를 시켜야 한다.

"신문지 그림"

검정색 도화지에 신문지를 찢거나, 오리거나, 말아서 그림을 표현한다.

예비
교사

"부채 그림"

화선지 부채에 붓펜과 파스텔로 그림을 그린다.

만 5세

유아들이 그림을 그린 후 부채 만들기를 할 수도 있고 시중에 판매중인 부채를 활용할 수도 있다.

재료

"종이컵으로 만들기"

종이컵을 잘라 부채꼴 모양의 옆면에 그림을 그린다.

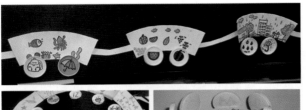

예비
교사

○ 종이컵 안쪽 면은 코팅이 되어있으므로 바깥 면에 그림을 그린다.

"컵홀더 그림"

컵홀더에 마른 꽃잎이나 풀잎으로 꾸며 전시한다.

예비
교사

"종이컵 모빌"

종이컵 옆면을 오려낸 아랫면에 그림을 그려 모빌을 만든다.

만 5세

재료

"고흐 해바라기 그리기"

우드락에 네임펜으로 고흐의 해바라기를 그린다.

"핸드코트 그림"

우드락 위에 핸디코트를 바르고 손가락으로 그림을 그린 후 핸디코트가 마르면 물감으로 채색한다.

만 5세

"유화" 우드락 위에 네임펜으로 그린 후 아크릴 물감으로 채색한다.

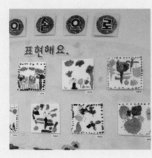

만 4세

"호일 그림" 우드락을 알루미늄 호일로 감싼 후 호일 위에 네임펜으로 그림을 그린다.

만 4세

재료

"마술연필로 그려요"

앤서니 브라운의 『마술연필』 그림책을 감상한 후 마술연필이 생긴다면 무엇을 그리고 싶은지 이야기 나눈 후, 그리고 싶은 그림을 그린다. 우드락 위에 아크릴 물감으로 그림을 그린 후 퍼니콘을 우드락 가장자리에 붙여 전시한다.

만 4세

"별이 빛나는 밤"

고흐의 '별이 빛나는 밤'을 감상한다.
핸디코트에 여러 가지 색깔의 물감을 섞어 놓는다.
우드락에 물감 섞은 핸디코트로 그림을 그린다.

만 5세

"겨울 밤"

검정색 우드락을 잘라 겨울 풍경을 함께 꾸민다. (협동작품)

만 3세

재
료

"빨대로 표현해요"

빨대를 붙여 표현한 후 그림을 그려 완성한다.

만 5세

"공룡"
빨대로 공룡 뼈를 표현한다.

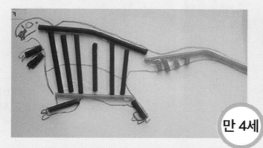

만 4세

면봉으로 공룡 뼈를 표현한다.

"운동하는 모습"
컬러 타이(빵끈)로 운동하는 모습을 표현한다.

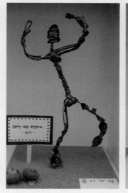

만 5세

"건축물"
수수깡이나 빨대로 건축물을 만든다.

만 5세

"겨울모자 꾸미기"

모자 모양 종이에 크레파스로 무늬를 만든다. 털실로 모자 방울과 모자 끝부분을 꾸민다. 크레파스로 그린 부분을 물감으로 칠하여 완성한다.

만 3세

"고추잠자리" 지끈이나 마끈을 이용하여 잠자리를 만든다.

예비
교사

"굴러가는 바퀴" 크레파스로 그린 그림의 외곽선을 컬러 타이(빵끈)로 표현한다.

만 4세

재료

"지점토 남대문"

만 5세

"컵 꾸미기"

컵 겉면에 지점토를 붙인 후 클레이 점토로 꾸민다.

만 5세

"자유의 여신상"

지점토로 '자유의 여신상'을 만들고 점토가 굳으면 물감으로 채색한다.

만 5세

○ 종이컵은 점토의 습기로 인해 눅눅해지거나 모양의 형태가 망가질 수 있으므로 플라스틱 컵을 사용한다.

"고슴도치 만들기"

찰흙, 지점토, 유토 등으로 고슴도치를 만들고 색 막대를 꽂아 고슴도치의 가시를 표현한다. 우드락 위에 톱밥을 붙인 후 만든 고슴도치를 판 위에 고정시켜 전시한다.

만 4세

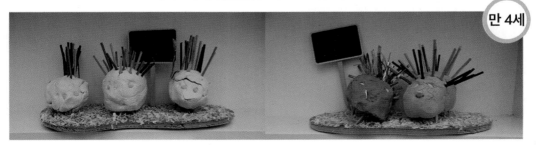

재료

"친구얼굴 만들기" 지점토로 세계 여러 나라 친구얼굴을 만든 후 물감으로 채색한다.

만 4세

"점토액자 만들기" 점토판 위에 입체적으로 점토를 구성하고 금색 락카를 뿌린다.

만 5세

"돛단배 만들기" 점토를 가늘고 길게 빚어 둥근 모양으로 붙인 후 배를 만들고 한지와 나뭇가지를 이용하여 돛을 표현한다.

만 4세

"주방 음악회 포스터 만들기"

1. 검정색 도화지에 '주방 음악회'를 커다랗게 쓴다.

2. 주방 음악회 글씨를 스팽글, 단추, 스티커 등의 장식재료로 꾸민다.
3. 완성된 주방 음악회 포스터를 게시한 후 주방 도구로 연주한다.

만 3세

"마스크 장식하기"

일회용 마스크에 장식 재료로 꾸민다.

만 3세

"나비 만들기"

OHP필름으로 만든 나비 날개에 스티커를 이용하여 꾸민다.

"고추잠자리 만들기"

OHP필름으로 날개를 만들어 빨간 고추에 붙여
고추잠자리를 완성한다.

만 3세

"바닷속 그리기"

OHP필름에 유성매직으로 바닷속 풍경을 그려 유리창에 붙인다.

만 5세

O OHP필름보다 조금 더 두꺼운 PVC제본
표지도 활용할 수 있다.

"알록달록 색깔 만들기"

아세테이트지에 여러 가지 아크릴 물감을 칠하여 색을 섞은 후, 여러
가지 모양(세모, 네모, 동그라미, 별 등)을 붙인다.

만 3세

"바다에 사는 생물"

바다에 사는 생물을 OHP필름에 유성매직으
로 그려 오린 후 투명 우산에 매달아 모빌
을 완성한다.

만 3세

재료

"태극기 바람개비와 로켓"

OHP필름에 유성매직으로 색칠하여 태극무늬 바람개비와 로켓을 만든다.

만 3세

"하늘"

아세테이트지에 파란색 아크릴 물감으로 붓 칠하여 그림 배경으로 사용한다.

만 5세

"가을 나무"

아세테이트지에 아크릴 물감을 둥근 스펀지로 찍어서 나무를 만든 후 나뭇잎을 오려 붙인다.

만 2세

"사과 나무"

종이를 구겨 아크릴 물감을 묻힌 후 아세테이트지에 나무와 나뭇잎을 찍어서 표현한 뒤 사과 모양을 오려서 붙힌다.

만 3세

재료

"자연물로 꾸미기"

나무, 톱밥 등으로 놀이터를 표현한다.　　솔방울로 표현한다.　　나뭇가지와 수수깡으로 꽃을 표현한다.

"곤충 꾸미기와 집 그리기"

나뭇가지로 곤충을 만든다.
집 모양 종이 위에 아이스크림 막대를 연결하여 붙인 후 그림을 그린다.

"초충도"

나뭇가지, 열매 등으로 신사임당의
초충도를 표현한다.

만 4세

"아프리카 탈 만들기"

"동물 만들기"

만 4세　　만 4세

솔방울에 모루, 눈알 등 장식재료로 꾸며 동물을 만든다.

1. 검정색 도화지에 길쭉한 나뭇잎을 붙인다.

2. 나뭇잎에 아크릴 물감으로 아프리카 탈 그림을 그린다.

3. 도토리 열매뚜껑이나 나뭇가지로 눈을 표현하여 아프리카 탈을 만든다.

재
료

"큰 나무 만들기" 실외에서 나뭇가지와 열매, 나뭇잎 등을 연결하여 큰 나무를 만든다.

"얼굴 표현하기" 종이상자를 네모모양으로 오린 후 나뭇가지나 솔방울과 같은 열매를 이용하여 얼굴을 꾸며 본다.

한지, 크라프트지, 박스종이가 자연물과 좀 더 잘 어울린다.

"겨울 나무 만들기"
검정색 도화지에 나뭇가지와 솜으로 겨울 나무를 꾸민다.

만 3세

"나뭇잎에 그리기"
플라타너스 나뭇잎처럼 큰 나뭇잎에 사인펜으로 그림을 그린다(끼적이기: 영아).

만 2세

"나뭇잎 구성하기"
여러 가지 색깔의 나뭇잎으로 구성해 본다.

만 5세

"나뭇잎 찍기"
흰색 광목에 아크릴 물감을 묻힌 나뭇잎을 찍어 본다(협동작품).

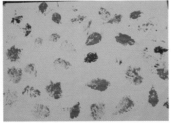

> 자연물을 이용하여 협동작품 활동을 할 때에는 실외 공간을 활용하는 것도 좋다.

재료

"자연물로 꾸미기"

1. 핸디코트에 물감을 섞어 파스텔톤의 색을 만든다.

2. 우드락에 손가락이나 나뭇가지로 핸디코트를 펴 바른다.

3. 핸디코트가 마르기 전에 나뭇잎이나 열매 등을 붙여 꾸민다.

> 교사가 직접 물감을 짜주기보다 영유아들이 핸디코트에 물감을 섞으면서 색의 변화를 느끼고 충분한 재료 탐색을 할 수 있도록 한다.

"나뭇잎으로 곤충 꾸미기"

만 3세

나뭇잎으로 곤충(잠자리)꾸미기

"나뭇잎 붙이기

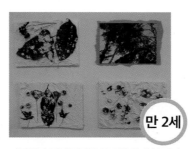

만 2세

나뭇잎과 핸디코트를 우드락 위에 붙이기

"나뭇잎으로 얼굴 꾸미기" 얼굴 사진을 붙인 뒤 나뭇잎으로 머리 모양을 붙여 꾸민다.

만 4세

> 나뭇잎 등의 자연재료를 활용할 때에는 크라프트지, 한지 또는 종이박스 등을 활용하여 자연의 느낌을 주도록 한다.

재료

"나뭇잎으로 동물 표현하기"

나무에서 바로 떨어진 나뭇잎을 사용할 경우 나뭇잎이 마르면서 말릴 수 있으므로 완성된 작품은 코팅을 하거나 충분히 말린 나뭇잎을 사용한다.

만 2세

"나뭇잎 동물 모빌"

만 2세

나뭇잎을 동물 모양으로 구성한 후 코팅하여 모빌로 만든다.

"나뭇잎 리스"

만 3세

백업에 주워온 나뭇잎을 붙여 리스를 만든다.

"조개 껍데기에 그리기"

만 5세

아크릴 물감으로 조개 껍데기에 물고기를 그린다.

"조개 껍데기로 꾸민 액자"

만 5세

조개 껍데기를 구성한 후 유성매직으로 조개 껍데기에 색칠을 한다.

"돌 위에 그리기"

만 4세

분필로 돌 위에 그림을 그린다.

"흙 그림"

황토 찰흙을 물에 개어 황토 물을 만든 후 붓이나 손가락
등으로 황토 물을 묻혀 종이에 그림을 그린다.

만 2세

"색 얼음으로 그리기" 작은 플라스틱 통(예: 떠먹는 요구르트 통)에 물감을 섞은 물을 넣어 아이스크림 막대를
꽂아 얼린다. 만들어진 색 얼음으로 도화지에 그림을 그린다.

만 3세

"색 모래 그림"

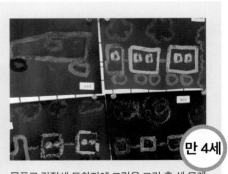

만 4세

물풀로 검정색 도화지에 그림을 그린 후 색 모래
를 뿌려 그림을 완성한다.

재료

"팝콘 나무 꾸미기"

만 2세

만 3세

크라프트지 위에 큰 나무를 아크릴 물감으로 색칠하고 팝콘을 목공풀로 붙여 겨울 나무를 꾸민다.

재료

"국화 만들기"

코르크 판 위에 핸디코트를 바르고 국화를 붙인다.

만 3세

"가을아 안녕"

만 5세

우드락 위에 물감을 섞은 핸디코트로 그림을 그린다.

"핸디코트로 그리기"

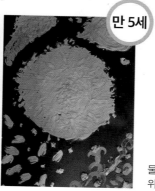

만 5세

물감을 섞은 핸디코트로 검정색 도화지 위에 손가락으로 그림을 그린다.

재료

"지하철 노선 그리기"

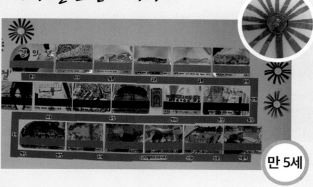

종이컵 겉면에 물감을 그라데이션으로 칠하고 말린 후에 가위로 오려서 종이컵을 폭죽처럼 만든다.

만 5세

거울지에 네임펜으로 그림을 그린다.
접착 펠트지로 기차의 띠를 표현한다.

"거울지에 그리기"

만 5세

거울지에 유성매직으로 그림을 그린다.

"각설탕 그림"

각설탕으로 구성하여 표현한다.

"CD 자전거

만 4세

CD로 자전거 바퀴를 표현한다.

만 5세

"투명 접착테이프 그림"

만 5세

1. 스케치북에 넓은 투명 접착테이프를 마음대로 붙인 후 검정색 유성 매직으로 그림을 그린다.

2. 크레용이나 크레파스로 색칠을 한다.

> ○
>
> 투명 접착테이프가 붙은 곳에는 크레용과 크레파스가 칠해 지지 않는 것을 이용한 그림으로 색칠의 부담을 덜 수 있다.

"우리 동네"

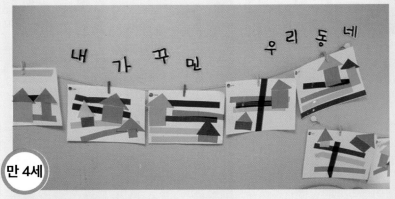

만 4세

색 테이프를 이용하여 길을 만든 후 색종이 등을 이용하여 우리 동네를 표현한다.

예비 교사

재료

"실로 그림을 그려요"

활동목표
- 실이 만들어내는 선과 모양을 탐색한다.
- 힘을 조절하여 실 그림을 그린다.
- 실이 만들어 내는 무늬를 감상한다.

활동자료 물감, 물, 털실, 흰색 도화지, 색상지(빨강과 초록색)

1. 흰색 도화지를 반으로 접었다 펼친 후 물감을 묻힌 실을 한쪽 도화지 면에 잘 배치한다.

2. 실을 나머지 한쪽면으로 덮은 후 한 손은 도화지 위쪽을 누르고 다른 한 손은 실 끝을 잡아 당기면서 빼낸다.

3. 실이 빠지면서 만들어낸 무늬를 이용하여 크리스마스 장갑이나 장화모양을 만들어 장식한다.

만 2세

○
실의 굵기에 따라 나타나는 무늬의 효과가 다르므로 다양한 굵기의 실을 이용한다.
어린 유아들의 경우 교사가 도화지를 덮어 눌러 주고, 유아들이 실을 잡아당길 수 있도록 한다.

재료

"스파게티 그림"

삶은 스파게티 면에 물감을 묻혀 자유롭게 표현한다.

"스노우 볼 만들기"

음료수 병으로 만든 스노우 볼

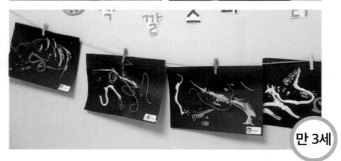

만 3세

만 4세

물과 글리세린을 8:2 비율로 섞어 반짝이 가루와 함께 용기에 넣고 밀폐시킨다.

"배 만들기"

스티로폼 조각에 아크릴 물감을 칠해 배를 꾸민다.

만 4세

"나 그리기"

"대나무 발 그림"

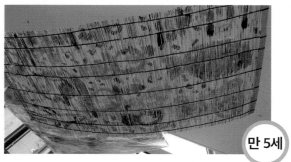

만 2세

만 5세

아이스크림 막대를 이어 붙인 후 유성매직으로 그림을 그린다.

대나무 발에 포스터 물감으로 바닷속을 그린다.

약국에서 구입할 수 있는 **석고붕대**를 이용하여 그림을 그릴 수 있다. 검정색 도화지에 목공풀이나 고체풀을 이용하여 석고붕대를 붙인 후 물감과 붓으로 그림을 그린다. 유화로 그림을 그린 것과 같은 효과를 얻을 수 있다.

"무지개 기차"

그림책『화물열차』를 감상한 후 기차가 달리는 모습을 그린다.

"봄 풍경 그리기"

봄에 볼 수 있는 것들을 이야기 한 후 봄의 풍경을 그린다.

"별이 빛나는 밤"

고흐의 〈별이 빛나는 밤〉을 감상한 후 별이 빛나는 밤을 그린다.

"비행기"

물감으로 비행기를 그린다.

재료

향기로운 **커피 가루**로 그림을 그릴 수 있다. 크레파스나 색연필 등으로 그림을 그린 뒤 색을 입히고 싶은 곳에 커피를 뿌린다. 스프레이로 물을 살짝 뿌려주면 커피가 녹으면서 갈색으로 색이 입혀진다. 마르고 난 뒤에도 향기가 나는 커피그림을 그릴 때는 물에 잘 녹는 커피 가루를 사용한다.

교사

"모래성"

현직 교사

바닷가 모래를 커피로 표현한다.

"개미집"

현직 교사

땅 속 개미집을 그린 뒤 땅속 색깔을 커피 가루로 표현한다.

"엄마 얼굴"

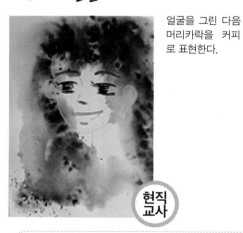

얼굴을 그린 다음 머리카락을 커피로 표현한다.

현직 교사

"커피로 색칠하기"

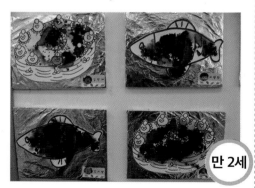

만 2세

나이가 어린 유아의 경우 그림을 제공하여 커피로 색을 표현할 수 있도록 한다.

○ 커피 가루뿐 아니라 카레 가루 등을 사용할 수 있다.

재료

제3장

생활 주제별 미술활동

주제	유치원과 친구	
1주차	 친구 몸을 그렸어요	 우리 몸 구성하기 (p. 352)
2주차	 우리 반 친구 (아상블라주)	 골판지 판화 (p. 367)
3주차	 종이컵 얼굴 모빌	 흙으로 놀아요
4주차	 이르침볼도처럼 친구 얼굴 꾸미기	 모래성을 쌓아요 (풀과 색모래) (p. 350)

흙그림 (p. 426)

얼굴 접어 표정 그리기

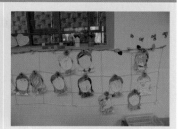

우리 선생님 그리기

흙그림 (p. 426)

점토 얼굴

곤충 꾸미기와 집 그리기 (p. 420)

클레이 점토로 컵 꾸미기 (p. 415)

박스지 그림 (p. 405)

친구 얼굴 만들기 (점토)

모양 종이로 유치원 꾸미기

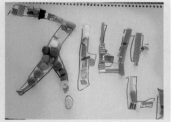

내 이름 꾸미기

내 친구 그리기

주제	나와 가족 & 우리 동네	
1주차	 나 (p. 401)	 자화상 그리기 (p. 399)
2주차	 도일리 퍼이퍼에 자화상 그리기	 일상용품으로 디자인하기 (p. 374)
3주차	 거울지에 우리 동네 그리기	 우리 동네 (p. 430)
4주차	 종이 상자로 우리 동네 꾸미기	 우리 동네 꾸미기

나 와 가 족 & 우 리 동 네

나와 가족 & 우리 동네

도형 가족

우리 반 친구들의 패션쇼 (p. 351)

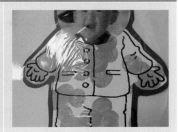

비누거품으로 내 옷 꾸미기

문패 만들기

카네이션 만들기

액자 만들기

폐품으로 우리 동네 기관 만들기

나의 꿈 표현하기 (p. 351)

자연물로 꾸미기 (p. 420)

색종이와 스티커로 집 만들기

시장 간판 만들기

슬리퍼 만들기

주제	동식물과 자연	
1주차
나비 날개 꾸미기
나비 모빌 (데칼코마니) (p. 371)
2주차
곤충나라 만들기 (p. 382)
민들레 오리기
3주차
고슴도치 그리기
고슴도치 만들기 (p. 415)
4주차
색종이 접어 개미 방 만들기 |
개미집 꾸미기 |

동식물과 자연

나비 모자이크 모빌

나비 데칼코마니 (p. 341)

나비 만들기 (p. 417)

손바닥 병아리 (p. 363)

달팽이 만들기

새 만들기

고슴도치 만들기 (p. 382)

달팽이 그리기

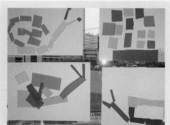

마티스 〈달팽이〉 표현하기

개미 모자이크 (p. 355)

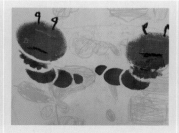

애벌레 찍기 (p. 360)

동물 만들기 (p. 420)

동식물과 자연

주제	건강과 안전 & 생활 도구	
1주차	 나비에게 희망을	 운동하는 모습 그리기 (스크래치, p. 349)
2주차	 운동 경기 사인펜화	 캠핑하는 우리 가족
3주차	 공원에서 본 것 거울지에 그리기	 CD 자전거 (p. 429)
4주차	 우리를 도와주는 기계 (p. 405)	 도구 찍어 그림 그리기 (p. 366)

건강과 안전 & 생활 도구

건강과 안전 & 생활 도구

올림픽 오륜기 모자이크

종이컵으로 불꽃 표현하기

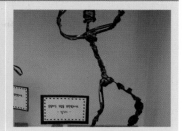
운동하는 모습 (p. 413)

음표 만들기 (베틱, p. 345)

휴지심 꽃 (p. 406)

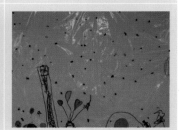
콩 비가 내려요 (p. 396)

지점토로 연필 꽂이 만들기

할머니 조각보 꾸미기 (p. 353)

종이 화병에 그림 그리기

생활 도구 찍기 (p. 366)

포크 찍기 (튤립, p. 366)

검정 쌀 모자이크

주제	교통기관	
1주차	자동차 도로 표현하기	색 모래 그림 (p. 426)
2주차	거울지에 그리기 (p. 429)	기차 바퀴 모자이크 (p. 355)
3주차	돛단배 만들기 (p. 432)	돛단배 만들기 (p. 416)
4주차	로켓 우주선	별이 빛나는 밤 (p. 412)

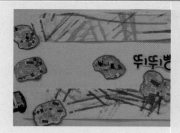

자동차 도로 만들기 (찍기, p. 365)

굴러가는 바퀴 (p. 416)

바퀴 꾸미기 (p. 355)

자동차 (협동작품, p. 374)

바퀴 도장 찍기

우유곽 자동차

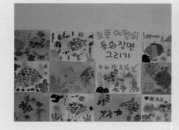

동화 장면 그리기 (물고기 도장 찍기)

비행기 모자이크 (퍼니콘)

로켓 (p. 419)

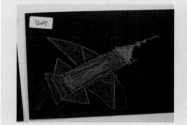

검정색 도화지에 로켓 그리기

물감 찍기로 하늘 만들기

비행기 만들기

교통기관

주제	우리나라 & 세계 여러 나라	
1주차	병풍 만들기 (붓펜 사용)	방패연 만들기
2주차	미인도 꾸미기	복주머니 만들기
3주차	인디언 마을 꾸미기	우리는 모두 친구
4주차	에펠탑 만들기 (p. 374)	다른 나라 친구들 꾸미기

우리나라 & 세계 여러 나라

우리나라 & 세계 여러 나라

백업으로 천하대장군 만들기

점토로 떡 만들기

송편 모양 종이에 그림 그리기 (p. 405)

딱지 모빌

족자 만들기

민화 따라 그리기

가면 만들기

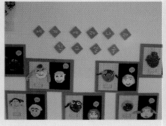

세계 여러 나라 친구 얼굴 (p. 416)

세계 여러 나라 국기 모자이크

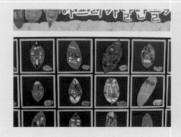

아프리카 탈 만들기 (p. 420)

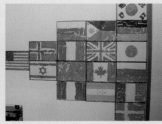

국기 모자이크

세계 문화 유산 콜라주

우리나라 & 세계 여러 나라

우리나라 & 세계 여러 나라   447

주제	봄	
1주차	손바닥 찍기 나무	나무 보호 포스터 (p. 344)
2주차	자연의 옷을 입어요 (p. 383)	손가락으로 벚꽃 꾸미기
3주차	씨앗을 심어요	벚꽃 물감 찍기
4주차	종이컵 꽃 만들기	딸기 모자이크

봄

비 오는 날 (스프레이로 물감 흘리기, p. 333)

민들레 꾸미기

팝콘 나무 꾸미기

골판지로 꽃 만들기 (p. 406)

핸디코트로 봄꽃 그리기

꽃 화분 만들기

꽃 만들기 (OHP) (p. 394)

조화 모빌 만들기

꽃모양 모루 찍기 (p. 367)

벚나무 (p. 404)

봄꽃 피우기 (p. 334)

셀로판지 락스그림 (p. 408)

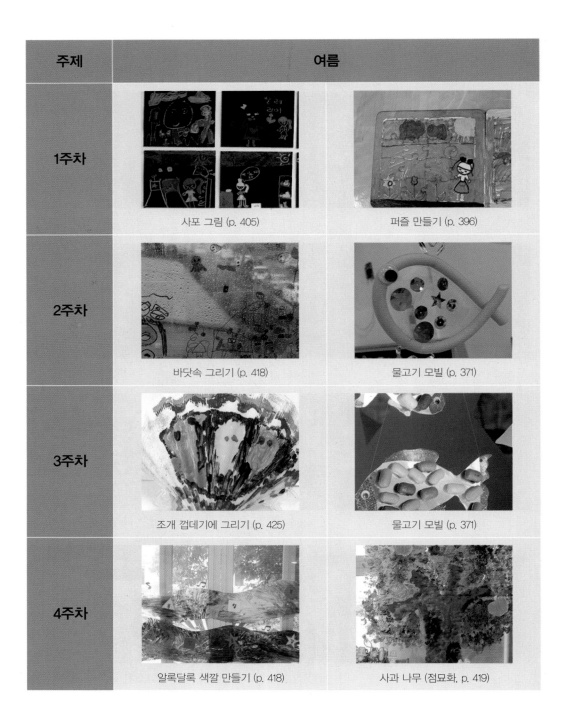

주제	여름	
1주차	사포 그림 (p. 405)	퍼즐 만들기 (p. 396)
2주차	바닷속 그리기 (p. 418)	물고기 모빌 (p. 371)
3주차	조개 껍데기에 그리기 (p. 425)	물고기 모빌 (p. 371)
4주차	알록달록 색깔 만들기 (p. 418)	사과 나무 (점묘화, p. 419)

여름

부채 그림 (p. 409)

비눗방울 그림

온도계 그림 그리기

비 오는 날 (p. 337)

락스 그림 (p. 408)

물감 불기

먹물로 그리기

색 얼음으로 그리기 (p. 426)

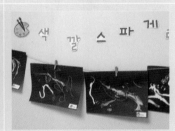

스파게티 그림 (p. 432)

비 오는 날 (물감 흘리기, p. 333)

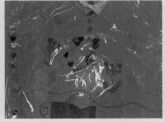

아세테이트지로 옷 만들기

황토 염색하기 (p. 342)

주제	가을	
1주차	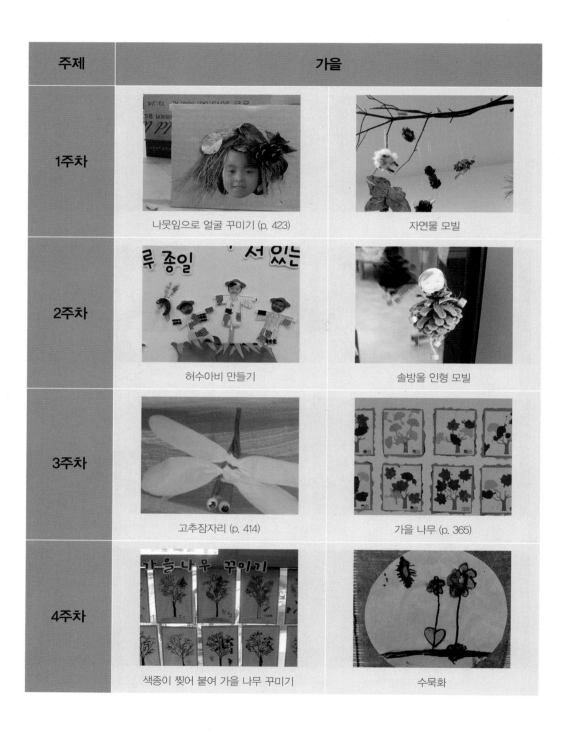나뭇잎으로 얼굴 꾸미기 (p. 423)	자연물 모빌
2주차	허수아비 만들기	솔방울 인형 모빌
3주차	고추잠자리 (p. 414)	가을 나무 (p. 365)
4주차	색종이 찢어 붙여 가을 나무 꾸미기	수묵화

가을

나뭇잎으로 곤충 꾸미기 (p. 423)

자연물로 얼굴 꾸미기

나뭇잎 물감 뿌리기

나뭇잎 액자

점토를 만들어요 (p. 381)

초충도

가을 풍경 그리기 (p. 392)

가을 곡식 모자이크 (p. 354)

자연물로 꾸미기 (p. 423)

국화 만들기 (p. 428)

고추잠자리 모빌

나뭇잎 구성하기 (p. 422)

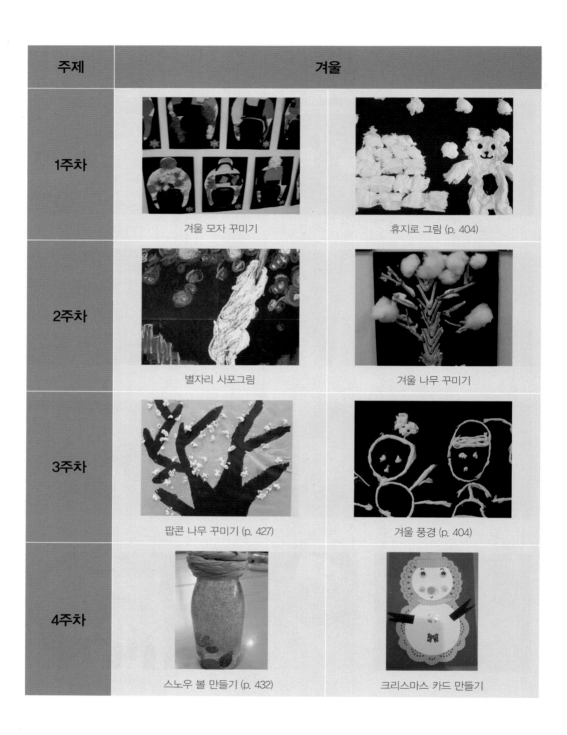

주제	겨울	
1주차	겨울 모자 꾸미기	휴지로 그림 (p. 404)
2주차	별자리 사포그림	겨울 나무 꾸미기
3주차	팝콘 나무 꾸미기 (p. 427)	겨울 풍경 (p. 404)
4주차	스노우 볼 만들기 (p. 432)	크리스마스 카드 만들기

겨울

겨울 옷차림 표현하기

그림자 마을 꾸미기

눈 오는 날 표현하기

소나무 스크래치

눈 오는 날 (p. 401)

실로 그림을 그려요 (p. 431)

눈사람 소금 그림

산타 할아버지 만들기

크리스마스 트리

크리스마스 리스 모빌

지문 찍기

크리스마스 방울 모빌

주제	특별한 날	
새학기졸업	 우리 선생님 그리기	 내 친구 그리기
어린이날	 우리 친구들	 지문 찍기
어버이날	 카네이션 카드	 종이컵을 이용한 카드
어버이날	 카네이션	 트레이싱지로 만든 카네이션

특별한 날

자화상 그리기

우리 반 친구들

지문 찍기

지문 찍기 (협동화)

어린이날 카드

어린이날 선물

카네이션 카드

사진을 이용한 카드

사진을 이용한 카드

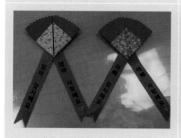
(카네이션색) 종이 접기

카네이션 (입체)

스마일 카네이션

주제	특별한 날	
명절	제기 만들기	노리개 만들기
명절	삼베 천에 자연물 붙이기	청사초롱 만들기
크리스마스	크리스마스 카드 (지문찍기)	CD에 눈사람 꾸미기
크리스마스	크리스마스 트리	종이컵으로 만든 트리

특별한 날

전통 문양 그리기

병풍 만들기

한복 접기

청사초롱 만들기

집 모양 전등 갓 만들기

한지 물들이기

산타 만들기

눈사람 카드

리스

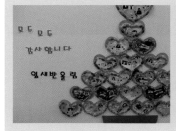

하트 트리

스노우 볼

리스 모빌

특별한 날

<참고문헌>

곽옥희(2007). 유아교사의 특성과 미술교수효능감이 미술교육인식에 미치는 영향. 강남대학교 교육대학원 석사학위논문.

곽현주(2004). 교육 계획에 내재된 유치원 교사의 수업전문성 탐구. 중앙대학교 대학원 박사학위논문.

교육과학기술부(2012). 3-5세 연령별 누리과정 해설. 교육과학기술부 고시 제2012-16호 · 보건복지부 고시 제2012-82호.

교육과학기술부, 보건복지부(2013). **3-5세 연령별 누리과정 해설서**. 서울: 교육과학기술부·보건복지부.

교육과학기술부(2014). **초등학교 교사용 지도서 과학 5-1**. 서울: 교육과학기술부.

교육부(2000). **유치원 교육활동 지도 자료 I 총론**. 서울: 교육부.

구현주(2002). 미적요소에 기초한 미술비평활동이 유아의 미적어휘 및 언어표현력 발달에 미치는 영향. 덕성여자대학교 대학원 석사학위논문.

권낙원(2001). 학습자 중심 교육의 성격과 이론. **학습자중심교과교육연구**, 1(1). 29-40.

김경희(2011). 미술요소를 중심으로 한 통합 유아미술교육 프로그램 모형 개발. 경성대학교 대학원 박사학위논문.

김미현(1998). 유아 미술교육의 재료 활용 실태에 관한 연구. 숙명여자대학교 교육대학원 석사학위논문.

김선월(2012). 자연의 미적요소에 기초한 유아미술교육 프로그램 개발 및 적용 효과. 중앙대학교 대학원 박사학위논문.

김성숙(2002). 초등미술교육에서 직접교수법의 이해와 적용. **미술교육논총**, 15, 73-94.

김성숙, 임광철, 김계영(2012). 생태학적 관점의 미술과 교수·학습방법. **미술교육연구논총**. 31, 221-238.

김성희(2004). 유아교사의 학급경영록 일일교육계획안의 평가란 분석. 이화여자대학 대학원 석사학위논문.

김승호(2011). 수업지도안의 이론적 배경 탐색. **초등교육연구, 24**(3), 97-115.

김영옥(2001). 유치원 교육과 교사의 수업전문성. **교육발전, 22**(3), 65-97.

김영천(2005). **별이 빛나는 밤: 한국 교사의 삶과 그들의 세계.** 서울: 문음사.

김영호(2013). 한국 미술관정책의 현황과 과제; 조직과 법제를 중심으로. **현대미술학논문집, 17**(2), 113-145.

김용권, 김윤희(2010). **유아동 생태미술체험 놀이.** 경기: 예서원.

김원준(2010). 유아 실외 신체활동 프로그램의 개발 및 효과. 조선대학교 대학원 박사학위논문.

김은희(2002). **레지오 에밀리아 접근법의 이해와 현장적용.** 서울: 창지사.

김인식, 최호성, 최병옥(2000). **수업설계의 원리와 모형 적용.** 서울: 교육과학사.

김정(1994). **미술교육총론.** 서울: 학연사.

김정, 조정숙(2001). **유아미술교육.** 서울: 한국방송통신대학교출판부.

김종한, 이종승(1988). 수업평가척도의 개발연구. **교육평가연구, 11**(1), 127-151.

김재환, 금미숙(2012). 유아교사의 수업설계요소에 대한 인식과 실행간 차이연구. **한국보육지원학회지, 8**(4), 159-183.

김향미(2004). 어린이 미술 감상학습의 의미와 특질에 관한 기초적 고찰. **미술교육논집, 18**(3), 125-139.

김해경(2017). 박물관·미술관 교수-학습매체 개발과 활용방향: 어린이 박물관·미술관을 중심으로. **문화예술교육연구, 12**(1), 21-38.

김희영(2004). 유아교사의 미술 교수효능감과 유아의 입체미술 표현능력 및 표현과정에 관한 연구. 덕성여자대학교 교육대학원 석사학위논문.

나정, 문무경, 심은희(2004). 한국의 유아교육과 보육 정책에 대한 총괄적 진단과 분석: OECD의 관점(수탁연구; CR 2004-23). 서울: 한국교육개발원.

네이버 지식백과(2009). 앤디 골드워시 [ANDY GOLDSWORTHY] ,501 위대한 화가. 서울: 마로니에북스.

노현주(1994). 실외놀이터 유형에 따른 유아의 놀이 형태. 이화여자대학교 대학원 석사학위논문.

류지영(2014). 미술 감상교육에서의 대화: 협조를 통한 상호 교수의 관점을 중심으로. **조형교육**, **49**, 147-179.

류재만(1996). 유아미술활동의 표현재료와 용구사용에 관한 연구. **사향미술교육논집**, **4**, 245-264.

류재만(2000). 미술감상학습에서 교수-학습모형에 관한 연구. **미술교육논집**, **9**, 101-119.

민중서림(2007). **민중실용국어사전**. 경기: 민중서림.

박광숙(2015). **영유아 미술교육**. 경기: 양서원.

박라미(2004). 미술교육에서 아동미술재료 인식변화의 필요성. **아동미술**, **3**, 17-34.

박라미(2007). **신 유아미술교육**. 서울: 다음 세대.

박라미, 안준희, 이선영, 전선아, 조은희, 최윤정, 황후남(2004). **환경, 구성, 아이**. 서울: 다음세대.

박라미, 최지연(2013). 아동의 점토활동에 나타난 표현의도와 의미를 통해 본 입체표현 발달의 재탐색. **미술교육논총**. **27**(1), p. 293-314.

박혜경(2010). 교육실습을 통해 살펴 본 예비교사들의 경험. **아동교육**, **19**(2), 103-113.

박혜훈(2015). 동시대 미술 감상활동이 유아의 창의성 및 미술성향에 미치는 영향. 중앙대학교 대학원 석사학위논문.

박혜훈(2017). 현대기술에 기반한 예술적·과학적 상상활동 실제. 영유아 교실에서의 예술적·과학적 상상활동 교육실제. 한국유아교육협회 제52회 교사연수회 자료집, pp. 57-116. 7월 1일. 서울: 중앙대학교 아트센터.

박휘락(2003). **미술감상과 미술비평 교육**. 서울: 시공사.

배호순(2000). **수행평가의 이론적 기초**. 서울: 학지사.

백남원(2012). **채색의 기술**. 서울: 연두.

백영애(2006). DBAE에 기초한 유아미술 프로그램의 개발 및 적용 효과. 원광대학교 대학원 박사학위논문.

변영계, 이상수(2003). **수업설계**. 서울: 학지사.

보건복지부(2013). **4세 누리과정 교사용 지도서 2**. 서울: 보건복지부.

보건복지부, 육아정책연구소(2013). **제3차 어린이집 표준보육과정 교사용 지침서**. 서울: 보건복지부, 육아정책연구소.

보건복지부, 육아정책연구소(2013). **제3차 어린이집 표준보육과정 해설서**. 서울: 보건복지부, 육아정책연구소.

서강식(1999). 초등 도덕과 일반수업모형 분석 연구. **초등도덕교육**, 5, 39-58.

서민주, 임부연(2014). 유아 미술활동에서 조형매체를 통한 소통의 의미 탐구. **미술교육논총**, 28(2), 31-58.

서영숙, 서지영(2002). 레지오 에밀리아 접근법 다양성과 협력의 가치. 서울: 학지사.

서울교육대학교 미술교육연구회(1997). **유아미술교육학**. 서울: 학문사.

서울교육대학교 교육연구소(2011). **교육학용어사전**. 서울: 하우동설.

손혜경, 손은경(2016). 유아를 위한 자연물 미술교육프로그램 개발 및 적용효과. **한국콘텐츠학회논문지**, 16(1), 108-129.

송주연, 황해익(2010). 좋은 수업에 대한 유치원 교사들의 이야기. **열린유아교육연구**, 15(3), 399-423.

신재한, 김현진, 오동환(2013). **창의 인성교육을 위한 수업 설계 전략**. 서울: 교육과학사.

심성경, 백영애, 이영희, 이효숙, 박지애, 박주희(2010). **유아미술교육**. 경기: 공동체.

심영옥, 유시덕(2008). **미술교육과정의 이해**. 서울: 창지사.

양경희(2008). **새로운 개념에 기초한 아동미술교육**. 서울: 학지사.

양윤정, 최승현(2007). 교육과정 개정에 따른 미술과 내용 교수 지식(PCK) 연구. 한국교육과정평가원. 연구보고 RRI 2007-3-6.

오문자(2000). 레지오 에밀리아의 유아교사 실제와 레지오 접근법: 한국적용실태. 한국유아
　　교육학회 학술대회 자료집, pp. 162-200.

오숙현(2004). 유아 교수-학습 계획안 작성 및 활용 실태 연구. **미래유아교육학회지, 11**(1), 49-79.

오연주, 홍혜자, 안은숙, 이명희, 김애순, 이경실(2002). **유아를 위한 미술 교육의 통합적 접근.**
　　서울: 창지사.

원미은, 임부연(2015). 초등학교 미술 감상수업에서 대화주의 탐색. **미술교육논총, 9**(2), 91-118.

월간미술(2017). **세계미술용어사전.** 서울: 월간미술.

유경숙(2011). 유치원 교사의 미술교수 효능감 수준에 따른 유아미술교육의 인식 및 실제. **아**
　　동교육. 20(4), 63-78.

유수영(2008). 유아미술교육 환경에 대한 소고: 레지오 미술 공간 이해를 중심으로. **아동미술**
　　교육, 7, 41-59.

유승희(2007). **프로젝트 접근법-레지오 에밀리아의 한국적용.** 경기: 양서원.

육아정책연구소(2014). **3세 누리과정 유아관찰척도.** 서울: 육아정책연구소.

육아정책연구소(2014). **4세 누리과정 유아관찰척도.** 서울: 육아정책연구소.

육아정책연구소(2014). **5세 누리과정 유아관찰척도.** 서울: 육아정책연구소.

육아정책연구소(2014). 영아보육 질 제고를 위한 평가도구 개발 및 활용방안(연구보고 2014-
　　16). 서울: 육아정책연구소.

윤관식(2013). **수업설계.** 경기: 양서원.

윤기옥(2002). **수업모형의 이론과 실제.** 서울: 학문출판사.

윤정란(2003). 기호학적 관점에 의한 어린이 미술활동 지도 방안 연구. 서울교육대학교 교육
　　대학원 석사학위논문.

윤현숙(2006). 유아를 위한 균형적 미술교육 프로그램의 개발 및 효과. **유아교육학논집,**
　　10(4), 25-49.

이경희(2002). 초등학교 미술교육과정의 재료사용분포와 문제점에 관한 연구: 평면 활동을 중심으로. 경희대학교 교육대학원 석사학위논문.

이경화, 김연진(2013). 유치원교원능력개발평가 이해와 적용의 실제. 2013년 법인유치원연합회 교사연수자료.

이규선, 김동영, 류재만, 전성수, 최윤재, 권준범, 김정선(1994). **미술교육학**. 서울: 교육과학사.

이부미(2009). 생태론적 세계관, 2007년 개정 유치원 교육과정에서 어떻게 실현 할 것인가? 한국유아교육과정, 아이와 교사를 행복하게 하는가? 한국생태유아교육학회 2009년도 추계학술대회 자료집, 25-52. 서울: 동국대학교.

이성도, 임정기, 김황기(2013). **미술교육의 이해와 방법**. 서울: 예경.

이성은(2011). 전통미술문화교육에 대한 교사 신념 연구: 경기도 중고등학교 미술교사를 중심으로. 이화여자대학교 교육대학원 석사학위논문.

이소은, 권기남(2010). **아동미술**. 서울: 한국방송통신대학교출판부.

이연섭(2002). **레지오 접근법의 첫걸음**. 경기: 정민사.

이영석(2003). 유아의 발달에 적합한 유아수업 모형 탐색 연구. **미래유아교육학회지**, 10(1), 167-206.

이영주(2000). **한국의 미술교육과제와 조형예술학적 접근-어린이 미술실 구조 및 시설에 관한 연구**. 83-103. 서울: 예경.

이용일(2005). 학습자 중심의 자기 주도적 학습을 위한 초등미술교과서 개발 방안. **미술교육논총**. 19(3), 131-160.

이원영, 임경애, 김정미, 강유진(2015). **자유표현과 심미감 중심의 유아미술교육**. 서울: 학지사.

이은기, 김미정(2006). **서양 미술사**. 경기: 미진사.

이은적(2002). 미술세계에서 미술교육으로: 그 교육학적 변환 방법에 관한 연구. **미술교육논총**, 13, 1-28.

이은적(2013). 학교 미술교육과 연계하는 미술관 교육; 프랑스와 영국의 정책과 사례를 중심으로. **미술교육논총**, 36, 243-268.

이은정(1998). 유치원교사의 미술교수효능감. 이화여자대학교 교육대학원 석사학위논문.

이은화, 김영옥(2008). **유아사회교육**. 경기: 양서원.

이정욱(2003). 미술교육과 수학교육의 통합적 접근이 유아의 기하도형 이해에 미치는 영향. **덕성여대논문집**, 32, 101-120.

이정욱, 임수진(2010). **탐색·표현·감상의 통합적 유아미술교육**. 경기: 정민사.

이주헌(2012). **서양화 자신있게 보기1**. 서울: 학고재.

이주헌(2012). **서양화 자신있게 보기2**. 서울: 학고재.

이진이(1997). 통합적 미술교육 접근법이 유아의 창의적 그림표현에 미치는 영향. 한양대학교 교육대학원 석사학위논문.

이하영(2004). 유아기 아동 미술표현 재료 및 적절성에 대한 실태조사. 이화여자대학교 교육대학원 석사학위논문.

이혜숙(2011). **아동미술교육**. 경기: 양서원.

임경례(2007). 명화감상을 통한 협동미술활동이 유아의 친사회적행동 및 공간능력과 미술능력에 미치는 영향. 원광대학교 대학원 박사학위논문.

임부연(2005). 유아기 심미감 발달과 연계한 물감수업의 탐구: 뱅크스트리트, 레지오 에밀리아, 발도로프를 중심으로. **미술교육논총**, 19(3), 297-326.

임부연(2006). 레지아 에밀리아 조형 환경에 대한 의미탐색. **조형교육**, 28, 297-321.

임부연, 박향원(2010). 그림책 읽기의 심미적 접근: 'Don't Let the Pigeon Drive the Bus!'를 중심으로. **어린이문학교육연구**, 11(1), 1-19.

임승렬(2009). 유아교사 수업전문성 신장의 실제. 한국열린유아교육학회학술대회 발표집. 20 09(5), 11-36.

임재택(2008). **생태유아교육개론**. 경기: 양서원.

임정기, 정옥희, 최수영, 홍기태(2010). **미술 교수학습 패러다임 변화와 실천을 위한 이론과 방**

법. 경기: 교육과학사.

장연자(2006). 생태학적 미술교육과정의 이론적 탐색. 홍익대학교 대학원 박사학위논문.

장연주(2015). 유치원 교사의 수업에 대한 반성적 대화 경험. 한국교원대학교 대학원 박사학위논문.

전성수, 최윤재, 김정선(1997). **야! 미술이 보인다.** 서울: 예경

전일우(2004). 주간교육계획안에 나타난 유치원교육과정 구성 및 운영 분석연구. **열린유아교육연구, 9**(1), 201-218.

전지영(2002). 전자 포트폴리오 평가가 유아의 미술 표현에 미치는 영향. 한국교원대학교 대학원 석사학위논문.

정문성, 윤기옥(2009). **수업모형.** 서울: 동문사.

정미경(1999). 미적 요소에 기초한 활동중심 통합미술프로그램이 유아의 미술표현능력 및 미술감상능력에 미치는 영향. 중앙대학교 대학원 박사학위논문.

정수기(2008). 하우젠의 미적발달단계가 미술비평교육에 주는 시사점. **미술교육논총. 22**(2). 109-128.

정진나(2012). 유아의 발달특성을 고려한 미술관 교육에 대한 탐색: 미국의 미술관 사례를 중

정한호(2009). 초등학교 교사들의 수업설계 실태에 대한 질적 고찰. **교육공학연구, 25**(3), 157-191.

정현일(2009). 커뮤니티 중심의 미술교육: 의미, 역사, 그리고 교육실천의 가능성 모색, **미술교육논총, 23**(1), 35-70.

제보람(2016). 지역사회 중심의 미술교육 프로그램 개발. 한국교원대학교 대학원 석사학위논문.

조부월(2004). 유아 수업절차 모형 개발연구: SIM-DAP 모형을 중심으로. **미래유아교육학회지, 11**(3), 217-249.

조윤경(2005). 영아미술에서의 촉감재료활용에 대한 연구. **한국아동미술학회지, 4,** 91-105.

주삼환, 이석열, 김홍운, 이금화, 이명희(1998). **수업관찰과 분석.** 서울: 원미사.

중앙보육정보센터(2013). 어린이집 표준보육과정에 기초한 영아보육프로그램 1세 2권. 서울: 보건복지부.

중앙보육정보센터(2013). 어린이집 표준보육과정에 기초한 영아보육프로그램 2세 3권. 서울: 보건복지부.

지성애(2013). 유치원교사의 미술교수효능감 분석. 유아교육학논집, 17(3), 5-29.

지성애(2014). 유아교사 미술 교수효능감 척도 타당화 연구. 유아교육연구, 34(6), 149-171.

지성애, 박찬옥, 유구종, 조형숙(2010). 유치원교육과정에 기초한 총체적 유아미술교육 프로그램 개발. 유아교육학논집, 14(5), 99-133.

최미숙, 박영미(2002). 유아교육기관의 주간교육계획안 운영 평가. 한국교원교육, 19(3), 267-289.

탁정은(2008). 정서안정 및 계발을 위한 미술재료 연구-정서장애아동을 대상으로. 건국대학교 대학원 석사학위논문.

한국미술교과교육학회(2004). 유아미술교육학. 서울: 학문사.

한국미술교육연구회(1997). 유아미술교육학. 서울: 학문사.

한국미술교육학회(2003). 미술교육 이론의 탐색. 서울: 예경.

한국미술교육학회(2011). 미술교육의 동향과 전망. 서울: 학지사.

한국보육진흥원(2017). 제 3차 어린이집 평가인증 안내(통합지표). 서울: 한국보육진흥원.

한국조형교육학회(2016). 미술교육의 기초. 경기: 교육과학사.

홍찬의(2014). 교육계획에 내재된 유치원 교사의 수업전문성 탐구. 중앙대학교 대학원 박사학위논문.

Anderson, R. N., Greene, M. L., & Loewan, P. S. (1988). Relationship among teachers' and students' thinking skills, sense of efficacy, and student achievement. *The Alberta Journal of Educational Research, 34*(2), 148-165.

Anderson, T. (1993). Defining and Structuring Art Criticism for Education. *Studies in Art*

Education, 34(4), 199-208.

Arnheim, R. (1974). *Art and visual perception: A Psychology of the Creative Eye.* CA: University of California Press.

Bandura, A. (1989). Regulation of cognitive processes through perceived self-efficacy. *Development Psychology, 25*(5), 729-735.

Barett, H. (1999). Electronic portfolios = Multimedia development+portfolio development - The electronic portfolio development process. [Online]. Availabl: http://transition. alaska.edu/www/portfolios/EPDevProcess.html.

Battin, M. P. (1988). The Contributions of Aesthetics. Reseach Readings for Discipline-Based Art Education. N.A.E.A.

Borich, G, D. (2002). 효과적인 교수법(박승배 외 5인 공역). Prentice Hall. 173-218. (원본발간일 2006년).

Bowman, B. T. (1995). The professional development challenge: supporting young children and family. *Young Children, 51*(1), 30-34.

Breaem, H. (2010). 색의 힘(이재만 역). 서울: 일진사. (원본발간일 2001년).

Bredekamp, S., & Rosegrant, T. (1992). Reaching Potentials Through Appropriate

Cartwright, S. (1999). What makes good early childhood?, *Young Children, 54*(4), 4-8.

Clark, G. A., Day, M. D., & Greer, W. D. (1987). Discipline-based art education: Becoming students of art. *Journal of Aesthetic Education, 21*(2). 129-193.

Cremin, L. (1964). *Transformation of the school.* New York: Vintage Books.

Dick, W., & Reiser, R. A. (1989). *Planning effective instruction.* NJ: Prentice Hall.

Duke, L. L. (1988). the Getty Center for Education in Art and Discipline-based Art Education, *Art Education, 41*(2). 7-12.

Edwards, C., Grandini, L., Forman, G. (Eds.). (1993). *The Hundred Language of Children:*

The Reggio Emilia Approach to Early Childhood Education. Norwood, New Jersey: Ablex Publishing Cooperation.

Efland, A. (2000). The city as metaphor for integrated learning in arts. *Studies in art Education, 41*(3),276-295.

Efland, A. D. (1996). 미술교육의 역사(박정애 역). 서울: 예경. (원본발간일 1990년).

Eisner, E. W. (1995). 새로운 눈으로 보는 미술교육. (서울교육대학교 미술교육연구회 역). 서울: 예경. (원본발간일 2007년).

Eisner, E. W. (1990). Implications of Artistic Intelligences for Education. In William J. Moody (Ed.). *Artistic Intelligences for Education.* New York: Teachers College Press. p. 37.

Enochs, L. G., & Riggs, I. M. (1990). Further development of an elementary science teaching efficacy belief instrument: A pre-service elementary scale. *School Science and Mathematics, 90*(8), 694-706.

Feeney, S., & Moravcik, E. (1987). A Thing of Beauty: Aesthetic Development in Young Children. *Young Children, 42*(6), 7-15.

Fichner-Rathus, L. (2005). 새로운 미술의 이해(최기득 역). 서울: 예경. (원본발간일 2003년).

Forman, G. (1990). Representation and Cognitive Change in Young Children. The Annual Conference of The American Educational Research Association, Boston.

Frank, P. (2016). 아트폼스: 사람이 만든 예술, 사람을 만드는 예술(장 원, 김보라, 노운영, 손부경, 양정화, 이미사, 전혜정, 조성지, 허나영, 홍지석 역). 서울: 시그마프레스. (원본발간일 2014년).

Gilles, P., & Lacouture, J. (2007). 이미지로 보는 서양미술사(이봉순 역). 서울: 마로니에북스. (원본발간일 2002년).

Greenberg, P. (1988). Down with deadly boring art education. In p. London (Ed.). *Beyond DBAE: The case for multiple visions of art education.* North Dartmouth, MA: University

Council on Art Education.

Greenman, J. (1988). *Caring spaces, learning spaces: Children's environments that work*. Redmond VA: Exchange Press.

Gronlund, G. (1998). Portfolio as an assessment tool: Is collection of worrk enough?. *Young Children, 43*(4), 4-10.

Gunter, M. A., Estes, T. H., & Schwab, J. (2003). *Instruction: A models approach*. Boston: Allyn and Bacon.

Herberholz, B. & Hanson (1995). *Early childhood art*. Dubuque, IL: Wm. C. Brown.

Hurwitz, Al & Day, Michael (2006). **어린이와 어린이 미술**(전성수, 박수자, 김정선 역). 서울: 예경. (원본발간일 2001년).

Jalongo, M. & Stamp, L. N. (1998). *The arts in children's Lives*. Allyn and Bacon.

Kellogg, R. (1969). *Analyzing Children's Art*. Palo Alto, CA:National Press Books.

Kellogg, R., & O'Dell, S. (1969). *The Psychology of Children's Art*. Del Mar, California, Princeton Science Library.

Koster, J. B. (2001). *Growing artists teaching art to young children*(2nd ed). Delmar Tomson Learning.

Lim, B. (2000). Aesthetic education at three early childhood settings: Bank Street Reggio Emilia, and Waldorf. Unpublished Doctoral Dissertation. Teachers College, Columbia University.

Lowenfelt, V. (2011). **인간을 위한 미술교육**(서울교육대학교 미술교육연구회 역). 경기: 미진사. (원본발간일 1947년).

Marche, T. (1989). Looking outward, looking in: Community in art education. *Art Education, 51*(3), 6-13.

McMillan, J. H. (1997). *Classroom assessment: Principles and practice for effective instruction*. Bosten, MA: Allyn & Bacon.

Moallem, M. (1998). An expert teacher's thinking and teaching and instructional design models and principles: An ethnographic study. Educational Technology. *Research & Development, 46*(2), 37-64.

Mulcahey, C. (2002). Take-Home Art Appreciation kits for kindergarteners and their Families. *Young Children, 57*(1), 80-88.

National Association for the Education of Young Children. (1990). Guidelines for appropriate curriculum content and assessment in programs serving children ages 3 through 8. In S. Bredekamp & T. Rodegrant(eds.). Reaching potentials; Appripriate curriculum and assessment for young children(pp. 9-27). NAEYC.

Pankhurst, Andy & Hawksley, Lucinda (2013). 명작 수첩(박상은 역). 서울: 현암사. (원본발간일 2012년).

Paulson, F. L., Paulson, P. R., & Meyer, C. A. (1991). What makes a portfolio?, Educational leadership, February, 60-63.

Pita de Melo, A. M. (1981). "A Study of the Relationship between Beliefs, judgement of Teaching Practices, and Behavioral Intentions of Early Childhood Teachers working in Rural Setting", Unpublished doctoral Discussion, Pennsylvaia State University, 10-95.

Richards, J. C., & lockhart, C. (1996). *Reflective Teaching in Second Language Classrooms*. Cambridge: Cambridge University Press.

Richrds, M. (2016). 살아있는 미술사 박물관(김은령 역). 경기: 페이퍼스토리. (원본발간일 2016년).

Schirrmacher, R., & Fox, J. E. (2009). *Art & creative development for young children*. NY: Delmar Publishing.

Seigo, K. (1989). 동양의 마음과 그림(민병산 역). 서울: 새문사. (원본발간일 1941년).

Serafini, F. (2015). Considering fine art and picture books. *The Reading Teacher, 69*(1), 87-90.

Shrock, S. A. (1995). *A brief history instructional development*. In G. J. Anglin (Ed.), *Instructional technology: Past, present, and future* (2nd ed.). Cambridge: MIT Press.

Shulman, L. S. (1987). Knowledge and teaching: Foundations of the new reform. *Harvard Educational Review, 57*(1), 1-22.

Smith, P. L., & Ragan, T. L. (1999). *Instructional design* (2nd ed.). NY: Macmillan.

Smith, N., Fucigna, C., Kennedy. M., & Lord. L. (1993). *Experience and art: Teaching children to paint* (2nd ed.). New York: Teachers College Press.

Smoke, J. (1988). Art History and Aesthetics in the Secondary School. Research Readings for DBAE: A Journey Beyond Creating. N.A.E.A.

Stephens, P. G. (2006). A real community bridge: Informing community-based learning through a model of participatory public art. *Art Education, 59*(2), 40-46.

Strickland, C. (2006). 클릭, 서양미술사(김호경 역). 서울: 예경. (원본발간일 2007년).

Verma, S. (1974). "A Study of the Relationship between Day Care Teachers' Beliefs and Teaching Practies", Doctoral Discussion Pennsylvania State University, U. M. I, 8-74.

Worthen, B. R., Sanders, J. R., & Fitzpatrick, J. L. (1997). *Program Evaluation*. White Plains, NY: Longman.

사용된 그림책 목록

거울 속으로(앤서니 브라운 글/그림, 베틀북, 2006)

괴물들이 사는 나라(모리스 샌닥 글/그림, 시공주니어, 2002)

구름 공항(데이비드 위즈너 그림, 베틀북, 2012)

균형(유준재 글/그림, 문학동네, 2016)

그림자놀이(이수지 그림, 비룡소, 2010)

꼬마 인형(가브리엘 뱅상 글/그림, 별천지, 2009)

꿈꾸는 윌리(앤서니 브라운 글/그림, 웅진주니어, 2004

나무들의 밤(바주 샴, 두르가 바이, 람 싱 우르베티 글/그림, 보림, 2012)

내 목소리가 들리나요(다시마 세이조 글/그림, 사계절, 2012)

눈을 감고 느끼는 색깔 여행(메네다 코틴 글, 로사나 파리아 그림, 고래이야기, 2008)

달라질거야(앤서니 브라운 글/그림, 아이세움, 2003)

둥그렁 뎅 둥그렁 뎅(전래동요, 김종도 그림, 창비, 2008)

모기향(다시마 세이조 글/그림, 한림출판사, 2011)

무늬가 살아나요(유문조 글, 안윤모 그림, 천둥거인, 2002)

부엉이와 보름달(제인 욜러 글, 존 쉰헤르 그림, 시공주니어, 2000)

북극곰이 놀아요(박종진 글, 이주미 그림, 키즈엠, 2017)

빛나는 아이(자바카 스텝토 글/그림, 스콜라, 2018)

선을 따라 가요(로리 리용크비스트 글/그림, 뻬아제어린이, 2007)

손바닥 동물원(한태희 글/그림, 예림당, 2002)

실 끝에 매달린 주앙(로저 멜로 글/그림, 나미북스, 2014)

쌍둥이 빌딩 사이를 걸어간 남자(모디캐이 저스타인 글/그림, 보물창고, 2004)

알과 암탉(옐라 마리, 엔조 마리 그림, 시공주니어, 2006)

압둘 가사지의 정원(크리스 반 알스버그 글/그림, 베틀북, 2002)

어느 개 이야기(가브리엘 뱅상 글/그림, 별천지, 2009)

코를 킁킁(루스 크라우스 글, 마크 사이먼트 그림, 비룡소, 1997)

프리다(세바스티앵 페레즈 글, 뱅자맹 라콩브 그림, 보림출판사, 2017)

한조각, 두조각, 세조각(김혜환 글/그림, 초방책방, 2003

할머니의 조각보(패트리샤 폴라코 글/그림, 미래아이, 2003)

흰 곰을 만난 아이(클로에 가브리엘리 글, 세실 감비니 그림, 기탄출판, 2007)

사이트 목록

두산백과사전 두피디아: http://www.doopedia.co.kr/index.do(2017.09.13. 인출)

메트로폴리탄 미술관 홈페이지: https://www.metmuseum.org/toah/works-of-art/C.I.69.23/
(2018.07.02. 인출)

스메그 홈페이지: http://www.smeg.com/product/refrigerators/fab28rdmc/(2018.07.02. 인출)

에세이 홈페이지: http://www.essey.com/cactus(2017.07.02. 인출)

위키트리: http://www.wikitree.co.kr/main/news_view.php?id=103898(2017.07.02. 인출)

치윈 덩 홈페이지: https://cargocollective.com/qiyun/Graft(2017.07.02. 인출)

표준국어 대사전: http://m.krdie.naver.com/entry/34(2018. 06.10. 인출)

한국민족문화대백과 http://encykorea.aks.ac.kr/(2017.09.13. 인출)

LG 명화 캠페인: https://www.youtube.com/watch?v=sKOkwy8hnvU(2018.07.02. 인출)

<미술저작권협회 작품 목록>

476

<찾아보기>

저자 소개

김은심(Kim, Eun-shim)

중앙대학교 대학원 문학박사
국립강릉원주대학교 유아교육과 교수

김정희(Kim, Jung-hee)

중앙대학교 대학원 문학박사
국립강릉원주대학교 출강

손미애(Son, Mi-ae)

국립강릉원주대학교 대학원 문학박사
JM 유치원 원장

유지안(Yoo, Ji-an)

국립강릉원주대학교 대학원 문학박사
문경대학교 유아교육과 교수

유아미술교육
Art Education for Young Children

2019년 2월 15일 1판 1쇄 인쇄
2019년 2월 20일 1판 1쇄 발행

지은이 • 김은심 · 김정희 · 손미애 · 유지안
펴낸이 • 김진환
펴낸곳 • (주) **학지사**
　　　　　04031 서울특별시 마포구 양화로 15길 20 마인드월드빌딩
대표전화 • 02)330-5114　　　　팩스 • 02)324-2345
등록번호 • 제313-2006-000265호

홈페이지 • http://www.hakjisa.co.kr
페이스북 • https://www.facebook.com/hakjisa

ISBN 978-89-997-1916-5 93370

정가 24,000원

이 도서의 국립중앙도서관 출판시도서목록(CIP)은 서지정보유통지
원시스템 홈페이지(http://seoji.nl.go.kr)와 국가자료공동목록시스템
(http://www.nl.go.kr/kolisnet)에서 이용하실 수 있습니다.
(CIP 제어번호: CIP2019001937)

교육문화출판미디어그룹 **학지사**

심리검사연구소 **인싸이트** www.inpsyt.co.kr
원격교육연수원 **카운피아** www.counpia.com
학술논문서비스 **뉴논문** www.newnonmun.com
간호보건의학출판사 **학지사메디컬** www.hakjisamd.com